FORUM RECHTSWISSENSCHAFTEN 16

Jutta Lebich

Die Haftung angestellter Ärzte
insbesondere in der medizinischen Forschung

m press »

Die vorliegende Arbeit wurde 2004 von der Rechtswissenschaftlichen Fakultät der Universität Regensburg als Dissertation angenommen.

Die Deutsche Bibliothek verzeichnet diese Publikation in der Deutschen Nationalbibliografie; detaillierte bibliografische Daten sind im Internet über http://dnb.ddb.de abrufbar.

© 2005 Martin Meidenbauer
Verlagsbuchhandlung, München

Alle Rechte vorbehalten. Dieses Werk einschließlich aller seiner Teile ist urheberrechtlich geschützt. Jede Verwertung außerhalb der Grenzen des Urhebergesetzes ohne schriftliche Zustimmung des Verlages ist unzulässig und strafbar. Das gilt insbesondere für Nachdruck, auch auszugsweise, Reproduktion, Vervielfältigung, Übersetzung, Mikroverfilmung sowie Digitalisierung oder Einspeicherung und Verarbeitung auf Tonträgern und in elektronischen Systemen aller Art.

Printed in Germany

Gedruckt auf
chlorfrei gebleichtem, säurefreiem und alterungsbeständigem Papier (ISO 9706)

m-press ist ein Imprint der
Martin Meidenbauer Verlagsbuchhandlung

ISBN 3-89975-520-0

Verlagsverzeichnis schickt gern:
Martin Meidenbauer Verlagsbuchhandlung
Erhardtstr. 8
D-80469 München

www.m-verlag.net

Vorwort

Die vorliegende Arbeit wurde im Wintersemester 2004 von der Universität Regensburg als Dissertation angenommen. Mein besonderer Dank gilt Herrn Professor Dr. Reinhard Richardi, der die Arbeit angeregt und wissenschaftlich betreut hat. Für die rasche Erstellung des Zweitgutachtens bin ich Herrn Professor Dr. Andreas Spickhoff sehr verbunden.
Herr Professor Dr. Ulrich Becker LL.M. (EHI) hat mir die Gelegenheit gegeben, während der Promotion an der Juristischen Fakultät der Universität Regensburg zu arbeiten. Ihm danke ich für seine Anregungen, seine persönliche Unterstützung und den Freiraum, den er mir zur Erstellung der Arbeit gegeben hat.
Herr Bernd Häusler war mir ein unersetzlicher Gesprächspartner und eine ständige Quelle der Motivation. Ihm danke ich auch ganz besonders für die kritische Durchsicht des Manuskriptes.
Die Arbeit ist meinen Eltern gewidmet.

München, im April 2005

Jutta Lebich

ABKÜRZUNGSVERZEICHNIS	14
§ 1 EINLEITUNG	19
§ 2 HANDLUNGSFORMEN DER MEDIZINISCHEN FORSCHUNG AM MENSCHEN	21
A. Erkenntnisgewinnung und Erkenntnisverbreitung	21
B. Überblick über die wissenschaftlichen Methoden der medizinischen Forschung	22
I. Weg von der Hypothese zum Standard	22
II. Klinische Studien	23
1. Allgemein	23
2. Kontrollierte klinische Studien	24
a) Blindtechniken	25
b) Cross-over-design	25
c) Placebo	26
3. Unkontrollierte klinische Studien	26
4. Klinische Studien mit historischer Kontrolle	26
5. Nichtrandomisierte Beobachtungsstudie	26
C. Einteilung medizinischer Forschungsfelder	27
I. Bildung von Fallgruppen mit Blick auf die haftungsrechtlichen Folgen	27
II. Arzneimittelprüfung	27
III. Prüfung von Medizinprodukten	29
IV. Erprobung und Entwicklung diagnostischer Methoden	30
V. Therapieversuche außerhalb der Arzneimittelforschung (darunter Erprobung von Operationsmethoden)	31

VI. Sonstige physiologische Messungen und Versuche	31
D. Heilbehandlung, Heilversuch und Experiment	31
I. Die ärztliche Heilbehandlung	31
II. Versuch und Standard	33
III. Heilversuch und Experiment	35
1. Herkunft der Begriffe	35
2. Abgrenzung von Heilversuch und Experiment	36
3. Stellungnahme	38
4. Anknüpfung an die Heilbehandlung	41
5. Experiment	42
6. Das Zwölfte Gesetz zur Änderung des Arzneimittelgesetzes	42
IV. Ergebnis	43

§ 3 ORGANISATION UND RECHTLICHE RAHMENBE- DINGUNGEN DER FORSCHUNG ANGESTELLTER ODER BEAMTETER ÄRZTE   45

A. Einfluss der Forschungsfreiheit, Art. 5 Abs. 3 GG	45
I. Grundrechtsträger	45
II. Bedeutung für das private Arbeitsrecht	46
1. Drittwirkung von Grundrechten im Arbeitsrecht	46
a) Unmittelbare Drittwirkung	47
b) Mittelbare Drittwirkung	47
c) Moderne Auffassungen	48
d) Umsetzung der Schutzfunktion in der Privatrechtsordnung	50
2. Wissenschaftsfreiheit und Direktionsrecht	51
3. Nebentätigkeit und Wissenschaftsfreiheit	53
III. Bedeutung für das Beamtenverhältnis und die Angestellten im Öffentlichen Dienst	54
1. Träger der Wissenschaftsfreiheit	54
2. Nebentätigkeitsrecht	56
3. Angestellte im öffentlichen Dienst	56
B. Medizinische Forschung und ärztliche Versorgung	57

I. Universitäre Forschung	57
1. Professoren	57
a) Originäre Forschung	57
b) Drittmittelforschung	58
aa) Allgemein	58
bb) Abgrenzung zur Nebentätigkeit	58
cc) Einordnung der medizinischen Forschung	60
c) Nebentätigkeit	60
2. Nachgeordneter ärztlicher Dienst	61
a) Eigene Forschung	61
b) Mitarbeit an Projekten des Chefarztes	62
3. Zusammenfassung	63
II. Außeruniversitäre Forschung	63
1. Arbeitsvertraglicher Rahmen	63
2. Forschung	64
C. Pflicht zur Konsultation einer Ethik-Kommission	64
I. Entstehung	66
II. Aufgaben, Zusammensetzung, Verfahren	66
III. Rechtsfolge eines Votums	67
1. Rechtsqualität	68
2. Privatrechtlich organisierte Ethik-Kommissionen	73

§ 4 HAFTUNG ANGESTELLTER ÄRZTE IN DER MEDIZINISCHEN FORSCHUNG 75

A. Vorgehensweise	75
B. Vertragliche Haftungsbeziehungen zwischen Arzt und Patient	75
I. Der Krankenhausaufnahmevertrag - Varianten	75
II. Besonderheiten der Krankenhausaufnahme beim Kassenpatienten	76
III. Vertragsinhalt - allgemein	78
IV. Einbeziehung der medizinischen Forschungsmaßnahmen	79

V. Ergebnis	83
C. Haftung für Behandlungsfehler	83
I. Verhältnis von vertraglicher zu deliktischer Haftung	84
II. Haftung für Behandlungsfehler - Verletzung der Behandlungspflicht im engeren Sinn	85
D. Ärztliche Pflichtverletzungen bei medizinischer Forschung	86
I. Dokumentation	86
1. Allgemein	86
2. Dokumentation bei der klinischen Forschung	87
a) Einzelheilversuch	88
b) Experiment	91
c) Klinische Prüfungen	92
3. Haftungsrechtliche Konsequenzen	95
II. Aufklärung und Einwilligung	95
1. Allgemein	95
2. Aufklärung über das Stattfinden einer klinischen Prüfung bzw. die Möglichkeit eines Heilversuches	98
3. Einzelheilversuch	99
a) Risikoaufklärung	99
b) Diagnoseaufklärung	99
c) Verlaufsaufklärung	100
d) Besondere Regeln	103
e) Einwilligungsfähigkeit	104
f) Entbehrlichkeit	104
4. Experiment	105
5. Kontrollierte klinische Prüfungen	106
a) Gemeinsame Probleme kontrollierter klinischer Versuche	106
b) Spezielle Probleme der Blindtechniken	109
c) Spezielle Probleme Placebo-kontrollierter Studien	112
6. Probleme der Einbeziehung Einwilligungsunfähiger	113
a) Mutmaßliche Einwilligung	113
b) Zustimmungsbefugnis von Betreuern und gesetzlichen Vertretern	114

§ 5 VERTEILUNG DER VERANTWORTLICHKEIT FÜR BEHANDLUNGSFEHLER 120

A. Vorgehensweise 120

B. Horizontale und vertikale Arbeitsteilung 120

I. Begriffe 120
  1. Horizontale Arbeitsteilung 120
  2. Vertikale Arbeitsteilung 121

II. Überblick über die rechtliche Behandlung der medizinischen Arbeitsteilung 122
  1. Horizontale Arbeitsteilung 122
  2. Vertikale Arbeitsteilung 125

III. Problemstellung 126

IV. Der Vertrauensgrundsatz in Literatur und Rechtsprechung 127
  1. Normative Vertrauensbasis unterschiedlicher Art in der Literatur 127
  2. Rechtsprechung 131
    a) Exkurs: Beweislastverteilung 131
    b) Horizontale Arbeitsteilung 134
    c) Vertikale Arbeitsteilung 137
  3. Zusammenfassung und Zwischenergebnis 139

V. Kritische Auseinandersetzung mit der Herleitung und dem Inhalt des Vertrauensgrundsatzes 140
  1. Rolle der Vorhersehbarkeit 140
  2. Steuerbarkeit durch Schaffung von Pflichten 143
    a) Notwendigkeit einer Vertrauensbasis 143
    b) Ergebnis 145
  3. Entstehung von Verkehrspflichten 146
    a) Allgemein 146
    b) Bei Arbeitnehmern 149
  4. Ergebnis und Folgerungen für die Arbeitsteilung 152
    a) Horizontale Arbeitsteilung 153
    b) Vertikale Arbeitsteilung 154

C. Verhältnis der im Rahmen der vertikalen Arbeitsteilung nötigen Anweisungen zum arbeitsrechtlichen Direktionsrecht 155

I. Das Direktionsrecht	155
1. Rechtsgrundlage	156
2. Inhalt	156
3. Grenzen des Direktionsrechts	157

II. Die Tätigkeit des Arztes im Spannungsfeld zwischen freiem Beruf und Arbeitsverhältnis	157

III. Einfluss der Freiheit des ärztlichen Berufes auf das Direktionsrecht	159
1. Vorab: hierarchische Gliederung des ärztlichen Dienstes	159
2. Fragestellung	159
3. Das Direktionsrecht gegenüber Chefärzten	160
4. Nachgeordneter ärztlicher Dienst	162
a) Ansichten der Literatur	162
b) Bedeutung der Freiheit des ärztlichen Berufes	165
c) Gleichlauf haftungsrechtlicher Anforderungen und des arbeitsrechtlichen Weisungsrechts	168
d) Haftungsrechtliche Anforderungen	169
e) Überprüfung der Positionen	171
5. Ergebnis	174

§ 6 HAFTUNGSSTREUUNG UND HAFTUNGSBEGRENZUNG 176

A. Rechtliche Streuung der Haftung	177
I. Arbeits- und Dienstunfall	177
1. Arbeitsunfall	177
2. Dienstunfall	180
II. Amtshaftung	180
III. Wirkung von Haftungsbeschränkungen und -ausschlüssen	182
1. Vertragliche Abänderung der Haftungsbeziehungen	182
2. Vertragliche Haftungsbeschränkungen	183
a) Individualvereinbarung	184
b) Allgemeine Geschäftsbedingungen	185
B. Tatsächliche Streuung der Haftung	186

I. § 278 BGB, Zurechnung des Verschuldens des Erfüllungsgehilfen
an den Arbeitgeber 186

II. § 831 BGB, Haftung für Verrichtungsgehilfen 189

III. Haftung für Organe und organähnliche Personen 192

IV. Organisationsverschulden 194
  1. Organisationspflichten und Arbeitsteilung 195
    a) Abgrenzung § 831/§ 823 BGB 195
    b) Abgrenzung der Organisationspflichten von Arbeitgeber und
    Arbeitnehmer 198
  2. Organisationspflichten eines Krankenhausträgers 198
  3. Organisationspflichten des Krankenhausträgers bei medizinischer
  Forschung 201
    a) Beteiligte an der medizinischen Forschung im Krankenhaus 201
    b) Spezifische Organisationspflichten 202

C. Wirtschaftliche Streuung der Haftung 204

I. Einführung 204

II. Probandenversicherung 205

III. Betriebshaftpflichtversicherung 209
  1. Allgemein übliche Klauseln 209
    a) Versicherter Personenkreis 209
    b) Arbeitsunfallklausel 210
    c) Besitzklausel 211
    d) Bearbeitungsklausel 211
  2. Besonderheiten bei angestellten Ärzten 212
    a) Bestehen von Betriebshaftpflichtversicherungen 212
    b) Umfang der Mitversicherung angestellter Ärzte 213

IV. Vermögensschadenhaftpflicht 216

V. Berufshaftpflichtversicherung 216

VI. Sachversicherung 217

§ 7 GESAMTERGEBNIS 219

LITERATURVERZEICHNIS 221

Abkürzungsverzeichnis

a.a.O.	am angegebenen Ort
Abl.	Amtsblatt
Abs.	Absatz
AcP	Archiv für civilistische Praxis (Zeitschrift)
AGB	Allgemeine Geschäftsbedingungen
AGBG	Gesetz zur Regelung des Rechts der Allgemeinen Geschäftsbedingungen idF vom 29.06.2000 (BGBl. I 87, 2602), aufgehoben durch Gesetz vom 26.11.2001 (BGBl. I 3138)
AHB	Allgemeine Bedingungen für die Haftpflichtversicherung
AHRS	Rechtsprechungssammlung zum Arzthaftungsrecht
Allg.VerwR	Allgemeines Verwaltungsrecht
AMG	Gesetz über den Verkehr mit Arzneimitteln vom 24.8.1976 in der Fassung der Bekanntmachung vom 11.12.1998 (BGBl. I 3586)
Anh	Anhang
Anm.	Anmerkung
AP	Arbeitsrechtliche Praxis, Nachschlagewerk des Bundesarbeitsgerichts
ArbNErfG	Gesetz über Arbeitnehmererfindungen vom 25.7.1957 (BGBl. I 756)
Art.	Artikel
Aufl.	Auflage
AVB	Allgemeine Versicherungsbedingungen; Allgemeine Vertragsbedingungen
Az.	Aktenzeichen
BAG	Bundesarbeitsgericht
BAGE	Entscheidungen des Bundesarbeitsgerichts
BAT	Bundesangestelltentarifvertrag
BauGB	Baugesetzbuch in der Fassung der Bekanntmachung vom 27.8.1997 (BGBl. I 2141, ber. 1998, 137)
BayBO	Bayerische Bauordnung in der Fassung der Bekanntmachung vom 4.8.1997 (GVBl. 433, ber. 1998, 270)
BayHSchG	Bayerisches Hochschulgesetz in der Fassung der Bekanntmachung vom 2.10.1998 (GVBl. 740)
BayHSchLNtVO	Verordnung über die Nebentätigkeiten des beamteten wissenschaftlichen und künstlerischen Personals der staatlichen Hochschulen vom 15.9.1992 (GVBl. 428)

BBesG	Bundesbesoldungsgesetz in der Fassung der Bekanntmachung vom 6.8.2002 (BGBl. I 3020)
BBG	Bundesbeamtengesetz in der Fassung der Bekanntmachung vom 31.3.1999 (BGBl. 675)
BeamtVersG	Gesetz über die Versorgung der Beamten und Richter in Bund und Ländern in der Fassung der Bekanntmachung vom 16.3.1999 (BGBl. I 322, ber. 847,2033)
BGB	Bürgerliches Gesetzbuch in der Fassung der Bekanntmachung vom 2.1.2002 (BGBl. I 42, ber. 2909)
BGBl.	Bundesgesetzblatt
BGH	Bundesgerichtshof
BPflV	Verordnung zur Regelung der Krankenhauspflegesätze (Bundespflegesatzverordnung) vom 26.9.1994 (BGBl. I 2750)
BRRG	Rahmengesetz zur Vereinheitlichung des Beamtenrechts in der Fassung der Bekanntmachung vom 31.3.1999 (BGBl. I 654)
Bschl.	Beschluss
BT.- Drcks.	Bundestagsdrucksache
BVerfG	Bundesverfassungsgericht
BVerfGE	Entscheidungen des Bundesverfassungsgerichts
BVerwG	Bundesverwaltungsgericht
BVerwGE	Entscheidungen des Bundesverwaltungsgerichts
ca.	circa
d.h.	das heißt
DB	Der Betrieb (Zeitschrift)
DFG	Deutsche Forschungsgemeinschaft
dies.	dieselbe(n)
DJT	Deutscher Juristentag
DMW	Deutsche Medizinische Wochenschrift (Zeitschrift)
drs.	derselbe
EFZG	Gesetz über die Zahlung des Arbeitsentgelts an Feiertagen und im Krankheitsfall vom 26.5.1994 (BGBl. I. 1014, 1065)
ErfK- *Bearbeiter*	Erfurter Kommentar- *Bearbeiter*
Erl.	Erläuterung
ESVGH	Entscheidungssammlung des Hessischen und des Württembergisch- Badischen Verwaltungsgerichtshofes
etc.	et cetera
EU	Europäische Union
EWG	Europäische Wirtschaftsgemeinschaft
EzA	Entscheidungen zum Arbeitsrecht

f.	folgende
FDA	Food and Drug Administration
ff.	folgende
Fn.	Fußnote
FraktionsE	Fraktionsentwurf
FS	Festschrift
FStrG	Bundesfernstraßengesetz vom 6.8.1953 (BGBl. I 903)
GbR	Gesellschaft bürgerlichen Rechts
GCP	Good Clinical Practice
GG	Grundgesetz für die Bundesrepublik Deutschland vom 23.5.1949 (BGBl. I 1)
ggf.	gegebenenfalls
GmbH	Gesellschaft mit beschränkter Haftung
GRG	Gesetz zur Strukturreform im Gesundheitswesen (Gesundheits-Reformgesetz – GRG) vom 20.12.1998 (BGBl. I 2477)
GS	Gedächtnisschrift; Großer Senat
GSG	Gesetz zur Sicherung der Strukturverbesserung der gesetzlichen Krankenversicherung (Gesundheitsstrukturgesetz) vom 21.12. 1992 (BGBl. I 2266)
h.L.	herrschende Lehre
h.M.	herrschende Meinung
HdBWissR	*Flämig*, Handbuch des Wissenschaftsrechts
HGB	Handelsgesetzbuch vom 10.5.1897 (RGBl. I 219)
HRG	Hochschulrahmengesetz vom 19.1.1999 (BGBl. I 18)
Hrsg.	Herausgeber
i.Erg.	im Ergebnis
i.S.d.	im Sinne der, des
i.V.m.	in Verbindung mit
ICH	International Conference on Harmonisation
insbes.	insbesondere
JZ	Juristenzeitung (Zeitschrift)
KHG	Krankenhausgesetz
KSchG	Kündigungsschutzgesetz in der Fassung der Bekanntmachung vom 25.8.1969 (BGBl. I 1317)
LAG	Landesarbeitsgericht
LAGE	Entscheidungen des Landesarbeitsgerichts
lat.	lateinisch
LFZG	Gesetz über die Fortzahlung des Arbeitsentgelts im Krankheitsfall vom 27.7.1969 (BGBl. I 94)
m.w.N.	mit weiteren Nachweisen
MBO	Musterberufsordnung für die deutschen Ärztinnen und Ärzte– MBOÄ 1997– in der Fassung der Beschlüsse des

	100. Ärztetags in Eisenach
MedR	Medizinrecht (Zeitschrift); *Deutsch*, Medizinrecht
MPG	Gesetz über Medizinprodukte in der Fassung der Bekanntmachung vom 7.8.2002 (BGBl. I 3146)
MPV	Verordnung über Medizinprodukte vom 20.12.2001 (BGBl. I 3854)
MünchArbR	*Richardi*, Münchener Handbuch zum Arbeitsrecht
MünchKomm	*Rebmann/Säcker/Rixecker*, Münchener Kommentar zum Bürgerlichen Gesetzbuch
Münch-VertragsHdB	*Langenfeld*, Münchener Vertragshandbuch
NJW- RR	NJW- Rechtsprechungs- Report (Zeitschrift)
NJW	Neue Juristische Wochenschrift
Nr.	Nummer
NZA	Neue Zeitschrift für Arbeitsrecht
NZS	Neue Zeitschrift für Sozialrecht
OAG	Oberarbeitsgericht
OLG	Oberlandesgericht
PrALR	Preußisches Allgemeines Landrecht
pVV	positive Vertragsverletzung
RAG	Reichsarbeitsgericht
RdA	Recht der Arbeit (Zeitschrift)
RDH	Revidierte Deklaration von Helsinki
RG	Reichsgericht
RGRK	Das Bürgerliche Gesetzbuch, Kommentar herausgegeben von Mitgliedern des Bundesgerichtshofes
RGZ	Entscheidungen des Reichsgerichts in Zivilsachen
RHPflG	Reichshaftpflichtgesetz
RVO	Reichsversicherungsordnung in der Fassung der Bekanntmachung vom 15.12.1924 (RGBl. I 779)
Rz.	Randziffer
S.	Seite
SeuffArch	Seufferts Archiv für Entscheidungen der obersten Gerichte in den deutschen Staaten (Zeitschrift)
SGB	Sozialgesetzbuch
Sgb	Die Sozialgerichtsbarkeit (Zeitschrift)
StGB	Strafgesetzbuch in der Fassung der Bekanntmachung vom 13.11.1998 (BGBl. I 3322)
StrSchVO	Verordnung über den Schutz vor Schäden durch ionisierende Strahlen vom 20.7.2001 (BGBl. I 1714)
Tb.	Teilband
TVG	Tarifvertragsgesetz in der Fassung vom 25.8.1969 (BGBl. I 1323)

u.ä.	und ähnliche(s)
Urt.	Urteil
usw.	und so weiter
UVG	Unfallversicherungsgesetz
v.	vom; von
ver.di	Vereinigte Dienstleistungsgewerkschaften
VersR	Versicherungsrecht (Zeitschrift)
VwGO	Verwaltungsgerichtsordnung in der Fassung der Bekanntmachung vom 19.3.1991 (BGBl. I 686)
VwVfG	Verwaltungsverfahrensgesetz in der Fassung der Bekanntmachung 23.1.2003 (BGBl. I 102)
WRV	Die Verfassung des Deutschen Reiches vom 11.8.1919 (RGBl. I 1383)
z.B.	zum Beispiel
ZGesVersWiss	Zeitschrift für die gesamte Versicherungswissenschaft
ZHR	Zeitschrift für das gesamte Handelsrecht und Wirtschaftsrecht
zit.	Zitiert
ZPO	Zivilprozessordnung in der Fassung vom 19.12.1950 (BGBl. I 533)

§ 1 Einleitung

Mitte des Jahres 2001 wurde das Medikament „Lipobay", das zur Senkung eines erhöhten Cholesterinspiegels dient, von der Herstellerfirma weltweit vom Markt genommen. Es war von der US-Arzneimittelbehörde FDA mit 31 Todesfällen in Verbindung gebracht worden. Als Nebenwirkungen des Medikaments wurden Schädigungen der Muskulatur bis hin zu tödlichem Organversagen gemeldet.

Bei „Lipobay" handelt es sich jedoch um ein bereits seit 1997 zugelassenes Medikament, das die gesetzlich erforderlichen klinischen Prüfungen auf Wirksamkeit und Arzneimittelsicherheit im Rahmen seines Zulassungsverfahrens durchlaufen hatte. Es stand laut Arzneimittelverordnungsreport 1999 auf Platz 3 unter den blutfettsenkenden Medikamenten[1] und konnte als Standardmedikament angesehen werden. Dennoch wurde eine Kausalität für erhebliche Gesundheitsrisiken behauptet. Im Fall von „Lipobay" wurden in den USA Schadensersatzklagen in Millionenhöhe gegen den Hersteller erhoben. Diese blieben jedoch bislang erfolglos, da die Kausalität der Gesundheitsbeeinträchtigungen zur Einnahme des Medikaments nicht nachgewiesen werden konnte.

Wie man sich unschwer vorstellen kann, sind Patienten, die sich bereit erklären, im Versuchsstadium noch nicht zugelassene Medikamente und Medizinprodukte zu testen oder neu entwickelte Operationsmethoden an sich durchführen zu lassen, einer noch weitaus höheren Wahrscheinlichkeit des Fehlschlagens der Behandlung bzw. der Verwirklichung bekannter oder noch unbekannter Risiken ausgesetzt. Gerade auch für solche Testpatienten stellt sich die Frage, wer für einen Schaden haftbar gemacht werden kann, der durch eine Behandlungsmaßnahme entsteht, deren Ausgang grundsätzlich als ungewiss beurteilt werden muss.
Am nächsten steht dem Patienten dabei der behandelnde Arzt als sein Ansprechpartner und derjenige, dem er sein Vertrauen bei der Behandlung entgegen bringt. Daneben kommen als Anspruchsgegner für den Geschädigten der Krankenhausträger, in dessen Krankenhaus er untergebracht ist, und, sofern dieser überhaupt bekannt ist, der Hersteller des Arzneimittels oder medizinischen Gerätes, der die Durchführung der klinischen Studie initiiert bzw. fördert, in Betracht.

---

[1] http://yavivo.lifeline.de/News/20010808/20010808_1.html, Stand 08.08.2001.

Die behandelnden Ärzte sind in aller Regel im Rahmen eines Arbeitsverhältnisses tätig und führen daher auch Behandlungsmaßnahmen mit Neulandmethoden in diesem rechtlichen Umfeld aus. Zwar ist das Arzthaftungsrecht ein eigenständiges Rechtsgebiet, das aufgrund einer gefestigten, wenn auch kasuistische Rechtsprechung eine gewisse Rechtssicherheit bei der Prognose des Ausgangs eines Haftungsprozesses bietet, die Frage nach der Haftung bei der Anwendung neuer Behandlungsmethoden ist aber ebenso unsicheres Terrain wie der Erfolg oder Misserfolg der Behandlung selbst.

Für den einzelnen angestellten behandelnden Arzt erscheint sein persönliches Haftungsrisiko daher sehr hoch, weshalb immer wieder nach der eigenen Absicherung gefragt wird. Das persönliche Haftungsrisiko ist für angestellte Ärzte auch deshalb höher als dies bei anderen Berufsgruppen der Fall ist, da eine fehlerhafte Behandlung in aller Regel eine Verletzung der absolut geschützten Rechtsgüter der körperlichen Unversehrtheit und des Lebens darstellt und damit eine eigene deliktsrechtliche Haftung des behandelnden Arztes begründet.

Speziell für Forschungsmaßnahmen angestellter Ärzte ist die Haftungsfrage von vielschichtigen Beziehungen geprägt, die die hierarchisch fest gefügte und komplexe arbeitsteilige Struktur eines Krankenhauses mit sich bringt. Mit der vorliegenden Arbeit soll die Frage nach den rechtlichen Rahmenbedingungen und der persönlichen Haftung des angestellten Arztes im Organisationsgefüge eines in zahlreiche arbeitsteilige Strukturen gegliederten Betriebes näher beleuchtet werden.

Hierbei dient die Darstellung aber zudem der Klärung von Fragen der Haftung in arbeitsteiligen Strukturen allgemein, da ein Krankenhaus und der ärztliche Beruf aufgrund ihrer besonders fest gefügten hierarchischen und organisatorischen Strukturen als Modell für arbeitsteiliges Zusammenwirken in anderen arbeitsteilig organisierten Großbetrieben dienen können.

§ 2 Handlungsformen der medizinischen Forschung am Menschen

A. Erkenntnisgewinnung und Erkenntnisverbreitung

Der Begriff der Forschung wird durch das Verständnis der in Art. 5 Abs. 3 GG gewährleisteten Wissenschaftsfreiheit bestimmt. Der sachliche Schutzbereich des Art. 5 Abs. 3 GG umfasst die Freiheit von Wissenschaft, Forschung und Lehre. Geschützt ist dabei der gesamte Prozess der wissenschaftlichen Forschung und Lehre, sowie die Verbreitung, Publikation und Vermittlung wissenschaftlicher Erkenntnisse.[2] Während das BVerfG in der Forschung den nach Inhalt und Form ernsthaften und planmäßigen Versuch zur Ermittlung der Wahrheit sieht,[3] umfasst die Freiheit der Lehre die Verbreitung von Erkenntnissen im Zusammenhang mit der eigenen Forschung einschließlich der Weitergabe fremder Forschungsergebnisse.[4] Ausgenommen ist aber die Erstveröffentlichung von Forschungsergebnissen. Diese eröffnet erst den wissenschaftlichen Diskurs, in dessen Verlauf die entwickelte Ansicht bestätigt oder widerlegt werden könnte. Daher zählt sie noch zu dem Prozess der Forschung; Veröffentlichungen einer gefestigten Meinung sind hingegen der Lehre zuzurechnen.[5] Das Merkmal „ernsthaft" in der Definition des BVerfG bringt zum Ausdruck, dass Wissenschaft stets einen gewissen Kenntnisstand voraussetzt. Unter „planmäßig" ist zu verstehen, dass das Vorgehen methodisch geordnet sein soll.[6] Allerdings hat keine Überprüfung der angewandten Methoden auf ihre Richtigkeit stattzufinden und ohne jegliche qualitative Bewertung ist jeder ernsthafte, auch erste Versuch, von der Forschungsfreiheit erfasst.[7] Da sich die Wissenschaft, wie auch die Kunst, in ihren Erscheinungsformen stets wandelt, ist der Wissenschaftsbegriff, so wie der Kunstbegriff, insofern offen.

Forschung und Lehre bedienen sich der Handlungsformen Erkenntnissuche und Erkenntnisverbreitung. Die Erkenntnissuche und die Erkenntnisverbreitung bilden zugleich die Themenkreise der Haftung für Fehlleistungen in der Forschung. Während der Prozess der Erkenntnisgewinnung den

---

[2] Maunz/Dürig-*Scholz*, GG, Art. 5 Rz. 83, 103.
[3] BVerfGE 35, 79, 113.
[4] Jarass/Pieroth-*Jarass*, GG, Art. 5 Rz. 77.
[5] BVerfG 35, 79, 113; Maunz/Dürig-*Scholz*, GG, Art. 5 Rz. 110; *Over*, Zivilrechtliche Haftung, S. 15 f.; a.A. *Classen*, Wissenschaftsfreiheit außerhalb der Hochschule, S. 90.
[6] Jarass/Pieroth-*Jarass*, GG, Art. 5, Rz. 77.
[7] ebenso HdBWissR-*Kimminich*, Bd. 1, S. 136; *Meusel*, Außeruniversitäre Forschung, Rz. 155.

Kernbereich der möglichen Verletzung von Patientenrechten darstellt, da der Patient den Gegenstand der Forschung bildet, sind im Bereich der Erkenntnisverbreitung eher seltener Patientenrechte, mit Ausnahme von Persönlichkeitsrechtsverletzungen durch unkonsentierte Erhebung oder Auswertung von Daten, betroffen.
Durch die Publikation vorsätzlich oder fahrlässig falscher Ergebnisse können unbeteiligte Dritte zu Schaden kommen. Gleichfalls an der Forschung Beteiligte werden durch eine Alleinveröffentlichung gemeinsam gewonnener Erkenntnisse in ihrem Urheberrecht verletzt oder das Inanspruchnahmerecht des Arbeitgebers nach dem ArbNErfG wird verletzt bzw. verhindert.

Gegenstand der vorliegenden Untersuchung ist die Haftung angestellter Ärzte für Fehler in der medizinischen Forschung. Die Darstellung beschränkt sich daher auf die Probleme, die sich aus dem Prozess der Erkenntnisgewinnung für das Arbeitsverhältnis ergeben. Nicht Gegenstand der Untersuchung sind Fragen im Zusammenhang mit der Erkenntnisverbreitung.

B. Überblick über die wissenschaftlichen Methoden der medizinischen Forschung

I. Weg von der Hypothese zum Standard

Die Medizin lebt in besonderer Weise von ihrem Fortschreiten: was heute Hypothese ist, kann alsbald Standard sein und was heute Standard ist, kann morgen überholt und nicht mehr lege artis sein.

Der medizinische Forschungsprozess durchläuft auf dem Weg von der Hypothese zum Standard folgende Stadien der Erkenntnisgewinnung: klinische Einzelbeobachtung, Hypothesenbildung, individueller Heilversuch bzw. Humanexperiment, klinische Studien, Anwendungsbeobachtung und Begründung eines Standards.[8] Heilversuch und Humanexperiment sind dabei Begriffe für eine Forschungsmaßnahme im Einzelfall, während die klinische Studie dazu dient, eine Vielzahl von Heilversuchen und Humanexperimenten systematisch durchzuführen und auszuwerten. Dieses Schema läuft nicht immer statisch ab, sondern wird durch die Anforderungen der verschiedenen medizinischen Disziplinen modifiziert oder durch ethische Wertungen beschränkt. So wird zum Beispiel ein Humanexperiment ohne

---

[8] ähnlich *Hart*, MedR 1994, 94, 97.

konkrete Heilungschance im Bereich der Krebsforschung für unethisch gehalten. In der Chirurgie sind erste Humanexperimente zum Auffinden von Verträglichkeit oder Umfang der Maßnahme nicht denkbar, da sie nur ein „Entweder-Oder" kennt.[9] Die klinische Arzneimittelprüfung läuft bedingt durch die Notwendigkeit zum Auffinden arzneilich wirksamer Substanzen zu Beginn etwas anders ab.[10]

II. Klinische Studien

1. Allgemein

Unter den verschiedenen Stadien bilden die klinischen Studien hinsichtlich Zahl der Teilnehmer, des Aufwands bei der Durchführung und der Bedeutung für die Anerkennung der Methode den Schwerpunkt. Rechtlich sind sie es, die die größten Schwierigkeiten aufwerfen.

Unter einer klinischen Prüfung versteht man die Anwendung einer Behandlungsmethode zu dem Zweck, über die Behandlung im Einzelfall hinaus nach einer wissenschaftlichen Methode Erkenntnisse über den therapeutischen Wert zu gewinnen.[11] Die Durchführung von klinischen Prüfungen dient nicht nur dazu, den Nachweis für die Wirksamkeit einer Behandlungsmethode statistisch abgesichert zu erbringen, daneben sollen auch mögliche Risiken und Nebenwirkungen aufgedeckt werden.[12] Die Notwendigkeit von klinischen Prüfungen ist weltweit anerkannt und für die Zulassung von Arzneimitteln und Medizinprodukten, die einem gesetzlich geregelten Verfahren unterliegen, Voraussetzung. Die Zulassung ist in diesen Bereichen mit der Anerkennung als Standard gleichzusetzen. Das hat im Umkehrschluss zur Folge, dass dort, wo aufgrund der Seltenheit der Erkrankung zu wenige Patienten zur Durchführung einer klinische Studie zur Verfügung stehen oder ein Pharmaunternehmen die Prüfung angesichts der Gewinnaussichten beim Verkauf für nicht wirtschaftlich hält, eine Behandlung immer als Forschungsmaßnahme gelten muss und nie einen Standard erreicht.

Klinische Studien kommen als kontrollierte prospektive oder retrospektive Studien, unkontrollierte klinische Studien, klinische Studien mit historischer Kontrolle oder als nicht randomisierte Beobachtungsstudien vor.[13]

---

[9] *Herfarth* in: Doerr, Recht und Ethik, S. 151, 154.
[10] *Hart/Hilken/Merkel/Woggan*, Recht des Arzneimittelmarktes, S. 107.
[11] *Sander*, AMG, § 40 Anm. 1.
[12] amtliche Begründung zum Arzneimittelgesetz, abgedruckt bei *Sander*, AMG, § 40.
[13] dazu allgemein *Hölzel/Überla* in: Kümmerle, Klinische Pharmakologie, III - 1.2.1.

Die Arzneimittelprüfung vereint aufgrund gesetzlicher Regelung und der Arzneimittelrichtlinien verschiedene Versuchsmethoden.

2. Kontrollierte klinische Studien

„Als kontrollierter klinischer Versuch wird jede bewusste diagnostische oder therapeutische Maßnahme bezeichnet, die im Hinblick auf ein bestimmtes Resultat unternommen und auf dieses Ergebnis hin überwacht wird".[14] Die Mehrzahl der klinischen Untersuchungen wird heute als kontrollierte klinische Studie durchgeführt, da nur in dieser Form biometrischen Anforderungen zumindest weitgehend Genüge getan wird, wodurch sich erst gültige Aussagen über die Wirksamkeit einer Behandlung erzielen lassen.[15]

Methodische Voraussetzung hierfür ist, dass ein therapeutischer Vergleich vorgenommen wird, Mitursachen ausgeschaltet werden und eine Wahrscheinlichkeitsrechnung stattfindet. Zunächst werden Versuchseinheiten gebildet, denen nach der Versuchsanordnung eine bestimmte Behandlung zuteil wird. Ein Vergleich kann zwischen der neuen und der Standardmethode, einem Placebo oder, sofern dies möglich ist, wie z.B. bei Arzneimitteln oder Strahlentherapie, unterschiedlichen Dosierungen der neuen Therapie vorgenommen werden.

Die Zuteilung der Patienten oder Probanden zu den entsprechenden Vergleichsgruppen erfolgt als weiteres grundlegendes Merkmal der kontrollierten klinischen Studie durch Zufallsmechanismen (Randomisation; random allocation). Die Zufallszuteilung dient der gleichmäßigen Verteilung von Störgrößen auf die Behandlungsgruppen. Deshalb ist es auch zusätzlich zwingend erforderlich, nach den Merkmalen, deren Einfluss auf das Ergebnis bereits bekannt ist (Krankheitsstadium, Alter, Geschlecht) eine Blockbildung bzw. Schichtung (stratification) vorzunehmen, d.h. mehrere Vergleichsgruppe zu bilden, die einen wichtigen Variationsfaktor gemeinsam haben, damit ein etwaiger Therapieerfolg ausschließlich auf die Behandlung zurückgeführt werden kann.

Die Begriffe prospektiv bzw. retrospektiv kennzeichnen unterschiedliche Blickwinkel der Beobachtung. Prospektiv meint die Beobachtung einer Behandlungsgruppe in die Zukunft hinein, bei der bestimmte Merkmale die Gruppenbildung bedingen.

Eine retrospektive Untersuchung wertet zurückblickend vorhandene Unterlagen aus, um vom Therapieerfolg, der Krankheit oder des Stadiums auf bestimmte Merkmale als mögliche Ursache schließen zu können.

---

14 *Deutsch*, JZ 1980, 189, 290.
15 *Kümmerle* in: drs., Klinische Pharmakologie, III - 1.1, S. 9.

Im Rahmen der kontrollierten klinischen Studien werden zur Gewinnung statistisch möglichst aussagekräftiger Studienergebnisse verschiedene Techniken eingesetzt, die der Ausschaltung subjektiver Einflüsse auf den Therapieerfolg dienen.

a) Blindtechniken

Grundsätzlich ist zwischen „offenen" Versuchsanordnungen und den Blindtechniken zu unterscheiden. In der offenen Versuchsanordnung sind sowohl Arzt als auch Patient über die gesamte Behandlung informiert. Die Blindtechniken (einfacher, doppelter oder dreifacher Blindversuch) sollen Verfälschungen des Ergebnisses durch das Wissen um die Therapieform oder subjektive Zielkriterien verhindern.[16]
Bei Einfach-Blindstudien weiß der Patient nicht um die Art der angewandten Therapie, z.b. ob er das Test- oder Vergleichspräparat erhält. Damit wird zwar verhindert, dass die Erwartungshaltung des Patienten sich auf das Ergebnis auswirkt, nicht jedoch, dass sich diejenige des Arztes auf den Patienten überträgt. Ebenso kann sich die Erwartungshaltung des Arztes bei der Auswertung der Ergebnisse niederschlagen.
Die Doppelblindstudie, bei der weder der Arzt noch der Patient um die Behandlung wissen, scheidet eine Beeinflussung durch den behandelnden Arzt weitgehend aus. Problematisch ist aber, dass dem Arzt immer die Letztverantwortung für die Behandlung obliegt. Es muss also eine Codierung des Versuchs hinterlegt sein, die im Fall unerwünschter Begleiterscheinungen eingesehen werden kann, um festzustellen, welche Behandlung der Patient tatsächlich erhält.
Bei Dreifach-Blindversuchen ist die angewandte Therapie weder dem Arzt noch dem Patienten noch dem Statistiker bekannt.

b) Cross-over-design

Das so genannte „cross-over-design" wird angewandt, um die Beeinflussung des Ergebnisses durch die natürlich vorgegebenen Unterschiede der Versuchspersonen, die auch durch die Block- bzw. Schichtbildung nicht vermieden werden können, zurückzudrängen.[17] Deshalb wird beim cross-over-design der Versuch an derselben Versuchsperson zu unterschiedlichen Zeitpunkten sowohl mit der zu testenden als auch mit der Kontrollmethode durchgeführt. Versuchstechnisch ist dabei zu beachten, dass Wechselwirkungen der unterschiedlichen Behandlungen (carry-over-Effekt) vermieden

---

[16] *Hölzel/Überla* in: Kümmerle, Kinische Pharmakologie, III - 1.2.1, S.1.
[17] *Hölzel/Überla* a.a.O., S. 10.

werden müssen, d.h. dass in der Regel eine ausreichende Zeitspanne zwischen den Ansätzen liegen muss.

c) Placebo

Im Rahmen klinischer Prüfungen werden Placebos,[18] Leerpräparate ohne arzneiliche Wirksamkeit, aus rein methodischen Gründen bei der Anwendung von Blindtechniken eingesetzt. Die Placebo-Gabe dient in kontrollierten klinischen Studien dem von subjektiven Faktoren unbeeinflussten Wirksamkeitsnachweis. Placebo-kontrollierte Studien sind rechtlich in jeder Hinsicht äußerst schwierig zu beurteilen[19].

3. Unkontrollierte klinische Studien

Die unkontrollierte klinische Studie unterscheidet sich von der kontrollierten klinischen Studie durch das Fehlen eines Vergleichs. Sie ist reduziert auf die Erprobung eines bestimmten Behandlungsverfahrens.
Unkontrollierte Studien werden dann durchgeführt, wenn zu wenige Patienten des fraglichen Krankheitsbildes vorhanden sind, es sich um eine Substitutionstherapie handelt, bei der normalerweise im Organismus vorkommende Substanzen ersetzt werden, oder bislang gar keine Heilung möglich war. In den letztgenannten beiden Fällen sind die Ergebnisse signifikant, der Versuch jederzeit wiederholbar; das Mitführen einer Vergleichsgruppe ist nicht notwendig und daher ethisch nicht vertretbar.

4. Klinische Studien mit historischer Kontrolle

Die klinische Studie mit historischer Kontrolle steht von ihrem Aussagewert zwischen kontrollierter und unkontrollierter klinischer Studie.
Die Kontrollgruppe wird wie bei retrospektiven Studien aus Daten vergangener Behandlungen gebildet. Allerdings wird dann nicht auf mögliche Störgrößen sondern auf die Wirkung der Behandlung geschlossen, wobei eben jene nicht beherrschten Störgrößen das Ergebnis verfälschen.[20]

5. Nichtrandomisierte Beobachtungsstudie

Nichtrandomisierte Beobachtungsstudien unterscheiden sich von kontrollierten Studien letztlich nur durch das Fehlen einer Zufallszuteilung. Sie werden aber vor allem als Langzeitbeobachtung zur Erfüllung der Produkt-

---

[18] lat. „Ich werde gefallen".
[19] dazu eingehend unten § 4 D II 5 c.
[20] *Schmidt-Elsaeßer*, Medizinische Forschung, S. 37.

beobachtungspflicht des Herstellers einer bereits auf ihre Wirksamkeit getesteten Therapie eingesetzt (im Arzneimittelgesetz: Phase IV) und können daher auf dieses Element verzichten. Zum Themenkreis der medizinischen Forschung am Menschen zählen die Beobachtungsstudien, weil sie datenschutzrechtliche Probleme aufwerfen. Gefahren für Leib und Leben durch die Forschungsmaßnahme selbst bestehen nicht mehr, da es sich bereits um eine Standardtherapie handelt.

C. Einteilung medizinischer Forschungsfelder

I. Bildung von Fallgruppen mit Blick auf die haftungsrechtlichen Folgen

Die folgende Einteilung medizinischer Forschungsfelder dient dazu, einen Überblick über die spezialgesetzlich geregelten Gebiete medizinischer Forschung einerseits und die Forschung außerhalb der gesetzlich geregelten Forschungsfelder andererseits zu vermitteln. Auch im Hinblick auf später zu erörternde Haftungsfragen ist es nicht sinnvoll, bei der Aufteilung der medizinischen Forschungsfelder den medizinischen Disziplinen zu folgen, wie sie etwa die Weiterbildungsordnungen der Landesärztekammern als Gebietsbezeichnungen vorsehen (z.B. Allgemeinmedizin, Anästhesiologie, Anatomie usw.). Zwar bildet natürlich jedes Gebiet seine eigenen Sorgfaltsanforderungen heraus, die für die Haftung relevant sind. Doch wäre dieses Raster für eine praktikable Fallgruppenbildung zu fein.[21] Zur Wahl eines gröberen Rasters empfiehlt es sich, bei den haftungsrelevanten Handlungsformen und möglicherweise den verletzten Rechtsgütern anzuknüpfen.

II. Arzneimittelprüfung

Die klinische Prüfung von Arzneimitteln vor der Zulassung und danach zur Beobachtung unterscheidet sich methodisch nicht von anderen klinischen Prüfungen. Sie ist jedoch gesetzlich geregelt und unterliegt einem fest gefügten Aufbau. Dieser soll hier lediglich kurz erläutert werden, um die der Arzneimittelprüfung eigentümliche Begrifflichkeit vorzustellen.
Die Arzneimittelprüfung wird gewöhnlich, dem wissenschaftlichen Vorgehen folgend, in vier Stufen eingeteilt. Das Arzneimittelgesetz wurde dieser Einteilung nachgebildet.

---

[21] ähnlich *Over*, Zivilrechtliche Haftung, S. 11 f.

In der Phase I wird das Arzneimittel nach umfangreichen präklinischen Untersuchungen (akute Toxizität, Pharmakokinetik, Teratogenität, Kanzerogenität, subakute und chronische Toxizität - im Tierversuch; Stabilität des Wirkstoffs, Darreichungsform, Verpackung, Haltbarkeit)[22] zum ersten Mal am Menschen angewandt. Die Unterlagen der Präklinik sind gem. § 40 Abs.1 Nr. 6 AMG beim Bundesinstitut zu hinterlegen.[23] An einer geringen Zahl gesunder Probanden[24] wird die Verträglichkeit des Arzneimittels getestet. Ziel ist es, das Verhalten der Substanz im Stoffwechsel, andere Wirkungen auf den Körper, sowie die geeignete Dosierung zu finden.[25]

Die Phase II-Prüfung dient dazu, an einer größeren Anzahl einschlägig Kranker (ca. 200) in kontrollierten Studien die therapeutische Wirksamkeit, Nebenwirkungen und die optimale Dosierung zu bestimmen. Getestet wird im Vergleich zur Standardtherapie oder ggf. gegen Placebo.

Die Phase III der klinischen Prüfung wird als Langzeitbeobachtung an bis zu mehreren tausend Patienten multizentrisch in Kliniken oder aber bei niedergelassenen Ärzten durchgeführt. Es sollen die therapeutische Wirksamkeit und die Nebenwirkungen bestätigt und statistisch abgesichert werden.

Wird das Medikament nach Vorlage und Prüfung der so gewonnenen Ergebnisse zugelassen, folgt Phase IV der klinischen Prüfung. Es handelt sich hierbei um zeitlich unbegrenzte Beobachtungsstudien zu Wirksamkeit und Begleiterscheinungen des Medikaments. Abgesehen von der Pflicht, gem. § 63 b Abs. 4 AMG[26] einen Erfahrungsbericht vorzulegen, gehört dieses Vorgehen bereits zur Produktbeobachtungspflicht des Unternehmers.

---

[22] Bekanntmachung über die Zulassung von Arzneimitteln durch das Bundesinstitut für Arzneimittel und Medizinprodukte vom 31. 10. 1996, abgedruckt bei *Sander*, AMG, Anhang I/21.

[23] Die vorliegende Arbeit wurde vor Inkrafttreten des Zwölften Gesetzes zur Änderung des Arzneimittelgesetzes vom 30.07.2004, BGBl. I S.2031, abgeschlossen. Änderungen durch die Gesetzesnovelle sind eingearbeitet. Gesetzeszitate beziehen sich bereits auf die Neufassung des Gesetzes. Soweit das Zwölfte Gesetz zur Änderung des Arzneimittelgesetzes vom 30.07.2004 inhaltliche Änderungen mit sich brachte, sind diese ausdrücklich erläutert.

[24] hierzu werden unterschiedliche Angaben gemacht: *Sander*, AMG, § 40, Erl. 1: „10- 50"; *Hart/Hilken/Merkel/Woggan*, Recht des Arzneimittelmarktes, S. 47: „etwa 10"; *Biermann*, Die Arzneimittelprüfung, S. 54: „ca. 10- 20".

[25] *Biermann*, a.a.O.

[26] AMG in der Fassung durch das Zwölfte Gesetz zur Änderung des Arzneimittelgesetzes vom 30.07.2004, BGBl. I S.2031; entspricht § 49 Abs. 6 a.F.

III. Prüfung von Medizinprodukten

Im Gegensatz zum Arzneimittelrecht, das nach wie vor rein nationales Recht ist und nur ein Verfahren zur Anerkennung bereits erteilter Zulassungen im Gebiet der Europäischen Union kennt, geht das Recht der Medizinprodukte auf europäisches Sekundärrecht zurück. Das Medizinproduktegesetz dient der Umsetzung von insgesamt 16 Richtlinien der Europäischen Union. Neben der Richtlinie zur Rechtsangleichung der Mitgliedstaaten über aktive implantierbare medizinische Geräte[27] und der Richtlinie über Medizinprodukte[28] handelt es sich um Richtlinien zur Regelung von Spezialproblemen auf dem Gebiet der Produktsicherheit.[29] Zielsetzung des europäischen Sekundärrechts ist es, dass aktiv implantierbare medizinische Geräte und andere Medizinprodukte einschließlich der in-vitro-Diagnostika EU-weit den gleichen Zulassungs- und Betriebsanforderungen unterliegen und ein einheitlicher Qualitätsstandard gewährleistet wird.[30] Gem. § 1 MPG müssen Medizinprodukte medizinisch-technisch unbedenklich sein und die erforderliche medizinische Qualität besitzen.
Neben dem Medizinproduktegesetz hat der Rechtsanwender zahlreiche Verordnungen, die aufgrund weitreichender Verordnungsermächtigungen zur Konkretisierung der Vorschriften des Medizinproduktegesetzes entstanden sind, zu beachten. Die größte Bedeutung unter ihnen kommt der Medizinprodukteverordnung[31] zu.

Der sachliche Anwendungsbereich des Medizinproduktegesetzes ist weitreichend. Tätigkeiten, die die Anwendbarkeit des Medizinproduktegesetzes auslösen, sind gem. § 2 Abs. 1 MPG das Herstellen, Inverkehrbringen, das Inbetriebnehmen, das Ausstellen, das Errichten, das Betreiben und das Anwenden von Medizinprodukten einschließlich des Zubehörs. Gem. § 2 Abs. 2 und 3 MPG erfolgt eine Erstreckung des Anwendungsbereichs auf Medizinprodukte, die dazu bestimmt sind Arzneimittel zu verabreichen, sowie Medizinprodukte, die mit einem Arzneimittel eine feste Einheit bilden.

Der Begriff des Medizinprodukts wird in § 3 Nr. 1 bis 4 MPG näher bestimmt. Medizinprodukte sind einzelne oder miteinander verbunden verwendete Instrumente, Apparate, Vorrichtungen, Stoffe und Zubereitungen

---

[27] Richtlinie 90/385/EWG vom 20. 06. 1990 ABl. Nr. L 189, S. 17.
[28] Richtlinie 93/42/EWG vom 14. 06, 1993 ABl. Nr. L 169, S. 1.
[29] Aufzählung der umgesetzten Richtlinien Fußnote zum Titel des Medizinproduktegesetz vom 02. 08. 1994, BGBl. I, 1963.
[30] *Schorn*, Gert: MPG, 2. Auflage Stand: Juli 1998, Stuttgart 1998, S. 13.
[31] Verordnung über Medizinprodukte vom 17. 12. 1997, BGBl. I, S. 3138 ff.

aus Stoffen oder andere Gegenstände einschließlich der für ihr einwandfreies Funktionieren notwendigen Software, die der Erkennung, Verhütung, Überwachung, Behandlung oder Linderung von Krankheiten oder Kompensierung von Verletzungen oder Behinderungen oder der Empfängnisregelung zu dienen bestimmt sind. Die Hauptwirkung der Medizinprodukte muss weder durch pharmakologisch oder immunologisch wirkende Mittel noch durch Metabolismus erzielt werden. Medizinprodukte sich auch solche Stoffe oder Zubereitungen aus Stoffen, die als Träger von Arzneimitteln verwendet werden. Durch die darin enthaltene umfassende Definition werden so unterschiedliche Gerätschaften und Stoffe, wie z.B. Herzschrittmacher, ärztliche Instrumente, Brillen, Verbandmaterial, Röntgengeräte und Tomographen und Mittel zur Empfängnisverhütung unter einem Oberbegriff zusammengefasst.

Den äußerst unterschiedlichen Risiken bei der Anwendung von Medizinprodukten wird dadurch Rechnung getragen, dass sie im Hinblick auf die erforderliche Zertifizierung in vier verschiedene Risikoklassen eingeteilt werden.[32] Um in Verkehr gebracht werden zu können, benötigen Medizinprodukte gem. § 8 MPG eine CE (Conformitée Européenne)- Kennzeichnung, die deren Übereinstimmung mit den harmonisierten europäischen Sicherheitsstandards bescheinigt. Voraussetzung für deren Erwerb ist gem. §§ 14 Abs. 1, 3, 5 Abs. 1 MPG i.V.m. § 11 MPV (unabhängig von deren Klassifizierung) eine klinische Bewertung.
Die erforderliche klinische Bewertung kann mittels Unterlagen aus der Literatur oder, falls diese nicht ausreichen, durch eine klinische Prüfung erbracht werden.

IV. Erprobung und Entwicklung diagnostischer Methoden

Als erste Fallgruppe der medizinischen Forschung außerhalb von Spezialgesetzen ist die Erprobung und Entwicklung diagnostischer Methoden zu nennen, auch wenn sie aufgrund der Verwendung von medizinischen Geräten häufig eng mit der vorgenannten Prüfung von Medizinprodukten verknüpft ist.
Die Diagnostik wird im Arzthaftungsrecht gewöhnlich als eigene Gruppierung von Behandlungsfehlern verstanden, weil in besonderer Weise Fragen des Unterlassens, der ärztlichen Arbeitsteilung und des Geräteversagens aufgeworfen werden.
Für die Forschung kommt hinzu, dass besonders häufig die Risiko-Nutzen-Abwägung problematisch sein wird, wenn bereits andere ausreichende dia-

---

[32] § 7 MPV i.V.m. Anhang IX der Richtlinie 93/42/EWG über Medizinprodukte.

gnostische Möglichkeiten bestehen. In diesem Zusammenhang liegt es dann auch nahe, an der therapeutischen Indikation und damit an der Heilversuchsqualität zu zweifeln, wenn die Diagnose mittels anderer Methoden bereits gestellt werden konnte.

V. Therapieversuche außerhalb der Arzneimittelforschung (darunter Erprobung von Operationsmethoden)

Eine zweite Fallgruppe stellen die Therapieversuche unter Ausnahme der Arzneimittel-Erprobung dar.
Der gewählte Begriff darf aber nicht als Parallele zum Heilversuch verstanden werden. Vielmehr soll lediglich zum Ausdruck kommen, dass eine neue Behandlungsmethode versucht wird. Damit sind, wie auch bei der konventionellen Heilbehandlung, meist Probleme des Fehlschlagens oder der ausreichenden Aufklärung verbunden.

VI. Sonstige physiologische Messungen und Versuche

Die dritte Fallgruppe bilden physiologische Messungen und Versuche. Für die Forschung sind sie als begleitende Untersuchungen von Bedeutung. Hierin wird auch häufig das Problem zu finden sei: dass zusätzliche unkonsentierte Untersuchungen mit anschließender Datenauswertung stattfinden.

D. Heilbehandlung, Heilversuch und Experiment

Die Darstellung und Fallgruppenbildung ist bislang, wenn auch immer mit Blick auf später zu klärende Haftungsfragen, den tatsächlichen Vorgaben der medizinischen Forschung gefolgt. Nachfolgend wird nun aufgezeigt, welche juristischen Kategorien entwickelt wurden, um die Handlungsweisen der medizinischen Forschung zu erfassen. Die rechtliche Durchdringung der medizinischen Forschung ist angesichts der Vielgestaltigkeit der Forschungsfelder und der verwendeten Methoden darauf angewiesen, einige wenige handhabbare Kategorien zum Schutz von Probanden und Patienten auszubilden.

I. Die ärztliche Heilbehandlung

Das Arztrecht ist in der deutschen Rechtsordnung nicht gesetzlich geregelt. Das Arztrecht wird als Sondermaterie des Deliktsrechts angesehen, da es

aufgrund seines engen Zusammenhanges mit dem Vertragsrecht, dem ärztlichen Standesrecht und dem Sozialversicherungsrecht zahlreiche Besonderheiten aufweist.[33]
Unter einer ärztliche Heilbehandlung versteht man „Eingriffe und andere Behandlungen, die nach den Erkenntnissen und Erfahrungen der Heilkunde und nach den Grundsätzen eines gewissenhaften Arztes zu dem Zweck angezeigt sind und vorgenommen werden, Krankheiten, Leiden, Körperschäden, körperliche Beschwerden oder seelische Störungen zu verhüten, zu erkennen, zu heilen oder zu lindern".[34] Nach der Definition gehören also neben der eigentlichen Behandlung auch vorbeugende und diagnostische Maßnahmen zu den Heileingriffen. Der ärztliche Heileingriff ist zwar nach h.M. immer noch als tatbestandsmäßige Körperverletzung anzusehen, er ist aber bei Vorliegen einer rechtfertigenden Einwilligung des Patienten zivil- und strafrechtlich gegenüber anderen Eingriffen in die körperliche Unversehrtheit insoweit privilegiert, als er nur dann rechtswidrig ist, wenn ein Behandlungsfehler vorliegt, auch wenn kein Heilerfolg eintreten sollte.[35] Liegen die Begriffsmerkmale der Heilbehandlung vor, so kann dem Arzt im Gegensatz zu anderen Eingriffen in die körperliche Unversehrtheit auch kein Vorwurf der Sittenwidrigkeit gemacht werden, der zur Unwirksamkeit der Einwilligung führt.
Zu den Begriffsmerkmalen der Heilbehandlung zählen die Indikation zur Bekämpfung einer Krankheit sowie das Vorgehen nach den Grundsätzen eines gewissenhaften Arztes, nach der lex artis.
Eine ärztliche Maßnahme ist indiziert, wenn ein Grund zur Anwendung eines bestimmten diagnostischen oder therapeutischen Verfahrens im konkreten Krankheitsfall vorliegt.[36] Das Fehlen einer Indikation führt jedoch noch nicht allein dazu, dass die ärztliche Maßnahme als rechtswidrig anzusehen ist,[37] vielmehr nimmt das Fehlen der Indikation der Maßnahme lediglich den Charakter des Heileingriffs, aufgrund der Einwilligung kann sie aber dennoch gerechtfertigt sein.[38] Ein Beispiel für die Problematik sind kosmetische Operationen. Ihnen fehlt es an einer medizinischen Indikation, wenn der zu beseitigende Makel kein Krankheitsbild darstellt bzw. ein solches hervorgerufen hat.
Betrachtete man das Vorliegen einer Indikation als zwingende Rechtmäßigkeitsvoraussetzung, stünde ein Arzt, der regelmäßig im Interesse und

---

[33] MünchKomm-*Wagner,* § 823 Rz. 642.
[34] Definition in § 161 Entwurf eines StGB von 1962, zit. nach *Rieger,* Lexikon, Rz. 802.
[35] *Laufs,* ArztR, Rz. 479.
[36] *Pschyrembe*l, Klinisches Wörterbuch, Indikation
[37] zur früher vorherrschenden Ansicht Laufs/Uhlenbruck–*Uhlenbruck/Laufs,* Handbuch, § 51 Rz. 6 f.
[38] BGH Urt. v. 22.02.1978, NJW 1978, 1206 - „Zahnextraktionsfall".

Auftrag des Patienten tätig wird, schlechter als Dritte, deren Eingriffe in die körperliche Unversehrtheit lediglich an den Grenzen der guten Sitten, § 138 BGB, und an der Einwilligung gemessen werden.
Damit spielt die Indikation zwar als Tatbestandsmerkmal keine Rolle, ihre Bedeutung für den Heileingriff erlangt sie aber in der Zusammenschau mit den anderen Merkmalen. Zunächst besteht eine Verbindung zwischen der Indikation und den Anforderungen an die Sorgfalt des gewissenhaften Arztes. Beide Begriffe hängen gleichermaßen vom Stand der medizinischen Wissenschaft ab. Um zur Behandlung einer Krankheit angezeigt zu sein, muss eine Maßnahme dem Stand der Medizin entsprechen, und damit ein Arzt den Sorgfaltsanforderungen entspricht, hat er indizierte Behandlungsmaßnahmen einzusetzen.
Zum anderen beeinflusst das Vorliegen der Indikation auch Inhalt und Umfang der Aufklärung und die Einwilligung. Die Anforderungen an die Aufklärung steigen bei zweifelhafter Indikation mit hohem Misserfolgsrisiko.[39] Dagegen kann bei lebensbedrohlicher Indikation eine Aufklärung unter Umständen entfallen, ebenso wenn ein Verzicht auf die Aufklärung medizinisch indiziert ist, um den Heilerfolg nicht zu gefährden. Daneben entlastet die Indikation den Arzt von der Prüfung, ob die Einwilligung den guten Sitten entspricht. Liegen nämlich die Voraussetzungen der Heilbehandlung vor, so wird die Vereinbarkeit positiv indiziert[40] und die Einwilligung muss nur noch mit der Aufklärung in Übereinstimmung stehen.
Tatbestandsvoraussetzung ist weiter ein Vorgehen nach der lex artis. Damit sind die vertraglichen wie deliktischen Sorgfaltspflichten gemeint, die dem Berufsstand der Ärzte in Ausfüllung „der im Verkehr erforderlichen Sorgfalt" des § 276 Abs. 1 S. 2 BGB auferlegt werden. Diese ärztlichen Berufspflichten beschreiben einen akzeptierten Behandlungsstandard.

II. Versuch und Standard

Im alltäglichen Sprachgebrauch verwendet man für ein Vorhaben zur Gewinnung neuer Erkenntnisse die Begriffe Versuch und Experiment. Beide Begriffe beinhalten eine Ungewissheit des Ausgangs des Vorhabens. Die Ungewissheit des Erfolges der ärztlichen Behandlung kann jedenfalls nicht die Abgrenzung zur medizinischen Forschung darstellen, da das schicksalhafte Ausbleiben des Heilerfolges auch bei der konventionellen Heilbehandlung auftreten kann, nicht nur bei der Erprobung von neuen Methoden. Deutlich wird dies auch daraus, dass beim Arztvertrag, soweit er

---

[39] BGH Urt. v. 23.09.1980, NJW 1981, 633.
[40] *Ulsenheimer*, Arztstrafrecht, Rz. 234

als Dienstvertrag eingeordnet wird,[41] die Arbeit als solche geschuldet ist. Wird er als Werkvertrag qualifiziert, ist dagegen ein durch die Arbeit herbeizuführender Erfolg geschuldet.[42] Auch wenn es sich um einen Werkvertrag handelt, ist jedoch nie der Erfolg des Arbeitserfolges, die Genesung des Patienten geschuldet.[43] Grenzlinie zwischen Heilbehandlung und Forschung sind vielmehr die Regeln der ärztlichen Kunst. „Das Gegensatzpaar heißt nicht Versuch und Erfolg, sondern Versuchsbehandlung und Standardbehandlung".[44] Wird also der ärztliche Standard verlassen, so liegt eine Forschungsmaßnahme vor.

Hinzukommen muss allerdings, dass es sich auch tatsächlich um Forschung handelt. Außenseitermethoden überschreiten zwar ebenfalls den Standard, ihre Durchführung dient aber nicht mehr der Erprobung. Sie sind ausreichend getestet, konnten sich aber nicht als Standard durchsetzen.[45]

Jegliche Erscheinungsform von Kurpfuscherei bzw. Erprobungen, die bereits an der Definition von Forschung scheitern, werden ebenfalls ausgegrenzt.

Die Abgrenzung, ob es sich um eine neue, noch nicht anerkannte Behandlungsmethode handelt oder ob es sich bereits um eine Standardmethode handelt, wird häufig nicht leicht vorzunehmen sein.[46] Dieses Abgrenzungsproblem ist aber - allerdings mit umgekehrten Vorzeichen - ein alltägliches Problem der Rechtsprechung. Auch die Frage, ob es sich noch um eine Standardmethode handelt oder ob das Verfahren als veraltet anzusehen ist, muss von den Gerichten beantwortet werden, da auch eine negative Abweichung vom Standard einen Behandlungsfehler darstellen kann. In diesem Fall wie auch bei neuen Behandlungsmethoden können die Gerichte die Feststellung nicht aus eigener Sachkunde treffen, sondern sind auf die Mithilfe eines Sachverständigen angewiesen.[47]

---

[41] ausführlich zur Frage der rechtlichen Einordnung des ärztlichen Behandlungsvertrages Staudinger-*Richardi*, Vorbem zu § 611 Rz. 53 f., 33.
[42] Staudinger-*Richardi*, Vorbem zu § 611 Rz. 26.
[43] Staudinger-*Richardi*, Vorbem zu § 611 Rz. 33.
[44] *Deutsch*, Medizin und Forschung vor Gericht, S. 42.
[45] RGRK-*Nüßgens*, § 823 Anh. II Rz. 193.
[46] *Schreiber*, in: Helmchen/Winau (Hrsg.), Versuche mit Menschen, S. 15, 17 f.
[47] BGH Urt. v. 29.11.1994, NJW 1995, 776.

III. Heilversuch und Experiment

Herkömmlicherweise werden zwei Grundtypen medizinischer Forschung unterschieden: Heilversuch und klinisches Experiment.[48] Mit dieser Unterteilung werden verschiedene Anforderungen an die Zulässigkeit verbunden.

1. Herkunft der Begriffe

Bereits 1931 hatte das Reichsministerium des Inneren „Richtlinien für neuartige Heilbehandlung und für die Vornahme wissenschaftlicher Versuche am Menschen" erlassen.[49] Aufgrund ihres fehlenden Rechtsnormcharakters konnten sie nur als Empfehlung Bedeutung erlangen.
Der Kategorie der „neuartigen Heilbehandlung" unterfielen „Eingriffe und Behandlungsweisen am Menschen, die der Heilbehandlung dienen, also in einem bestimmten einzelnen Behandlungsfall zur Erkennung, Heilung oder Verhütung einer Krankheit oder eines Leidens oder zur Beseitigung eines körperlichen Mangels vorgenommen werden, obwohl ihre Auswirkungen und Folgen aufgrund der bisherigen Erfahrungen noch nicht ausreichend zu übersehen sind". "Wissenschaftliche Versuche" waren als „Eingriffe und Behandlungsweisen am Menschen, die zu Forschungszwecken vorgenommen werden, ohne der Heilbehandlung im einzelnen Falle zu dienen und deren Auswirkungen und Folgen auf Grund der bisherigen Erfahrungen noch nicht ausreichend zu übersehen sind", definiert.

Die einzige bekannt gewordene Entscheidung zu diesem Themenkreis griff die Richtlinien auf und nahm die Unterscheidung inhaltlich in ähnlicher Weise vor.[50] In dem zur Entscheidung stehenden Fall hatte ein Arzt einem verwundeten Soldaten zur Vorbereitung und Nachsorge einer Operation wegen eines Aneurysmas Thorotrast injiziert. Der Soldat erlitt aufgrund der Injektion eine Leberzirrhose und war daraufhin berufsunfähig. Der BGH sprach dem Kläger eine Aufopferungsentschädigung mit der Begründung zu, „beim Kläger sei es nicht so gewesen, dass die Verwendung von Thorotrast wegen der besonderen Vorzüge im Blick auf die Heilung des Klägers erfolgt sei, sondern dass der Forschungszweck bei der Behandlung gerade mit Thorotrast im Vordergrund stand". „Dieser Sachverhalt sei rechtlich anders zu beurteilen als die Fälle, in denen bei einem erkrankten oder verwundeten Soldaten ein in seinen Auswirkungen noch nicht voll auspro-

---

[48] vgl. nur *Laufs*, ArztR, Rz. 675 statt vieler. Die Begriffe tauchen in den unterschiedlichsten Variationen auf.
[49] DMW 1931, 509.
[50] BGH Urt. v. 13.02.1956, BGHZ 20, 61, 66 - Thorotrast.

biertes Mittel zur Anwendung gekommen ist, das damit verbundene Risiko aber mangels anderer Erfolg versprechender Mittel im Interesse der andernfalls voraussichtlich überhaupt nicht oder nicht so gründlich zu erzielenden Heilung in Kauf genommen werden musste".

Positivrechtlich hat sich die begriffliche Unterscheidung bislang in §§ 40, 41 AMG, §§ 17, 18 MPG und § 41 StrSchVO niedergeschlagen. So darf nach § 41 Nr. 1 AMG eine klinische Prüfung bei einer Person, die an einer Krankheit leidet, zu deren Behebung das Arzneimittel einmal dienen soll, nur durchgeführt werden, wenn die Anwendung nach den Erkenntnissen der medizinischen Wissenschaft angezeigt ist. § 40 AMG regelt dagegen die klinische Prüfung bei gesunden Probanden. Eine ähnliche Unterscheidung in der Sache ist im Medizinproduktegesetz und der Strahlenschutzverordnung anzutreffen.

Daneben gibt es noch eine berufsrechtliche Niederlegung dieser Begriffe in der Deklaration des Weltärztebundes von Helsinki in den revidierten Fassungen von Tokio, Venedig, Hongkong, Somerset West und Edinburgh (abgekürzt: RDH)[51]. Diese Deklaration erlangt ihre berufsrechtliche Bedeutung über die in § 15 Abs. 1 MBO festgelegte Verpflichtung der Ärzte, sich vor der Durchführung von Forschungsvorhaben am Menschen durch eine Ethik-Kommission beraten zu lassen. Die Kommissionen müssen wiederum bei ihren Beratungen die Deklaration zugrunde legen, § 15 Abs. 2 MBO.
Begrifflich trennt die Deklaration zwischen medizinischer Forschung in Verbindung mit ärztlicher Versorgung (klinische Versuche) und nichttherapeutischer biomedizinischer Forschung am Menschen.

2. Abgrenzung von Heilversuch und Experiment

Die Unterscheidung von Heilversuch und Experiment in Rechtsprechung, Literatur und Richtlinien der Standesorganisationen verfolgt das Ziel für die Forschung am Menschen Kriterien der Zulässigkeit aufzustellen, die diese überhaupt erst ethisch vertretbar macht. So kommt es auch zu der Differenzierung von Versuchen zur Heilbehandlung mit neuartigen Methoden und Experimenten im reinen Forschungsinteresse. Der Nutzen für den Patienten rechtfertigt es, bei Heilversuchen ein gewisses Risiko einzugehen, während an das Experiment aus reinem Forscherdrang grundsätzlich strenge Anforderungen zu stellen sind.

---

[51] abgedruckt bei *Sander*, AMG, Anh.I/4.

Nach wohl noch h.M. ist der Heilversuch durch ein subjektives Heilungsinteresse des Arztes geprägt.[52] Stellt man darauf ab, so sind die Motive des Arztes im Zeitpunkt der Forschungsmaßnahme zu ermitteln.[53] Entscheidend ist, ob er im Einzelfall das Bemühen um eine Heilung oder die Gewinnung weiterführender Erkenntnisse im Vordergrund sah.

Neuere Vorschläge zielen aufgrund der Schwierigkeiten einer subjektiven Sichtweise darauf ab, die Abgrenzung anhand besser handhabbarer objektiver Kriterien vorzunehmen. Es lassen sich zwei Strömungen ausmachen: Ein Teil der Literatur knüpft an den Begriff des „Wohls" des Patienten bzw. Probanden an, wie er auch aus dem Recht der elterlichen Sorge oder dem Betreuungsrecht bekannt ist.[54] Wenn also die Behandlung zumindest auch einen Nutzen des Patienten bzw. Probanden verspricht, so entspricht sie dem „Wohl" des Patienten oder Probanden. Diese Ansichten sind stark von ihrer Themenstellung bei der Forschung an Einwilligungsunfähigen motiviert. Die Zulässigkeit rein wissenschaftlicher Experimente an Einwilligungsunfähigen wird bislang als nicht dem Wohl des Kindes oder Betreuten entsprechend nahezu einhellig abgelehnt.[55] Durch eine Neuinterpretation dessen, was dem Patienten nützt, etwa auch ein nur mittelbarer oder gruppenspezifischer Nutzen,[56] gelangen diese Autoren zu einer im Interesse des wissenschaftlichen Fortschritts großzügigeren Interpretation des Wohls des Einwilligungsunfähigen.

Eine andere Strömung in der Literatur hält sich stärker an die Dogmatik des Heileingriffs und nimmt eine forschungsspezifische Bestimmung der Indikation vor.[57] Der Definition des Heileingriffs zufolge muss dieser angezeigt sein, d.h. es muss ein Grund zur Anwendung eines bestimmten diagnostischen oder therapeutischen Verfahrens im konkreten Krankheitsfall vorliegen. Ein solcher kann für ein noch nicht anerkanntes Verfahren grundsätzlich noch nicht bestehen. *Laufs* und *Biermann* stellen daher auf eine „potentielle" Indikation ab, die vorliegen soll, wenn sich basierend auf objektiven Daten eine konkrete therapeutische Chance ergibt.[58]

---

[52] BGH Urt. v. 13.02.1956, BGHZ 20, 61, 66; *Deutsch/Spickhoff*, MedR, Rz. 652; *Rieger*, Lexikon, Rz. 848; *Fischer*, Medizinische Versuche, S. 4 f.; *Böth*, Humanexperiment, S. 18 ff.; *Giesen*, Arzthaftungsrecht, Rz. 95; widersprüchlich *Laufs*, ArztR, Rz. 677 und 689; *Eser*, GS für Horst Schröder, S. 191, 199, krit. zur rein subjektiven Betrachtung; *Cloidt-Stotz*, Der Schadensausgleich, S. 12 ff., für die Verwendung objektiver Indizien.
[53] *Deutsch/Spickhoff*, MedR, Rz. 652.
[54] *Fröhlich*, Forschung wider Willen?, S. 17; *Eberbach*, Humanforschung, S. 8 f.
[55] *Giesen*, Arzthaftungsrecht, Rz. 285.
[56] *Fröhlich*, Forschung wider Willen?, S. 19, 209.
[57] *Pschyrembel*, Klinisches Wörterbuch, Indikation.
[58] *Laufs*, ArztR, Rz. 689; *Biermann*, Arzneimittelprüfung, S. 89 ff.

Da § 41 Nr. 1 AMG eine ähnliche Beschreibung der Indikation vornimmt, wird auch eine Analogie zu den Vorschriften des Arzneimittelgesetzes befürwortet.[59]

3. Stellungnahme

Die Ansicht, die Abgrenzung nach dem subjektiven Heilungsinteresse vorzunehmen, erscheint wenig praktikabel und lässt sich auch nicht ohne Brüche in die zivilrechtliche Dogmatik einreihen.
Die tatsächlichen Schwierigkeiten, den Willen des Arztes zu ermitteln, liegen auf der Hand. Je überzeugter ein Arzt von seiner eigenen Hypothese ist, desto leichter wird es ihm fallen ein therapeutisches Interesse zu begründen. Es fehlt aber an einem Korrektiv für die Plausibilität der Hypothese.
Eine einmal behauptete Therapieabsicht dürfte vom Patienten auch kaum zu widerlegen sein, da der Forscher im Vorfeld oder aber noch im Prozess alles daransetzen wird, sein Therapieinteresse zu unterstreichen. Auch der Einwand, mit welcher Vehemenz z.B. die Veröffentlichung der Forschungsergebnisse betrieben wurde, wäre kein Indiz, da das Forschungsinteresse immer erlaubter Nebenzweck bleibt. Somit blieben wohl nur seltene Einzelfälle, in denen der Gegenbeweis gelänge.[60] Es ist also unerlässlich zumindest objektive Indizien heranzuziehen.[61]
Der zweite Kritikpunkt ist dogmatischer Natur. Die Einführung subjektiver Momente in den Heilversuchsbegriff resultiert aus der Vorreiterrolle der Strafrechtswissenschaft bei der Behandlung des Heilversuchs. Dort taucht die therapeutische Absicht entweder als subjektiver Rechtfertigungsgrund oder aber als Tatbestandsausschließendes Element auf.[62] Im Zivilrecht sind subjektive Rechtfertigungselemente bzw. subjektive Tatbestandsmerkmale die Ausnahme und meist gesetzlich vorgesehen. Der Übernahme ins Zivilrecht beggnen grundsätzlich zwar auch keine Bedenken,[63] allerdings ist die Konzeption der Berufspflichten, die Maßstab für einen Behandlungsfehler sind, rein objektiv angelegt. Durch die Einführung eines subjektiven Elementes verlören sie ihre Funktion als generelle Gefahrvermeidungspflichten und würden stark individualisiert.

---

[59] *Deutsch*, Der Beitrag des Rechts zur klinischen Forschung in der Medizin, NJW 1995, 3019, 3022; *Peter*, Forschung am Menschen, S. 96 ff.

[60] ebenso *Cloidt-Stotz*, Der Schadensausgleich, S. 12.

[61] so auch *Cloidt-Stotz*, Der Schadensausgleich, S. 14 f.

[62] je nach Ansicht über die Einordnung des ärztlichen Eingriffs; vgl. z. B. Schönke-Schröder-*Eser,* StGB, § 223 Rz. 48, 50, 50 a.

[63] *Deutsch*, Allg. Haftungsrecht, Rz. 244 f.

Ein „potentieller individueller Nutzen" als Ausfüllung des Begriffs des Wohls des Kindes bzw. des Betreuten[64] passt ebenfalls nicht in das Konzept der zivilrechtlichen Haftung. Den Kategorien des mittelbaren und gruppenspezifischen Nutzens ist gemeinsam, dass zum Zeitpunkt des Eingriffs gerade kein unmittelbarer Nutzen für den Patienten vorliegt, sondern nur unterschiedliche Prognosen über einen eventuellen späteren persönlichen Nutzen.[65] Dieser konkret durchgeführte Heileingriff ist also keinesfalls indiziert und kann damit auch keine Privilegierung gegenüber dem rein fremdnützigen Experiment genießen. Um diese Konsequenz zu vermeiden, wird in der Literatur versucht, den Begriff des Wohls des Kindes bzw. des Betreuten neu zu bestimmen. Dieser Begriff befindet sich aber dogmatisch auf einer völlig anderen Ebene. Während man bei der Bestimmung des Wohls zu überlegen hat, welche Entscheidungsbefugnisse man anderen über die Rechtsgüter Dritter einräumt, was gegebenenfalls durch gerichtliche Kontrollmaßnahmen abgesichert werden kann, geht es bei der Differenzierung zwischen Heilversuch und Experiment bereits um die Beschreibung des zivilrechtlichen Verbots- bzw. Gebotstatbestandes. Eine Koppelung beider Ebenen vermischt Fragen der Einwilligung und Verkehrspflichten unzulässig, da beiden unterschiedliche Fragestellungen und Wertungen zugrunde liegen. Der Begriff des Heilversuches wurde als Wertentscheidung im Interesse von Patienten und behandelnden Ärzten getroffen; der Heilversuch soll die gleiche Privilegierung wie die Heilbehandlung genießen, um eine beständige Fortentwicklung der Behandlungsmethoden und die Anwendung der neuesten Behandlungsmethoden zu gewährleisten, sofern im konkreten Fall der Anwendung bereits eine gesicherte Prognose über deren Wirksamkeit getroffen werden kann. Der Begriff des Wohls des Kindes oder des Betreuten behandelt demgegenüber die Frage, inwieweit ein Dritter höchstpersönliche Entscheidungen für einen anderen treffen darf. Der Konsens besteht hier darin, dass das Kind bzw. der Betreute nicht zum Objekt in den Händen anderer gemacht werden darf. Aus einer Ausdehnung der Auffassung, was dem Wohl des Kindes bzw. des Betreuten entspricht, kann jedoch nicht hergeleitet werden, dass auf das Merkmal der Indikation bei Heileingriffen generell verzichtet werden könne. Die Frage der Indikation eines Heileingriffs muss bereits vor der Prüfung des Wohls des Kindes oder Betreuten positiv beantwortet worden sein.

Für eine analoge Anwendung der §§ 40, 41 AMG fehlt es an der erforderlichen Lücke im Gesetz. Das Argument von *Peter*, eine Lücke liege vor, weil der Gesetzgeber nur einzelne Teilbereiche der Forschung geregelt hat und

---

[64] so *Fröhlich* Forschung wider Willen? und *Eberbach*, Humanforschung.
[65] ebenso *Peter*, Forschung am Menschen, S. 124.

für andere Bereiche nicht zum Ausdruck gebracht hat, diese ungeregelt lassen zu wollen,[66] ist beliebig umkehrbar. Man kann genauso gut sagen, dass eine planwidrige Lücke deswegen nicht vorliegt, weil der Gesetzgeber nur einige Teilbereiche geregelt hat, nicht aber die medizinische Forschung insgesamt. Auch die Argumentation, das Arzneimittelgesetzes sei im Zusammenhang mit der „Contergan"-Affäre in großer Eile entstanden, man habe deswegen nicht an eine Gesamtregelung gedacht,[67] kann in ihr Gegenteil verkehrt werden. Gerade die Novellierung des Arzneimittelgesetzes aufgrund eines Einzelfalles zeigt, dass es sich nicht um eine planwidrige Lücke handelt, sondern man eine Gesamtregelung nicht für erforderlich gehalten hat. Allein eine Regelungsbedürftigkeit begründet noch keine planwidrige Lücke.[68] Für letztere Annahme spricht auch, dass es sich bei den vorhandenen gesetzlichen Regelungen, Arzneimittelgesetz, Medizinproduktegesetz und Strahlenschutzverordnung, um zum Teil strafbewehrte öffentlich-rechtliche Regelungen zur Produktsicherheit handelt. Das Medizinproduktegesetz ist erst vor wenigen Jahren in Umsetzung einer EU-Richtlinie entstanden,[69] die sich vor allem mit der Einführung der CE-Kennzeichnung befasst. Andere Kompetenzen als solche im Bereich der Warenverkehrsfreiheit hätte die EU auch nicht wahrnehmen können. Der Gesetzgeber hat es also, mehr oder weniger freiwillig, für erforderlich gehalten, die Produktsicherheit im Gesundheitswesen unter Einschluss der medizinischen Forschung zu gewährleisten; die übrigen Bereiche der medizinischen Forschung, die nicht vom Einsatz von Geräten oder Präparaten abhängig sind, hat er den allgemeinen Rechtsgrundsätzen der Arzthaftung überlassen.

In der Tat liegt der richtige Ansatz zur Abgrenzung von Heilversuch und Experiment und zur Bestimmung ihrer Voraussetzungen in der Parallele zum Heileingriff.
Der Heilversuch steht bei der Behandlung vieler Krankheiten in zwingender Nähe zur Heilbehandlung. Bei Leiden wie Alzheimer, verschiedenen Krebserkrankungen oder der Behandlung von Kindern sind keine Standardtherapien bekannt. Jede, in diesen Fällen indizierte, Therapie liegt damit jenseits des Standards und ist ein Heilversuch. Der Heilversuch ist so Teil der Behandlung, die auf einen Fortschritt ihrer Erkenntnisse und Methoden ausgerichtet ist. Auch Außenseitermethoden bewegen sich jenseits des Standards, und können dennoch zur Behandlung eingesetzt werden. Die Therapiefreiheit des Arztes reicht soweit, als er unter Beachtung aller das

---

[66] so *Peter*, Forschung am Menschen, S. 99 ff.
[67] *Peter*, a.a.O.
[68] *Richardi* in: FS Medicus, S. 449, 452.
[69] dazu bereits oben § 2 C III.

Risiko für den Patienten erhöhenden Faktoren und entsprechender Aufklärung, den Einsatz dieser Methode verantworten kann. Das gilt mutatis mutandis auch für den Heilversuch: Werden die Voraussetzungen des Heileingriffs so dem zusätzlichen Risiko angepasst, kann die Verwendung der Neulandmethode zulässig sein. Die ärztlichen Berufspflichten sind in ihrer Eigenschaft als objektive Gefahrvermeidungspflichten dazu geeignet, entsprechende Vorgänge sachgerecht zu erfassen. Wenn keine, allein nach objektiven Kriterien zu beurteilende, Indizierung der Behandlungsmethode gegeben ist, handelt es sich um ein medizinisches Experiment.

4. Anknüpfung an die Heilbehandlung

Wie soeben gezeigt wurde, ist die Abgrenzung von Heilversuch und Experiment in der Parallele zum Heileingriff zu suchen. Während der Heilversuch sich vom Heileingriff dadurch unterscheidet, dass bei einer medizinisch indizierten Behandlung die Grenzen des bislang geltenden medizinischen Standards überschritten werden, ist das Experiment dadurch gekennzeichnet, dass es ohne therapeutischen Indikation im konkreten Einzelfall durchgeführt wird und seine Intention allein in der Erkenntnisgewinnung liegt.

Die Anforderungen an eine ordnungsgemäße Durchführung eines Heilversuchs sollen daher im Folgenden in Anlehnung an die Voraussetzungen des Heileingriffs bestimmt werden:

Ein Heileingriff muss, um der „im Verkehr erforderlichen Sorgfalt" gem. § 276 Abs. 2 BGB zu genügen, nach den gegenwärtigen medizinischen Standards durchgeführt werden. Ein Forschungseingriff, der gerade diese Standards überschreitet, muss insoweit den eigenen Standards der Forschung entsprechen. Die „Kunstregeln" der Forschung verlangen zum Beispiel ein methodisch sauberes Vorgehen zur Gewinnung der Daten und der Prognose. Bei der Frage nach den Standards der Forschung kann nicht ohne Einschränkungen auf den verfassungsrechtlichen Wissenschaftsbegriff zurückgegriffen werden, da bei dessen Ausfüllung die verwendeten Methoden nicht auf ihre Richtigkeit überprüft werden.[70] Dem verobjektivierten Maßstab des § 276 Abs. 2 BGB können hingegen nur Methoden genügen, die selbst in der medizinischen Wissenschaft bereits Anerkennung gefunden haben.

Die therapeutische Indikation des Heilversuchs besteht wie die des Heileingriffs aus der Angezeigtheit im engeren Sinn und der Rechtfertigung im konkreten Einzelfall. Die Angezeigtheit im engeren Sinn muss sich ebenfalls aus methodisch sauberem Vorgehen ergeben im Hinblick auf die Gesundung des Patienten. Hinzukommen muss die Rechtfertigung des Vorge-

---

[70] Jarrass/Pieroth-*Jarrass*, GG, Art. 5 Rz. 76

hens aufgrund einer positiven Risiko-Nutzen-Abwägung. Weiter ist erforderlich, dass der Arzt selbst die erhöhten Anforderungen jenseits des Standards zu erfüllen vermag, d.h. er muss aufgrund seines Ausbildungs- und Erfahrungsstandes zur Durchführung genau dieser Maßnahme befähigt sein. An die Aufklärung bestehen ebenso erhöhte Anforderungen entsprechend der größeren Ungewissheit bzgl. der zu erwartenden Schwierigkeiten.[71]

5. Experiment

Das wissenschaftliche Experiment verfügt über keinerlei therapeutische Indikation. Der Arzt muss daher, bevor er ein Experiment durchführt, die Überlegung anstellen, ob sein Tun mit den guten Sitten vereinbar ist. Allein seine Intention, eine neue Behandlungsmethode zum Nutzen der Patienten zu entwickeln, befreit ihn davon noch nicht. Eine rechtfertigende Einwilligung des Probanden liegt nur dann vor, wenn er vollumfänglich aufgeklärt wurde; ohne therapeutischen Grund ist eine Erleichterung bezüglich des Aufklärungsumfangs nicht denkbar.

Zu einem Überwiegen der Forschungsinteressen des Arztes gegenüber dem Recht des Probanden auf körperliche Unversehrtheit in einer Güterabwägung kann es aufgrund der engen Verbindung des Rechts auf körperliche Unversehrtheit und vor allem auf Selbstbestimmung mit der Menschenwürde nicht kommen.

Daraus folgt, dass ein Experiment nur dann den guten Sitten entspricht, wenn es den Rechten des Probanden Rechnung trägt. Einerseits sind wiederum ein wissenschaftlich sauberer Versuchsaufbau und andererseits eine positive Risiko-Nutzen-Abwägung zwischen dem Wohl des Patienten bzw. Probanden und dem Gewinn der Allgemeinheit durch möglichen wissenschaftlichen Fortschritt erforderlich.

6. Das Zwölfte Gesetz zur Änderung des Arzneimittelgesetzes

Am 06.08.2004 ist das Zwölfte Gesetz zur Änderung des Arzneimittelgesetzes in weiten Teilen in Kraft getreten.[72] Es enthält zahlreiche und auch wesentliche Änderungen des Arzneimittelgesetzes. Die Gesetzesnovelle folgt der europäischen Richtlinie 2001/20/EG zur Angleichung der Rechts- und Verwaltungsvorschriften der Mitgliedstaaten über die Anwendung der guten klinischen Praxis bei der Durchführung von klinischen Prüfungen mit Humanarzneimitteln,[73] zu deren Umsetzung sie dient,[74] und erweitert die

---

[71] zu den Einzelheiten ausführlich unten § 4 D II.
[72] BGBl. I, S. 2031 ff.
[73] ABl. EG Nr. L121, S.34.

Zulässigkeit klinischer Studien an erkrankten Probanden. Gem. § 41 Abs. 1 Nr. 2 AMG n.F. wird der direkte Gruppennutzen neben der therapeutischen Indikation als Legitimationsgrund anerkannt. Dies wird auch auf die Forschung an Minderjährigen ausgedehnt, sofern die klinische Prüfung für die Gruppe der Patienten, die an der gleichen Krankheit leiden wie die betroffene Person, mit einem direkten Nutzen verbunden ist. Zusätzlich muss die Forschung für die Bestätigung von Daten unbedingt erforderlich sein, sich auf einen klinischen Zustand beziehen, unter dem der betroffene Minderjährige leidet und es darf damit nur ein minimales Risiko und eine minimale Belastung verbunden sein, § 41 Abs. 2 Nr. 2 AMG n.F. Für volljährige einwilligungsunfähige Patienten verbleibt es bei der bisherigen Rechtslage. Neben der therapeutischen Indikation „müssen sich derartige Forschungen unmittelbar auf einen lebensbedrohlichen oder sehr geschwächten klinischen Zustand beziehen, in dem sich die betroffene Person befindet, und die klinische Prüfung muss für die betroffene Person mit möglichst wenig Belastungen und anderen vorhersehbaren Risiken verbunden sein", § 41 Abs. 3 Nr. 1 AMG n.F.

Mit dieser Änderung ermöglicht der Gesetzgeber erstmals fremdnützigen Forschung bei der klinischen Prüfung von Arzneimitteln. Die grundsätzliche Unterscheidung zwischen Heilversuch und Experiment bleibt jedoch in der Systematik der §§ 40 und 41 AMG n.F. erhalten, wenn sie auch etwas verwischt wird.[75] Für die übrigen Gebiete medizinischer Forschung bleibt abzuwarten, ob ebenfalls entsprechende gesetzliche Änderungen bzw. ob überhaupt gesetzliche Regelungen erfolgen werden.

IV. Ergebnis

Zusammenfassend ist festzustellen: Ein medizinisches Forschungsvorhaben unterscheidet sich von der Heilbehandlung durch das Überschreiten des Standards. Ihre Legitimation erhalten sowohl Heilversuch als auch Experiment aus der wissenschaftlich sauberen Vorgehensweise und der Einwilligung des ausreichend aufgeklärten Patienten bzw. Probanden. Der Heilversuch unterscheidet sich vom Experiment durch die objektiv vorliegende therapeutische Indikation. Aufgrund des Zwölften Gesetzes zur Änderung des Arzneimittelgesetzes vom 30.07.2004[76] genügt auf dem spezialgesetzlich geregelten Gebiet der Arzneimittelforschung erstmals auch ein direkter Gruppennutzen anstelle der objektiven therapeutischen Indikation zur

---

[74] BGBl. I, S. 2031; BT-Drcks. 15/2109, S.1.
[75] *Laufs*, MedR 2004, 583, 591.
[76] BGBl. I, a.a.O.

Durchführung klinischer Prüfungen an Minderjährigen; insoweit grenzt der direkte Gruppennutzen den Heilversuch gegen das Experiment ab.

§ 3 Organisation und rechtliche Rahmenbedingungen der Forschung angestellter oder beamteter Ärzte

Gegenstand des vorstehenden Kapitels war die tatsächliche und rechtliche Bildung von Fallgruppen medizinischer Forschung, die eine strukturierte Beurteilung der Haftungsfragen erleichtert.
In dem folgenden Kapitel werden die rechtlichen Rahmenbedingungen dargestellt, die für Ärzte bei der Durchführung medizinischer Forschungstätigkeit in abhängigen Beschäftigungsverhältnissen bzw. im Beamtenstatus relevant sind.

A. Einfluss der Forschungsfreiheit, Art. 5 Abs. 3 GG

Nach der Normenhierarchie ist zunächst der Einfluss des Grundrechts der Wissenschaftsfreiheit auf das Arbeits- und Beamtenverhältnis durch die Bestimmung der Grundrechtsträger und ggf. die Frage nach einer Drittwirkung im Verhältnis zwischen Privaten zu klären.
Eine Drittwirkung von Grundrechten kann für Arbeitsverhältnisse insbesondere im Spannungsfeld zwischen Forschungsfreiheit und arbeitgeberseitigem Weisungsrecht bzw. bei der inhaltlichen Ausfüllung der Tätigkeit Bedeutung erlangen.

I. Grundrechtsträger

„Kunst und Wissenschaft, Forschung und Lehre sind frei", soll sicher nicht die Freiheit abstrakter Institutionen bedeuten, sondern meint die individuelle Freiheit beteiligter Personen.[77] Was gelegentlich als „Jedermanngrundrecht" bezeichnet wird,[78] steht, wie es im Wortlaut angedeutet ist, eben nicht jedem zu. Vielmehr ist „Träger des Grundrechts der Wissenschaftsfreiheit jeder, der eigenverantwortlich wissenschaftlich tätig ist oder tätig werden will".[79] Diese Formel drückt einen Zusammenhang mit dem sachlichen Schutzbereich des Art. 5 Abs. 3 GG aus und sollte daher auch ebenso weit wie dieser verstanden werden.

---

[77] vgl. auch HdbWissR-*Kimminich*, Band 1, S. 136.
[78] *Meusel*, Außeruniversitäre Forschung, Rz. 155.
[79] BVerfG Urt. v. 08.02.1977, BVerfGE 43, 242, 267.

Klargestellt ist damit auch, dass der persönliche Schutzbereich des Art. 5 Abs. 3 GG nicht auf Wissenschaftler in staatlichen Institutionen begrenzt ist, sondern sämtliche Organisationsformen der Forschung umfasst, vom Privatgelehrten bis zu den Forschungsabteilungen der Industrie. Auch Zweck- und Auftragsforschung genießen die Freiheit der Wissenschaft, solange der Auftraggeber nicht wesentlichen Einfluss auf die Ergebnisse nimmt.[80]
Auch juristische Personen können gem. Art. 19 Abs. 3 i.V.m. Art. 5 Abs. 3 GG Träger des Grundrechtes der Wissenschaftsfreiheit sein, sofern sie Wissenschaft betreiben.[81] Das gilt sowohl für staatliche Forschungseinrichtungen in ihrem zugewiesenen Aufgabenbereich[82] als auch für private Forschungsinstitute oder Industrieunternehmen, die Forschungsabteilungen unterhalten, sofern den dort beschäftigten Wissenschaftlern ausreichend Spielraum bei der wissenschaftlichen Betätigung eingeräumt wird.[83]

II. Bedeutung für das private Arbeitsrecht

1. Drittwirkung von Grundrechten im Arbeitsrecht

In der heutigen Zeit lassen sich nur noch wenige Privatgelehrte finden. Wissenschaftler sind zumeist Beamte an Hochschulen bzw. staatlichen Forschungseinrichtungen oder als Angestellte von staatlichen Einrichtungen oder privater Unternehmen tätig.
Sofern sie aufgrund eines privatrechtlichen Arbeitsvertrages in privaten Einrichtungen angestellt sind, stellt sich die Frage der Geltung der Grundrechte in privatrechtlichen Beziehungen, die gewöhnlich unter dem Begriff der Drittwirkung von Grundrechten diskutiert wird.
Gem. Art. 1 Abs. 3 GG sind Gesetzgebung, Exekutive und Rechtsprechung an die Grundrechte unmittelbar gebunden. Auch Gesetzesvorbehalte und die Eingriffsvorbehalte sind nach ihrem Wortlaut an den Staat und nicht an Private gerichtet. Die Grundrechte verschaffen in ihrer klassischen Funktion als Abwehrrechte dem Einzelnen einen Freiraum gegenüber dem Staat, nicht aber gegenüber Privaten, auch wenn Private im Einzelfall vergleichbare Machtpositionen besitzen,[84] wie z.B. im Arbeitsrecht, das traditionell von einseitiger Bestimmung durch den Arbeitgeber bzw. die Arbeitgeberverbände geprägt ist. Einen wichtigen Ausnahmefall direkter Grundrechts-

---

[80] Maunz-Dürig-*Scholz*, GG, Art. 5 Rz. 98.
[81] Jarass/Pieroth-*Jarass*, GG, Art. 5 Rz. 79 a.
[82] *Pieroth/Schlink*, Grundrechte, Rz. 189 ff.
[83] Jarass/Pieroth-*Jarass*, GG, Art. 5 Rz. 79 a.
[84] Jarass/Pieroth-*Jarass*, GG, Art. 1, Rz. 21.

bindung von Privaten gerade auch im Arbeitsrecht bildet Art. 9 Abs. 3 S. 2 GG, der der Koalitionsfreiheit gegenüber privaten Abreden Wirksamkeit verschafft.

a) Unmittelbare Drittwirkung

Es ist Aufgabe des Gesetzgebers, den Grundrechten auch durch Schaffung einer Privatrechtsordnung Geltung zu verleihen. Das Verdienst der auf *Nipperdey*[85] zurückgehenden und insbesondere vom BAG früher vertretenen[86] Lehre von der unmittelbaren Drittwirkung der Grundrechte ist es, den Grundrechten Beachtung in der gesamten Rechtsordnung verschafft zu haben.[87] Die Grundrechte bilden demnach eine objektive Wertordnung, die auch den Privatrechtsverkehr unmittelbar bindet und nicht erst vom Gesetzgeber in Form einfacher Gesetze zur Geltung gebracht werden muss.[88] Zutreffend an dieser Lehre ist vor allem die Erkenntnis, dass die Grundrechte objektive Grundsatznormen sind, die als solche auf das Privatrecht einwirken. Grundrechte und Privatrecht stehen nicht beziehungslos nebeneinander.[89] Allerdings ignoriert sie dabei die klaren Vorgaben des Wortlauts von Art. 1 Abs. 3 GG und der Gesetzes- und Eingriffsvorbehalte. Darüber hinaus übersieht sie, dass sich in der Bürger-Bürger-Beziehung zwei Grundrechtsträger gegenüberstehen, deren Interessen zum Ausgleich zu bringen sind. Auch eine unmittelbare Anwendung könnte diesen Ausgleich durch Abwägung der sich gegenüberstehenden Grundrechte erbringen. So würde aber die Abgrenzung der Grundrechtssphären zur Aufgabe des Richters im konkret zu entscheidenden Einzelfall und damit seine Bindung an einfaches Gesetzesrecht insoweit aufgehoben. Es ist jedoch vorrangige Aufgabe des Gesetzgebers, den Grundrechten generalisierend Geltung zu verschaffen. Da der Gesetzgeber dieser Aufgabe in unserer Rechtsordnung unzweifelhaft im Grundsatz gerecht geworden ist, kann ein Durchgriff auf die Grundrechte allenfalls in Ausnahmefällen, nicht aber prinzipiell vorzunehmen sein.[90]

b) Mittelbare Drittwirkung

Die Lehre der mittelbaren Drittwirkung, die wesentlich von *Dürig* geprägt worden ist und über seinen Einfluss ständige Rechtsprechung des BVerfG

---

[85] *Nipperdey*, in: Enneccerus/Nipperdey, Allgemeiner Teil des Bürgerlichen Rechts, S. 91 ff.
[86] vgl. nur BAG Urt. v. 3. 12. 1954, AP Nr. 2 zu § 13 KSchG.
[87] *Stern*, Das Staatsrecht, Band III/1, § 76 III 2 a.
[88] *Nipperdey*, a.a.O., S. 93.
[89] *Stern*, Das Staatsrecht, a.a.O.
[90] *Stern*, Das Staatsrecht, § 76 III 2 b.

war,[91] griff den Ansatz der Grundrechte als objektive Wertordnung auf und brachte diese innerhalb der Privatrechtsordnung systemkonform über deren Vorschriften zur Anwendung. Eine unmittelbare Wirkung für den Bürger entfalten die Grundrechte jedoch nicht. Das BAG folgt inzwischen der Rechtsprechung des BVerfG, ohne allerdings den Rechtsprechungswechsel einzuräumen.[92]
Methodisch geht die Lehre von der mittelbaren Drittwirkung mit dem Mittel der verfassungskonformen Auslegung vor, wobei die Grundrechte über die „wertausfüllungsfähigen und wertausfüllungsbedürftigen Begriffe und Generalklauseln des Privatrechts"[93] zum Tragen kommen.
Soweit diese Formel von zahlreichen Vertretern der Lehre der mittelbaren Drittwirkung auf die Generalklauseln beschränkt wird[94] - die Formel an sich ließe über die „Begriffe des Privatrechts" eine weitaus großzügigere Handhabung zu -, ist dies in Anbetracht der Methode der verfassungskonformen Auslegung nicht schlüssig. Die Wirkung der Grundrechte müsste prinzipiell durch alle auslegungsfähigen Begriffe vermittelt werden.[95] Darüber hinaus kommt den Grundrechten eine besondere, unmittelbare Bedeutung unter Umständen dann zu, wenn es, wie im Arbeitsrecht häufig,[96] an einer gesetzlichen Regelung gänzlich fehlt. Dieses Problem zu lösen, ist eine bloße Ausstrahlungswirkung der Grundrechte nicht geeignet,[97] da über die Generalklauseln nicht immer eine den konkreten Sachverhalten gerecht werdende rechtsfortbildende Schließung von Schutzlücken erreicht werden kann.

c) Moderne Auffassungen

Alexy hat, um im Gegensatz zu den bisherigen Lösungsansätzen alle Drittwirkungsprobleme zu erfassen, ein „Drei-Ebenen-Modell" entwickelt.[98] Danach ist der Staat in drei Konstellationen gehalten, zum Schutz der Grundrechte des Bürgers tätig zu werden: Er hat bei der Ausgestaltung der Gesetze die Positionen der Bürger zum Ausgleich zu bringen und der Bürger hat einen Anspruch gegenüber dem Staat, dass im Rahmen der Recht-

---

[91] *Dürig,* FS Nawiasky, S. 157 ff; BVerfG Urt. v. 15.01.1958, BVerfGE 7, 198, 205 - Lüth.
[92] Seit BAG, Urt. v. 20.12.1984, BAG AP Nr. 27 zu § 611 BGB Direktionsrecht folgt das BAG der Rechtsprechung des BVerfG; in der Tendenz bereits BAG Urt. v. 25.08.1982, BAGE 39, 336; ebenso *Stern,* Das Staatsrecht, § 76 II 3 d.
[93] BVerfG Urt. v. 15.01.1958, BVerfGE 7, 198, 205 f.- Lüth.
[94] Nachweise bei *Stern,* Das Staatsrecht, § 76 II 2 c.
[95] BVerfG Urt. v. 23.04.1986, BVerfGE 73, 261, 269; *Stern,* Das Staatsrecht, § 76 III 3 b; *Canaris,* Grundrechte und Privatrecht, AcP 184 (1984), S. 201, 222 f.
[96] MünchArbR-*Richardi,* § 10 Rz. 12.
[97] *Stern,* Das Staatsrecht, § 76 III 3 b.
[98] *Alexy,* Theorie der Grundrechte, S. 484 ff.

sprechung bei der Anwendung der Gesetze die grundrechtliche Wertordnung beachtet wird und verfassungsrechtliche Schutzlücken geschlossen werden. Im Verhältnis der Privaten untereinander bedingen diese Pflichten schließlich unter Umständen eine Umgestaltung der Privatrechtsordnung aufgrund von Verfassungsgeboten.
Damit befürwortet *Alexy* zwar eine unmittelbare Drittwirkung auf der dritten Ebene seines Modells im Verhältnis der Privaten zueinander. Jedoch erkennt er an, dass der Zivilrichter „prima facie an das geltende Zivilrecht gebunden sei".[99] Abweichungen hiervon seien nur zur Ergebniskorrektur möglich. Im Ergebnis also gleicht seine Auffassung der Lehre der mittelbaren Drittwirkung.[100]

Eine neuere, im Vordringen begriffene Auffassung greift zur Lösung auf die Schutzgebotsfunktion der Grundrechte zurück.[101] Die Schutzgebotsfunktion der Grundrechte, wie sie in Art. 1 Abs. 1 S. 2 GG und Art. 6 Abs. 1 GG ausdrücklich festgelegt ist, ist in der Rechtsprechung des BVerfG auch als allgemeine Grundrechtsfunktion anerkannt.[102] Die Schutzpflichten begründen eine Verpflichtung des Staates, also von Gesetzgebung und Rechtsprechung, den Bürger in allen Bereichen des Rechts vor Übergriffen Dritter in seinen grundrechtlich geschützten Bereich in Schutz zu nehmen.[103] Methodisch ist dieser Ansatz vorzugswürdig, da er von den Grundrechtsfunktionen ausgeht. Damit wird das Problem der unmittelbaren Drittwirkung, dass ein Richter in jedem Einzelfall eine Grundrechtsabwägung vornehmen müsste obwohl eine einfachgesetzlich durchgestaltete Rechtsordnung besteht, vermieden. Der Richter ist dazu erst aufgerufen, wenn es die Grundrechtsfunktionen, insbesondere die Schutz- und Gewährleistungsfunktion, gebieten.
Andererseits kommt aber zum Ausdruck, dass die Grundrechte als objektive Wertordnung allgegenwärtig und in ihrer Wirkung nicht vom Vorhandensein von Generalklauseln abhängig sind. Im Grundsatz könnte man freilich auch diese Form der Wirkung der Grundrechte als mittelbare Drittwirkung bezeichnen, da die Grundrechte über ihre Schutzgebotsfunktion erst zur Ergebniskorrektur herangezogen werden.[104]

---

[99] *Alexy*, Theorie der Grundrechte, S. 492.
[100] ebenso *Stern,* Das Staatsrecht, § 76 III 4a.
[101] *Canaris*, AcP 184 (1984), S. 223 ff.; *Stern,* Das Staatsrecht, § 76 III 4 b; MünchArbR-*Richardi,* § 10 Rn. 13 ff.; *Manssen,* StaatsR I, Rn. 225 ff.
[102] BVerfG Urt. v. 29.5.1973, BVerfGE 35, 79; BVerfG Urt. v. 25.2.1975, BVerfGE 116; 39, 1, 42 ff.; BVerfG Urt. v. 16.10.1977, BVerfGE 46, 160, 164 ff.
[103] *Canaris*, AcP 184 (1984), S. 225 ff.; *Stern,* Das Staatsrecht, § 76 III 4 b, mit zahlreichen weiteren Nachweisen.
[104] ausführliche Darstellung der Literatur bei *Stern,* Das Staatsrecht, § 76 III 4 b, Fn. 277.

Auch das BVerfG und ihm folgend das BAG argumentieren in jüngerer Zeit mit der Schutzgebotsfunktion der Grundrechte, sei es zur Ergebniskorrektur bei der Anwendung der einfachen Gesetze,[105] sei es zur Ergebniskorrektur durch Rechtsfortbildung.[106]

Eine Entscheidung, welchem der unterschiedlichen Ansätze der Vorzug zu geben ist, braucht an dieser Stelle nicht getroffen zu werden, da allen Ansichten gemeinsam ist, dass sie erst dann in das Gefüge der Privatrechtsordnung eingreifen, wenn diese aus sich selbst heraus nicht zu verfassungsrechtlich tragbaren Lösungen kommt.
Ihre Darstellung kann aber das Verständnis für die verfassungsrechtlich geprägte Argumentation erleichtern, auf die die Gerichte zurückgreifen, wenn die im Arbeitsrecht häufig lückenhaften Normen nicht zu befriedigenden Ergebnissen führen. Eine verfassungsrechtliche Argumentation verwendet das BAG dabei gerade auch, um die Haftungserleichterungen für Arbeitnehmer zu rechtfertigen.[107]

d) Umsetzung der Schutzfunktion in der Privatrechtsordnung

Dies leitet unmittelbar zu der Frage über, in welcher Weise die Schutzfunktion der Grundrechte in der Privatrechtsordnung zum Tragen kommt, wenn ein Eingreifen in das bei Anwendung einfacher Gesetze erzielte Ergebnis geboten erscheint.

In erster Linie ist es Aufgabe des Gesetzgebers die Privatrechtsordnung so auszugestalten, dass den Grundrechtspositionen aller beteiligten Privatrechtssubjekte Rechnung getragen wird.[108] In einem Streitfall zwischen Privatrechtssubjekten treffen diese mit ihren jeweiligen Positionen als Grundrechtsträger aufeinander. Diese Konkurrenzsituation zu einem grundsätzlichen Ausgleich zu bringen, ist Aufgabe des Gesetzgebers und kann nicht, wie bereits gegen die Lehre der unmittelbaren Drittwirkung eingewandt, durch eine unmittelbare Anwendung von Verfassungsrecht auf den Einzelfall durch Richter gewährleistet werden. Eine solche Vorgehensweise träfe den Grundsatz der Gewaltenteilung an der Wurzel.[109]
Daraus folgt, dass in einem ersten Ansatz zu prüfen ist, ob die betreffende Gesetzesbestimmung der Schutzgebotsfunktion der Grundrechte gerecht wird. Ist das nicht der Fall, ist die Vorschrift für nichtig zu erklären.

---

[105] BVerfG Bschl. v. 7.12.1990, BVerfGE 81, 242 ff. „Bürgschafts-Urteil".
[106] BAG GS Bschl. v. 27.9.1994, AP Nr. 103 zu § 611 BGB Haftung des Arbeitnehmers.
[107] BAG GS Bschl. v. 27.9.1994, AP Nr. 103 zu § 611 BGB Haftung des Arbeitnehmers.
[108] *Stern*, Das Staatsrecht, § 76 IV 5 c.
[109] *Stern*, Das Staatsrecht, § 76 III 2 b.

Der Schutzgebotsfunktion der Grundrechte wurde aber auch dann durch den Gesetzgeber nicht genügt, wenn durch eine Untätigkeit des Gesetzgebers eine verfassungswidrige Schutzlücke entstanden ist.
Zur Lösung dieses Problems stellt sich die Frage, inwieweit die Gerichte zur Verwirklichung der Schutzgebotsfunktion der Grundrechte aufgerufen sind.
Zunächst können die Gerichte die Schutzgebotsfunktion im Wege verfassungskonformer Auslegung jedoch unter Einhaltung von deren Grenzen realisieren. Dabei haben die Gerichte vor allem auch darauf zu achten, dass die Privatautonomie selbst eine grundrechtliche geschützte Position ist. In der verfassungskonformen Auslegung kommt die Grundrechtsbindung der Gerichte zum Ausdruck.[110]
Anders stellt sich die Ausgangssituation für die Ausfüllung von Lücken der gesetzlichen Regelung dar.
Hier muss der Richter, da er sich über die Grenzen der Gewaltenteilung hinwegsetzt, besondere Anforderungen beachten, die der Lückenschließung und dem Richterrecht in anderen Fällen entsprechen. So kommt in diesen Fällen ein Eingreifen der Gerichte allenfalls dann in Betracht, wenn anderenfalls ein Ausgleich der grundrechtlichen Positionen gar nicht stattfinden könnte.[111]

2. Wissenschaftsfreiheit und Direktionsrecht

Damit haben die Grundrechte auch im Arbeitsrecht, ungeachtet der dogmatischen Begründung ihres Einflusses auf die Privatrechtsordnung, die Funktion, die bei Anwendung einfacher Gesetze gewonnenen Ergebnisse, die nicht den Wertungen der Verfassung entsprechen, zu korrigieren. Im Arbeitsrecht, das in besonderem Maße von Ungleichgewichtslagen geprägt ist,[112] sieht sich die Rechtsprechung aufgrund des Fehlens gesetzlicher Regelungen sogar besonders häufig zu einem Einschreiten aufgerufen.
Von besonderer Bedeutung für die vorliegende Arbeit ist die Frage, in welcher Weise das Grundrecht der Wissenschaftsfreiheit, Art. 5 Abs. 3 GG, Einfluss auf die Durchführung des Arbeitsvertrages von Ärzten in der medizinischen Forschung haben kann.

Ausgangspunkt der Überlegungen ist das Zusammentreffen des Direktionsrechts des Arbeitgebers und der prinzipiellen Freiheit der wissenschaftlichen Betätigung.

---

[110] *Stern*, Das Staatsrecht, § 76 IV 7 c.
[111] *Stern*, Das Staatsrecht, § 76 IV 7 c.
[112] MünchArbR-*Richardi*, § 6 Rz. 15.

Rechtsquellen des Arbeitsverhältnisses sind Gesetz, Tarifvertrag, Betriebsvereinbarung und Arbeitsvertrag. Soweit die Leistungserbringung durch den Arbeitnehmer dort nicht in ihren Einzelheiten geregelt ist, kann der Arbeitgeber Art, Ort und Zeit der Leistungserbringung einseitig gem. §§ 106 i.V.m. 6 Abs. 2 GewO bestimmen. Allerdings unterliegt er dabei einer Billigkeitskontrolle, die dem Schutz des schwächeren Vertragspartners verpflichtet ist.[113] Man könnte daraus den Schluss ziehen, dass über die Billigkeitskontrolle des Direktionsrechts des Arbeitgebers auch die Ausgestaltung des Arbeitsverhältnisses unter dem Schutz des Art. 5 Abs. 3 GG stehe.

Art. 5 Abs. 3 GG, die Wissenschaftsfreiheit, hat in der arbeitsgerichtlichen Rechtsprechung aber, soweit ersichtlich, noch keine Rolle gespielt.

In der Literatur wird der Einfluss des Art. 5 Abs. 3 GG auf das Arbeitsverhältnis zu Privaten oftmals unter dem Stichwort des Grundrechtsverzichts diskutiert.[114] Der Terminus „Grundrechtsverzicht" suggeriert, dass der betreffende Wissenschaftler den Schutzbereich der Wissenschaftsfreiheit grundsätzlich in Anspruch nimmt und sich insoweit gegenüber dem Arbeitgeber auf die Drittwirkung der grundrechtlichen Garantie berufen kann. Doch weist der Begriff des „Wissenschaftlers" auf den richtigen Punkt hin: Niemand hat einen Anspruch darauf, als „Wissenschaftler" beschäftigt zu werden, wie es dem Leitbild des Art. 5 Abs. 3 GG entsprechen würde.[115] Bei Abschluss seines Arbeitsvertrages disponiert der Arbeitnehmer im Rahmen des Zulässigen. Die Ausübung der grundrechtlichen Freiheiten steht jedem frei.[116] Daraus ergibt sich auch, warum die Verwendung des Begriffs „Verzicht" für die Eingehung eines Arbeitsverhältnisses durch einen Wissenschaftler unzutreffend ist. Begründet er bei seiner Anstellung bereits keinen vertraglichen Anspruch auf eine wissenschaftliche Tätigkeit oder ist diese vertraglich bestimmten Einschränkungen unterworfen, liegt auch keine Frage eines Verzichts auf eine Grundrechtsposition vor.

Nichts anderes gilt, wenn man sich überlegt, dass der Arbeitgeber seinen eigenen Grundrechtsschutz von seinen angestellten Wissenschaftlern ableitet. Er muss sich zur Ausübung seiner eigenen Wissenschaftsfreiheit sicherlich an den Kriterien des Wissenschaftsbegriffs messen lassen und ist deshalb rein tatsächlich gehalten, seinen Arbeitnehmern einen gewissen wissenschaftlichen Freiraum einzuräumen. Im Innenverhältnis entfaltet dies

---

[113] Für die Ausübung des Weisungsrechts nach § 315 BGB Palandt-*Heinrichs*, § 315 Rz. 2.

[114] *Dickert*, Naturwissenschaften und Forschungsfreiheit, S. 344 ff.; *Wegehaupt*, Wissenschaftsfreiheit im außeruniversitären Arbeitsverhältnis, S. 104 ff; gegen diese Einordnung *Classen*, Wissenschaftsfreiheit außerhalb der Hochschule, S. 151.

[115] *Dickert*, Naturwissenschaften und Forschungsfreiheit, S. 352; *Classen*, Wissenschaftsfreiheit außerhalb der Hochschule, S. 151.

[116] *Classen*, a.a.O; *Pieroth/Schlink*, Grundrechte, Rz. 160.

aber keine Rückwirkung. Es kann eine dem Wissenschaftsbegriff entsprechende Tätigkeit vertraglich vereinbart sein, dann ist Anspruchsgrundlage und Grenze des Direktionsrechts der Arbeitsvertrag. Durch Vertrag wird aber die Wissenschaftsfreiheit nicht begründet.[117] Ist aber vertraglich eine gewisse Freiheit wissenschaftlicher Betätigung eingeräumt, so kann sich der angestellte Wissenschaftler auf vertraglicher Grundlage auf die Wahrung wissenschaftlicher Freiheitsräume, wie sie die „scientific community" kennt, berufen. Diese Standards sind zur Auslegung seines Vertrages heranzuziehen.

Im Ergebnis bedeutet das für den Einfluss des Art. 5 Abs. 3 GG auf das Arbeitsverhältnis, dass das wissenschaftliche oder nicht-wissenschaftliche Arbeiten einzig und allein durch vertragliche Regelungen bestimmt wird. Diese generieren aber keine Wissenschaftsfreiheit.

3. Nebentätigkeit[118] und Wissenschaftsfreiheit

Bei einem Arbeitsvertrag zwischen Privaten ist lediglich die Leistung der versprochenen Dienste und nicht das Zurverfügungstellen der gesamten Arbeitskraft geschuldet. Daher steht dem Arbeitnehmer eine Nebenbeschäftigung grundsätzlich frei.[119] Begrenzt der Arbeitgeber die Möglichkeit seiner Arbeitnehmer zur Ausübung einer wissenschaftlichen Nebentätigkeit, so liegt darin eine Einschränkung der grundrechtlichen Freiheit des Art. 5 Abs. 3 GG. Für unentgeltliche Nebentätigkeit kann neben der Wissenschaftsfreiheit das allgemeine Persönlichkeitsrecht herangezogen werden. Für entgeltliche Nebentätigkeit kann sich der Arbeitnehmer auf Art. 12 Abs. 1 GG stützen.[120] Deshalb ist die Vereinbarung von Beschränkungen der Nebentätigkeit nur bei berechtigten Interessen des Arbeitgebers möglich.[121] Fälle widerstreitender Interessen sind vor allem diejenigen, in denen ein sachlicher Zusammenhang zwischen der geschuldeten Arbeitsleistung und der Nebentätigkeit besteht, wie etwa bei einer Konkurrenztätigkeit des Arbeitnehmers oder der Veröffentlichung von im Betrieb erzielten Ergebnissen.

---

[117] ebenso *Classen*, Wissenschaftsfreiheit außerhalb der Hochschule, S. 151.

[118] Kündigung und Befristung als weitere „Einfalltore" für die Wissenschaftsfreiheit sollen unerörtert bleiben, da sie nicht haftungsrelevant sind.

[119] so die ganz h. M., vgl. nur MünchArbR-*Blomeyer*, § 55, Rz. 3 m.w.N.

[120] HdBWissR-*Krüger*, Band 1, S. 279.

[121] BAG AP Nr. 60 und 68 zu § 626 BGB.

III. Bedeutung für das Beamtenverhältnis und die Angestellten im Öffentlichen Dienst

1. Träger der Wissenschaftsfreiheit

Ihre einfachgesetzliche Ausprägung hat die Wissenschaftsfreiheit im bundesgesetzlichen Hochschulrahmengesetz (HRG) und in den Landeshochschulgesetzen erfahren.
Gem. § 2 Abs. 1 S. 1 HRG gehört zu den Aufgaben der Hochschule die „Pflege und Entwicklung der Wissenschaften [...] durch Forschung, [...]".
Zu der der Hochschule zugewiesenen Forschungsaufgabe zählt nicht nur die originäre, d.h. mit eigenen Mitteln betriebene Forschung, sondern § 25 Abs. 1 S. 2 HRG legt fest, dass auch die so genannte Drittmittelforschung Teil der Hochschulforschung ist. Sie zählt damit ohne weiteres zu den Dienstaufgaben der Professoren und Mitarbeiter.
Träger der Hochschulforschung sind gem. § 43 Abs. 1 S. 1 HRG die Professoren. Diese Aufgabenübertragung stellt zugleich eine Verpflichtung und eine Berechtigung zur selbständigen, weisungsfreien Tätigkeit dar, allerdings nur im Rahmen „der näheren Ausgestaltung ihres Dienstverhältnisses".

Besonderheiten finden sich im Bereich der Hochschulmedizin. Die Hochschulmedizin ist gem. § 2 Abs. 9 HRG und Art. 2 Abs. 8 i.V.m. Art. 52 ff. BayHSchG eine Zusatzaufgabe der Hochschulen, da sie in direkter Verbindung mit der Ausbildung von Medizinern steht. Soweit Forschung und Lehre sowie die Krankenversorgungsaufgabe untrennbar miteinander verwoben sind, hat der Gesetzgeber für die nähere Ausgestaltung des Dienstverhältnisses der Hochschullehrer nicht nur deren Grundrecht auf Wissenschaftsfreiheit sondern vor allem auch dem Grundrecht der Patienten auf körperliche Unversehrtheit, Art. 2 Abs. 2 S. 1 GG, das die Organisationsprinzipien der Krankenversorgung bestimmt, Rechnung zu tragen.[122] Diese Positionen sind im Wege der Grundrechtskonkordanz zum Ausgleich zu bringen. Für die Hochschulmedizin bedeutet das, dass die Ärzte, sofern es um die Behandlung Kranker geht, nicht in erster Linie akademische Forscher und Lehrer sind.[123] Die Struktur der Patientenversorgung in den Universitätskliniken kann also weitgehend von der notwendigen Effizienz der Krankenversorgung bestimmt werden.[124] Allerdings sind geeignete Koor-

---

[122] BVerfG Bschl. v. 8. 4. 1981, BVerfGE 57, 70, 99; HdBWissR-*Sandberger*, Band 1, S. 936.
[123] BVerfG Bschl. v. 8. 4. 1981, BVerfGE 57, 70, 96
[124] ESVGH 24, 12, 17, zitiert bei BVerfG a.a.O.

dinations- und Kooperationsmöglichkeiten für Forschung und Krankenversorgung zu schaffen.[125]

Hochschuldozenten nehmen gem. § 48c Abs. 1 HRG im Rahmen ihrer Dienstaufgaben ebenfalls selbständige Forschungsaufgaben wahr.

Wissenschaftliche Assistenten nehmen ihre Aufgaben unselbständig unter fachlicher Verantwortung des Professors wahr, § 47 Abs. 2 HRG. Eigene wissenschaftliche Tätigkeit betreiben sie nur zum Zwecke weiterer wissenschaftlicher Qualifizierung, also z.b. Promotion, Habilitation, § 47 Abs.1 S. 2 HRG. Insoweit haben sie das dienstrechtliche Recht und die Pflicht zur wissenschaftlichen Forschung. Eine darüber hinausgehende dienstrechtliche Verpflichtung und Berechtigung zu eigener Forschung besteht nicht. Daneben erbringen sie gemäß § 47 Abs. 2 HRG wissenschaftliche Dienstleistungen.

Wissenschaftliche Mitarbeiter, gemäß § 53 HRG, erbringen ausschließlich wissenschaftliche Dienstleistungen. Eigene Forschung betreiben sie nur nach allgemeinen Grundsätzen, etwa bei der Erstellung einer Dissertation, nicht aber als Dienstaufgabe. In Ausnahmefällen kann ihnen nach § 53 Abs. 2 S. 3 und 4 HRG eine Aufgabe zur eigenen Forschung übertragen werden.

Mit der Übertragung der Forschungsaufgabe der Universitäten auf Professoren, Dozenten und eingeschränkt auch Assistenten und wissenschaftliche Mitarbeiter hat der Gesetzgeber in zulässiger Weise die Forschungsfreiheit mit dem dienstrechtlichen Hauptamt in Einklang gebracht. Der Wissenschaftler tritt in diesen einfachgesetzlich ausgestalteten Status ein.

Beamtete Wissenschaftler finden sich neben den Hochschulen auch in den öffentlich- rechtlich organisierten Forschungseinrichtungen.[126]
Für sie existiert kein ihre sachliche und persönlich Unabhängigkeit wahrendes Sonderrecht. Je nach Verwaltungs- und Finanzierungszuständigkeit ist Bundes- oder Landesbeamtenrecht anzuwenden. Sofern der Schutzbereich des Art. 5 Abs. 3 GG grundsätzlich eröffnet ist, bedarf es einer verfassungskonformen Auslegung dieser Vorschriften. Beispielsweise wird man das Weisungsrecht von Vorgesetzten, die selbst nicht wissenschaftlich tätig sind, im wissenschaftlichen Aufgabenbereich eines Mitarbeiters als begrenzt ansehen müssen.[127]

---

[125] BVerfGE Bschl. v. 8. 4. 1981, BVerfGE 57, 70, 99.
[126] Zusammenstellung bei *Meusel*, Außeruniversitäre Forschung, S. 9, 10.
[127] *Dickert*, Naturwissenschaften und Forschungsfreiheit, S. 351.

2. Nebentätigkeitsrecht

Eine wissenschaftliche Tätigkeit jenseits des Hauptamts ruft Fragen des Nebentätigkeitsrechts hervor. Träger der Wissenschaftsfreiheit ist jeder, der wissenschaftlich tätig werden möchte. Daraus folgt, dass grundsätzlich auch dem Beamten zugestanden werden muss, eine wissenschaftliche Nebentätigkeit auszuüben. § 52 HRG und § 49 HRG i.V.m. § 42 Abs. 1 Nr. 3 BRRG regeln genehmigungsfreie und -pflichtige Nebentätigkeiten. Sie setzen also die prinzipielle Zulässigkeit voraus. Die Versagung der Genehmigung ist gem. § 42 Abs. 2 BRRG nur bei Beeinträchtigung dienstlicher Interessen möglich, wobei die Verpflichtung der Beamten zur „vollen Hingabe" an ihren Dienst zu beachten ist. Gem. § 42 Abs. 1 S. 3 Nr. 1 und 4 BRRG sind wissenschaftliche Nebentätigkeiten aber in aller Regel genehmigungsfrei. Eine gewisse Großzügigkeit in der Handhabung des Nebentätigkeitsrechts gehört zu den hergebrachten Grundsätzen des Hochschullehrerrechts.[128] Eine weitgehende Kontrolle der ausgeübten Nebentätigkeiten findet aber gerade auch über die Anzeigepflicht von Nebentätigkeiten statt.

3. Angestellte im öffentlichen Dienst

Für die Angestellten im öffentlichen Dienst gilt grundsätzlich, dass sie privatrechtliche Verträge mit öffentlich- rechtlichen Arbeitgebern abschließen. Sofern sie ihre Tätigkeit im Schutzbereich des Art. 5 Abs. 3 GG ausüben, können sie sich gegenüber ihrem Arbeitgeber unmittelbar auf die Forschungsfreiheit berufen.
Hinsichtlich einer Nebentätigkeit müsste eigentlich die wesentlich großzügigere Regelung über die Nebentätigkeit für Arbeitnehmer gelten, da Angestellte nicht zu „voller Hingabe" an ihre Aufgabe verpflichtet sind.
Jedoch wird zumeist, abgesehen von wenigen Fällen beiderseitiger tariflicher Bindung nach § 4 Abs. 1 TVG, die einzelvertragliche Anwendbarkeit des BAT vereinbart. Dieser verweist in § 11 BAT auf die beamtenrechtliche Regelung dieses Bereichs und führt somit zu einer weitgehenden Einschränkung. Bei der Auslegung der Vorschriften des BAT ist aber zu beachten, dass die beamtenrechtlichen Regelungen nur „sinngemäße Anwendung" finden.

---

[128] HdBWissR-*Blümel*, Band 1, S. 444.

B. Medizinische Forschung und ärztliche Versorgung

Wurde im vorhergehenden Abschnitt ausgeführt, welche Freiräume die Wissenschaftsfreiheit dem einzelnen Wissenschaftler gegenüber seinem Arbeitgeber bzw. Dienstherrn zu verschaffen vermag, so stellt sich nunmehr die Frage, wie das Zusammentreffen von Forschungstätigkeit und Krankenversorgungsaufgabe bei angestellten bzw. beamteten Ärzten arbeits- bzw. dienstrechtlich bewältigt wird.
Von Interesse ist diese Frage, da sie Einfluss auf die haftungsrechtlichen Zurechnungszusammenhänge bzw. Haftungsbeschränkungen haben kann.

I. Universitäre Forschung

1. Professoren

a) Originäre Forschung

Wie oben bereits erwähnt, zählt die der Hochschule übertragene Forschung, § 2 Abs. 1 HRG, zu den Dienstaufgaben der Professoren und Hochschuldozenten, §§ 43 Abs. 1 S. 1, 48 c Abs. 1 HRG, Art. 9 BayHschLG. Professoren sind in der Regel Beamte auf Lebenszeit, Art. 10 Abs. 1 S. 1 BayHschLG. Für sie findet grundsätzlich Beamtenrecht mit seinen Modifikationen für Hochschullehrer Anwendung.
Das Hauptamt der Hochschullehrer knüpft an das Amt im konkret-funktionellen Sinn an[129] und bestimmt sich damit nach der näheren Ausgestaltung des Dienstverhältnisses und der Funktionsbeschreibung der Stelle, § 43 Abs. 3 HRG, Art. 9 Abs. 4 S. 1 BayHschLG. In dem so beschriebenen Rahmen ist der Hochschullehrer, ungeachtet der Abgrenzungsschwierigkeiten, frei in der Durchführung von Forschungsvorhaben. Diese werden mit Mitteln und Personal der Hochschule durchgeführt und daher als originäre Forschung bezeichnet.
Beschränkungen ergeben sich für den Bereich der Hochschulmedizin, vor allem aus der Aufgabe der Krankenversorgung.[130] Konkret bedeutet das, dass der Hochschullehrer bei der Durchführung von Forschungsmaßnahmen, die in Zusammenhang mit der Krankenversorgung stehen, allen organisatorischen Vorkehrungen zur Überwachung der Forschung innerhalb der Klinik unterworfen ist und zugleich die Krankenversorgungsaufgabe ordnungsgemäß erfüllt werden muss.

---

[129] *Rohrmann*, Die Abgrenzung, S. 21 f. m.w.N.
[130] dazu allgemein bereits oben § 3 A III 1.

b) Drittmittelforschung

aa) Allgemein

Der Bereich der originären Forschung, finanziert durch eigene Haushaltmittel der Hochschulen, ist gerade in den Naturwissenschaften und der Medizin in den letzten Jahren stark zurückgegangen. Die regulären Haushaltsmittel halten der ständigen Verteuerung, insbesondere des Gerätebedarfs, nicht mehr Stand. So übersteigen die eingeworbenen Drittmittel häufig bereits die regulären Haushaltmittel.[131]

§ 25 Abs. S. 1 Hs. 1 HRG eröffnet den Hochschulen die Möglichkeit einer Forschung mit Mitteln Dritter. Als Drittmittelgeber kommen neben der öffentlichen Hand (Bund, Länder, Ministerien) und deren Wissenschaftsorganisationen (DFG u.ä.), Wissenschaftsstiftungen, internationale Forschungsfonds und - als wohl größter Geldgeber - die Industrie in Betracht.

Die Drittmittelforschung ist über § 25 Abs. 1 S. 1 Hs. 1 HRG Bestandteil der Hochschulforschung und Dienstaufgabe der Professoren in ihrem Hauptamt und gem. § 25 Abs. 1 S. 2 HRG sind Forschungsvorhaben, die durch Drittmittel finanziert werden, ebenfalls Teil der Hochschulforschung.

bb) Abgrenzung zur Nebentätigkeit

Im Beamtenrecht werden drei Begriffe unterschieden: Hauptamt, Nebenamt und Nebenbeschäftigung. Keiner der Begriffe ist im Gesetz näher definiert.

Während der Begriff des Hauptamtes nahezu keine Erwähnung findet (außer in § 68 BBG), wird der Begriff der Nebentätigkeit in den jeweiligen Landesnebentätigkeitsverordnungen angesprochen. Wenn es etwa in § 2 Abs. 1 bis 3 BayHschLNtVO heißt, Nebenamt und Nebenbeschäftigung (Oberbegriff: Nebentätigkeit) seien „ein nicht zum Hauptamt gehörender Kreis von Aufgaben", wird deutlich, dass die Nebentätigkeit lediglich negativ vom Hauptamt abgrenzbar ist. Nebentätigkeit kann also nur ein Forschungsvorhaben sein, das nicht im Rahmen des Hauptamts ausgeführt wird.

Im Bezug auf das einzelne Forschungsprojekt ist zunächst der Kreis des Hauptamts zu konkretisieren und dann zu prüfen, ob die Rahmenbedingungen mit beamtenrechtlichen Grundsätzen vereinbar sind. Die Zugehörigkeit zu den Dienstaufgaben ist aus der Ausgestaltung des Dienstverhältnisses im Gesetz, der Stellenbeschreibung und einer etwaigen Berufungsvereinbarung zu gewinnen. Zu den Dienstaufgaben zählt gem. § 25 HRG dabei eben auch die Drittmittelforschung.

---

[131] *Hailbronner*, HRG, § 25, Rz. 1.

Krankenversorgung und Forschung sind also beide grundsätzlich Aufgabe im Hauptamt. Beide können jedoch unter Umständen auch als Nebentätigkeit ausgeführt werden. So ist etwa die Behandlung von Wahlleistungspatienten, § 22 Abs. 1 S. 1 BPflV, bei beamteten Ärzten weitgehend der Nebentätigkeit zugewiesen.[132]
Beamtenrechtliche Grundsätze, die auch in diesem Zusammenhang auf das Dienstrecht Einfluss nehmen, sind insbesondere das Verbot der Doppelbesoldung und das so genannte „Splittingverbot".
Gem. § 2 Abs. 2 BBesG darf sich der Beamte keine höhere als die ihm zustehende Besoldung für seine Dienstaufgaben verschaffen. Erhält der Beamte eine Vergütung von Dritten für sein Hauptamt, so greift das Verbot der Geschenkannahme des § 70 BBG, da es sich um einen vermögenswerten Vorteil in Bezug auf das Hauptamt handelt. Erhält der Forscher ein persönliches Honorar für seine Leistung, ist deshalb in der Regel eine Nebentätigkeit anzunehmen.[133] Das gilt auch, wenn der Aufwendungsersatz des Drittmittelgebers i.S.v. § 25 HRG die entstandenen Kosten übersteigt, und zwar unabhängig vom Willen des beamteten Arztes.[134] Dies erweist sich zwar häufig als Hemmschuh des Technologietransfers, kann aber nur in engen Grenzen des Dienstrechts, § 43 HRG, Art. 9 BayHschLG, umgangen werden.[135] Demzufolge führt die Vereinbarung eines persönlichen Honorars oder eines die Aufwendungen übersteigenden Aufwendungsersatzes dazu, dass das betreffende Forschungsvorhaben nicht mehr zu den Dienstaufgaben des Hauptamtes gezählt werden kann.[136]
Zudem kann ein Projekt nicht in einen zum Hauptamt gehörenden Teil, z.B. Durchführung der Untersuchung, und einen in Nebentätigkeit ausgeführten Teil, z.B. Auswertung der Ergebnisse, aufgeteilt werden („Splitting-Verbot").[137] Das Splitting-Verbot existiert, um zu vermeiden, dass der Nutzen einer Nebentätigkeit beim Beamten liegt, die Lasten aber bei seinem Dienstherrn. Der Hochschullehrer hat dann das Wahlrecht, ein an ihn gerichtetes Angebot im Rahmen der Drittmittelforschung oder als Nebentätigkeit auszuführen,[138] wenn er in beiden Fällen auch Einrichtungen und Personal der Hochschule in Anspruch nehmen darf. Sofern das nicht vorge-

---

[132] Laufs/Uhlenbruck-*Genzel,* Handbuch, § 91 Rz. 5.

[133] HdBWissR-*Blümel/Scheven*, Band 1, S. 457 f.

[134] *Reich*, HRG, § 25, Rz. 19; a.A. HdBWissR-*Heckmann*, Band 1, Rz. 966, 969.

[135] vgl. hierzu auch HdBWissR-*Püttner/Mittag*, Band 2, S. 1617.

[136] *Classen*, Wissenschaftsfreiheit außerhalb der Hochschule, S. 306; HdBWissR-*Blümel/Scheven*, Band 1, S. 559.

[137] *Blümel/Scheven* a.a.O; *Lippert*, NJW 1992, 2338.

[138] *Classen*, Wissenschaftsfreiheit außerhalb der Hochschule, S. 305, der das Wahlrecht aus der grundrechtlichen Stellung ableitet; HdBWissR-*Heckmann*, Band 1, S. 970; HbBWissR-*Püttner/Mittag*, S. 186 ff.

sehen sein sollte, fällt eine Nebentätigkeit im Behandlungsbereich aus praktischen Gründen, mangels Patienten, ohnehin aus.[139] Das Wahlrecht kann aber nur greifen, wenn beide zusammentreffenden Bereiche, grundsätzlich sowohl zum Hauptamt gehören als auch in Nebentätigkeit ausgeführt werden können.

cc) Einordnung der medizinischen Forschung

Die Universitätskliniken sind als Stätten der Maximalversorgung in besonderem Maße zur Entwicklung neuer Methoden prädestiniert und verfügen über ausreichend qualifiziertes Personal.
Aus dem dienstrechtlichen Splitting-Verbot folgt, dass Forschungsvorhaben nicht in Nebentätigkeit ausgeführt werden können, sofern sie mit einer nur zum Hauptamt gehörenden Tätigkeit untrennbar verbunden sind. Die Behandlung von Kassenpatienten im Rahmen des totalen Krankenhausaufnahmevertrages[140] zählt immer zum Hauptamt des beamteten Arztes. Lediglich die Behandlung von Wahlleistungspatienten wird vom leitenden Arzt als allgemein genehmigte Nebentätigkeit wahrgenommen. Die medizinische Forschung ist, soweit es sich um Heilversuche handelt, Teil der Krankenversorgung, da sie der Heilbehandlung zuzurechnen sind. Für die Durchführung von Forschungsvorhaben bedeutet das, dass, sofern auch Heilversuche anfallen, das Vorhaben unteilbar in den Bereich der Dienstaufgaben fällt.
Sollen auch Wahlleistungspatienten in die Studie einbezogen werden, so ist diese umgekehrt aufgrund des Splitting-Verbotes insgesamt als Nebentätigkeit zu qualifizieren, da sie vom leitenden Arzt als Nebentätigkeit ausgeführt wird.[141]
Fallen im Rahmen des Forschungsprojektes ausschließlich Humanexperimente an, die nicht zum Behandlungsbereich zählen, so gilt wieder die Grundregel mit der Frage nach der persönlichen Honorierung.

c) Nebentätigkeit

Gehört ein Forschungsprojekt nicht zu den Dienstaufgaben des Professors, bestehend aus Hauptamt und in das Hauptamt miteinbezogene Drittmittelforschung, so wird es als Nebentätigkeit ausgeführt.
Hierbei werden genehmigungsfreie, allgemein genehmigte und genehmigungspflichtige Nebentätigkeiten unterschieden. Aufgrund der Tatsache, dass für klinische Prüfungen, egal welcher Art, immer ausreichend großes Patientengut zur Verfügung stehen muss, ist es wegen der Untrennbarkeit

---

[139] *Lippert*, NJW 1992, 2338, 2339

[140] zum Begriff unten § 4 B I.

[141] ebenso *Lippert*, NJW 1992, 2338, 2339

von der Krankenversorgungsaufgabe kaum denkbar, eine klinische Prüfung in Nebentätigkeit durchzuführen.[142]

2. Nachgeordneter ärztlicher Dienst

Der nachgeordnete ärztliche Dienst besteht aus drei dienstrechtlichen bzw. arbeitsrechtlichen Kategorien. Zu nennen sind die regelmäßig verbeamteten wissenschaftlichen Assistenten, die wissenschaftlichen Mitarbeiter, die in der Regel privatrechtliche Arbeitsverträge nach den Hochschulgesetzen unter Verweis auf den BAT abschließen und die weiteren ärztlichen Mitarbeiter, die Arbeitsverträge unter Bezugnahme auf den BAT erhalten. Letztere werden, sofern sie hauptberuflich tätig sind, den wissenschaftlichen Mitarbeitern dienst- und korporationsrechtlich gleichgestellt.

a) Eigene Forschung

Für die hauptberuflichen wissenschaftlichen Assistenten kommt neben ihrer eigenen Forschungstätigkeit eine Forschung mit Drittmitteln in aller Regel nicht in Betracht. Nur in den seltenen Fällen einer ihnen selbständig übertragenen Forschungsaufgabe ist auch die Durchführung eines Drittmittelprojektes möglich. Die dienstrechtliche Beurteilung ist nicht anders vorzunehmen, als sie für Professoren getroffen wurde. Anders stellt sich auch das Verhältnis von Drittmittelforschung und Nebentätigkeitsrecht nicht dar, da die HschLNtVO mit der Befugnis zur Inanspruchnahme von Personal und Einrichtungen auch für sie Anwendung findet.

Die in der Regel nebenberuflichen wissenschaftlichen Mitarbeiter haben keinen eigenen Forschungsauftrag. Drittmittelforschung ist ihnen nicht möglich. Jede andere Art von Forschung ist, mit Ausnahme derjenigen zur eigenen Qualifizierung (Promotion), Nebentätigkeit. Insoweit stehen sie also den nicht-wissenschaftlichen Angestellten gleich. Die Nebentätigkeit beurteilt sich nach allgemeinen arbeitsrechtlichen Grundsätzen, die wohl in der Regel durch vertragliche Vereinbarung einer entsprechenden Anwendung von § 11 BAT überlagert werden.
Für Ärzte wird § 11 BAT ergänzt durch die Sonderregelung (SR) 2 c Nr. 5 zum BAT. Hierin werden zusätzlich besondere Einzelfälle von Nebentätigkeiten, in erster Linie solche für den Arbeitgeber, geregelt.
Der Gruppenausschuss für Kranken- und Pflegeanstalten des Verbandes Kommunaler Arbeitgeber hatte sich mit der Frage zu befassen, ob die Anfertigung von Testberichten angestellter Ärzte über die Anwendung be-

---

[142] dazu bereits oben § 3 A III 1, a.A. *Rieger*, Lexikon, Rz. 958. selbständige Gutachtertätigkeit, allerdings ohne auf die Krankenversorgungsaufgabe einzugehen.

stimmter Arzneimittel Nebentätigkeit sei und hat dies bejaht. Zudem handle es sich um eine genehmigungspflichtige Nebentätigkeit, da in der Erstellung von Berichten, die durch die Pharmaunternehmen erst ausgewertet werden, keine wissenschaftliche Tätigkeit zu sehen sei. Dienstliche Interessen könnten dann beeinträchtigt sein, da nicht auszuschließen sei, dass die Untersuchungen zu Werbezwecken vorgenommen werden und die Grundsätze des jeweiligen Krankenhauses über die Medikamentation betroffen seien.[143]

Diese Aussagen können sich allenfalls auf ein Monitoring eines bereits zugelassenen Medikaments beziehen,[144] da die Erprobung eines noch nicht zugelassenen Medikaments an sich einen Heilversuch oder ein Experiment darstellt, dessen Durchführung nach wissenschaftlichen Grundsätzen erfolgen muss. Die wissenschaftliche Auswertung ist mit der Vornahme eines Heilversuches untrennbar verknüpft, damit dieser überhaupt zulässig ist. Darüber hinaus werden solche Tests von vielfältigen weiteren Untersuchungen (Diagnosemaßnahmen, physiologische Messungen und Versuche) begleitet.

Bei der Anwendung eines zugelassenen Medikaments handelt es sich dagegen um einen Standardeingriff, der an sich keiner Auswertung bedarf. Nur im Rahmen von Monitoring-Studien lässt sich daher der Testbericht von der Krankenversorgung abkoppeln und dienstrechtlich gesondert behandeln. Beim Monitoring trifft der Arzt eine Behandlungsentscheidung, wobei die Industrie ihm „nur über die Schulter" schaut, indem sie mittels Dokumentationsbögen Daten sammelt.[145] Das gilt auch nicht für Phase-IV-Prüfungen von Medikamenten, die nach einem Prüfplan an ausgewählten Patienten durchgeführt werden und damit auch eine Verbindung von Krankenversorgung und Forschung aufweisen.

Der untrennbare Zusammenhang zwischen Forschung und Krankenversorgungsaufgabe ist bei angestellten Ärzten nicht anders zu beurteilen als bei beamteten Ärzten, da § 11 BAT auf die beamtenrechtlichen Regelungen Bezug nimmt.

b) Mitarbeit an Projekten des Chefarztes

Für den nachgeordneten ärztlichen Dienst stellt sich die Frage, wie ihre Mitarbeit an wissenschaftlichen Projekten des Chefarztes zu beurteilen ist. Für das wissenschaftliche Personal, das ohnehin wissenschaftliche Dienstleistungen schuldet, gilt, dass es die Mitarbeit als Dienstaufgabe erbringt. Der Hochschullehrer schuldet für die Inanspruchnahme von Personal, des-

---

[143] abgedruckt bei *Uttlinger/Breier/Kiefer/Hoffmann/Pühler,* BAT II, SR 2c Nr. 5 Rz. 5.
[144] *Fröhlich,* Forschung wider Willen?, S. 99, Abgrenzung Anwendungsbeobachtungen/Phase IV- Prüfungen, die werden nur an ausgewählten Studienteilnehmern vorgenommen.
[145] so *Fröhlich,* a.a.O.

sen er sich zur Ausführung einer Nebentätigkeit bedienen darf, dem Dienstherren Nutzungsentgelt. Anders wäre es, wenn er dem Personal Entgelt schuldete, das dieses wiederum unter Umständen an den Arbeitgeber abzuführen hätte.
Das rein ärztliche nachgeordnete Personal wird in der Regel vertraglich verpflichtet, an einer zugelassenen Nebentätigkeit des leitenden Arztes im Rahmen seiner Dienstaufgaben mitzuwirken,[146] ohne dass die Leistung dadurch zur eigenen Nebentätigkeit würde.

3. Zusammenfassung

Der größte Teil von medizinischen Forschungsvorhaben am Menschen wird als Dienstaufgabe durchgeführt. Begründet wird dieses Ergebnis durch die enge Verknüpfung von Arzneimittel-, Medizinproduktetests, der Erprobung neuer Operationsmethoden u.ä. mit der Krankenversorgungsaufgabe der Ärzte. Beamtenrechtliche Grundsätze verbieten es, Forschungsvorhaben in einen Hauptamts- und einen Nebentätigkeitsbereich aufzuspalten, damit Nutzen und Lasten gleich verteilt werden. Ein Entgelt können die Hochschullehrer auf diese Weise nicht annehmen, allenfalls eine Aufwandsentschädigung.
Für das nachgeordnete ärztliche Personal gilt das Gleiche, sofern ihm ein eigener Forschungsauftrag zukommt. An der Nebentätigkeit eines leitenden Arztes wirkt es aufgrund dienst- bzw. arbeitsvertraglicher Übertragung als Dienstaufgabe mit.

II. Außeruniversitäre Forschung

1. Arbeitsvertraglicher Rahmen

Der Inhalt des Arbeitsvertrages eines angestellten Krankenhausarztes wird vor allem durch die Vorgaben des Krankenhausrechts und die Organisation des betreffenden Krankenhauses geprägt.
Für Krankenhäuser, die in öffentlich-rechtlicher Rechtsform betrieben werden (Bund, Länder, Kommunen, Körperschaften, Anstalten, Stiftungen des öffentlichen Rechts) und auch in privatrechtlicher Rechtsform betriebene Häuser, sofern sie ebenfalls dem Verband kommunaler Arbeitgeber angehören, findet zumeist der BAT mit seiner Ergänzung SR 2c für Ärzte Anwendung. Allerdings gilt er nur in den seltenen Fällen beiderseitiger tariflicher Gebundenheit, d.h. bei Zugehörigkeit des Arbeitgebers zu Bund, Län-

---

[146] *Schaub*, Formularsammlung, § 2 Nr. 2; Nr. 3 I 2 SR 2 c BAT; MünchArbR-*Richardi*, § 204 Rz. 40; Laufs/Uhlenbruck-*Genzel*, Handbuch, § 90 Rz. 41.

der bzw. einem Verband kommunaler Arbeitgeber und des Arbeitnehmers zu einer am Tarifabschluss beteiligten Gewerkschaft, unmittelbar und zwingend, §§ 3 I , 4 I TVG. Zumeist wird die Anwendbarkeit des BAT in diesem Bereich bzgl. einzelner Vorschriften oder des gesamten normativen Teils des Tarifvertrages einzelvertraglich vereinbart.
Zu beachten ist auch, dass Chefärzte ohnehin nicht vom Geltungsbereich des BAT erfasst werden, § 3 c BAT.
Private Krankenhäuser werden von natürlichen Personen oder juristischen Personen des Privatrechts betrieben. Diese Krankenhäuser unterfallen jedenfalls nicht dem Geltungsbereich des BAT, können aber ebenfalls dessen Anwendbarkeit ganz oder in Teilen einzelvertraglich vereinbaren.
Unter den privaten Trägern gelten weitere arbeitsvertragsbeeinflussende Besonderheiten für die freigemeinnützigen Träger und unter diesen aufgrund ihres Selbstbestimmungsrechts wiederum für die Kirchen, Art. 140 GG i.V.m. Art. 137 Abs. 3 WRV.
Als freigemeinnützige Träger treten vor allem die Spitzenverbände der freien Wohlfahrtspflege (Arbeiterwohlfahrt, Deutscher Caritasverband, Deutsches Rotes Kreuz, Deutscher Paritätischer Wohlfahrtsverband, Diakonisches Werk) auf.[147] In den Krankenhäusern freigemeinnütziger Träger werden Arbeitsverträge in der Regel unter Zugrundelegung der Richtlinien der Spitzenverbände der Freien Wohlfahrtspflege geschlossen.
Die Arbeitsverhältnisse der Bediensteten von Diakonischem Werk der Evangelischen Kirche bzw. des Deutschen Caritasverbandes werden durch die entsprechenden Arbeitsvertragsrichtlinien (AVR) inhaltlich näher bestimmt.

2. Forschung

Zur rechtlichen Situation von bei privaten Unternehmen angestellten Ärzten, die sich einer Forschungstätigkeit widmen, wird auf die Ausführungen oben unter A II 2. und 3. verwiesen.

C. Pflicht zur Konsultation einer Ethik-Kommission

Die bislang gesetzlich geregelten Fälle von klinischer Forschung, die klinische Prüfung von Arzneimitteln und von Medizinprodukten sowie der Gebrauch radioaktiver und ionosierender Strahlen, §§ 40, 41, 42 AMG, 17, 18, 19 MPG, 41 StrSchVO, sehen vor, dass ein Forscher vor der Durchfüh-

---

[147] allgemein dazu *Flierl*, Freie und öffentliche Wohlfahrtspflege, Aufbau - Finanzierung- Geschichte- Verbände.

rung klinischer Prüfungen am Menschen eine Stellungnahme einer so genannten „Ethik-Kommission" einholen muss.
Auch die Richtlinie 2001/20/EG vom 04.04.2001 zur Angleichung der Rechts- und Verwaltungsvorschriften der Mitgliedstaaten über die Anwendung der guten klinischen Praxis bei der Durchführung von klinischen Prüfungen mit Humanarzneimitteln,[148] die bis 01.05.2003 umgesetzt und ab 01.05.2004 angewendet werden musste, verpflichtet die Forscher vor Durchführung einer klinischen Prüfung eine Stellungnahme einer Ethik-Kommission einzuholen.
Der deutsche Gesetzgeber hat die Richtlinie 2001/20/EG vom 04.04.2001 mit dem Zwölften Gesetz zur Änderung des Arzneimittelgesetzes vom 30.07.2004[149] sowie der begleitenden Verordnung über die Anwendung der Guten Klinischen Praxis bei der Durchführung von klinischen Prüfungen mit Arzneimitteln zur Anwendung am Menschen (GCP-Verordnung-GCP-V) vom 09.08.2004[150] umgesetzt.
Art. 6 und 9 der Richtlinie riefen für den deutschen Gesetzgeber in Bezug auf die Ausgestaltung und Aufgaben der Ethik-Kommissionen keinen besonderen Handlungsbedarf hervor. Er musste aber eine Begrenzung der Zeitdauer, die den Ethik-Kommissionen für ihre Prüfung zur Verfügung steht, ergänzen. Zudem müssen negative Entscheidungen der Kommission künftig begründet werden. Eine gravierende Veränderung gegenüber der bisherigen gesetzlichen Lage wurde jedoch erforderlich: Eine zustimmende Stellungnahme der Ethik-Kommission wird künftig Voraussetzung für die Zulässigkeit einer klinischen Prüfung sein, §§ 40 Abs. 1, 42 AMG n.F. Damit erlangt die Stellungnahme eine ganz neue, erhebliche rechtliche Relevanz im Verfahren zur Zulassung neuer Arzneimittel. § 42 AMG n.F. sieht vor, dass Bildung, Zusammensetzung und Finanzierung durch Landesrecht geregelt werden.
Für alle anderen, gesetzlich nicht geregelten klinischen Versuche, besteht eine Vorlagepflicht nur aufgrund Berufsrechts, sofern die Landesärztekammern den Wortlaut des § 15 Abs. 1 MuBO „muss" umgesetzt und nicht durch „soll" ersetzt haben.
Daneben sehen häufig Dienstanweisungen von Arbeitgebern und universitären Gremien eine Vorlagepflicht zur Ethik-Kommission vor. Deren Bedeutung ist jedoch rein haftungs- und arbeitsrechtlicher Natur.

---

[148] ABl. EG vom 01.05.2001, Nr. L 121/34
[149] BGBl. I , S.2031.
[150] BGBl. I, S. 2081

I. Entstehung

Ethik-Kommissionen wurden erstmals 1973 von der DFG an Sonderforschungsbereichen in Ulm und Göttingen eingerichtet.[151] Ihr Vorbild finden die Kommissionen in den Institutional Review Boards (IRB) in den USA. Das National Institute of Health hatte eine Kommissionskontrolle als Reaktion auf den bis dahin ungeordneten Ablauf von Forschungsvorhaben und das Bekannt werden ethisch bedenklicher, z.t. sogar rücksichtsloser Versuche mit Unwissenden[152] zur Vorbedingung für die Vergabe von Bundesmitteln gemacht. Ebenso verlangt das FDA (Food and Drug Administration) eine Kontrolle von Arzneimitteln durch ein IRB.
In Deutschland war der Anstoß zu ihrer weiteren Verbreitung die 1975 verabschiedete Revidierte Deklaration von Helsinki. Die zu ihrer Umsetzung[153] notwendige Änderung der Musterberufsordnung für Ärzte sah zunächst eine freiwillige Vorlage des Projektes vor der Durchführung klinischer Versuche am Menschen an eine Kommission vor. Inzwischen verpflichtet § 15 Abs. 1 MuBO die Ärzte zur Vorlage ihres Vorhabens. Neben Ethik-Kommissionen bei den Landesärztekammern entstanden vielfach Kommissionen an den medizinischen Fakultäten und Hochschulkliniken. Allerdings wurden nicht nur öffentlich-rechtlich organisierte Kommissionen gebildet, sondern auch private, entweder als Teil eines Unternehmens, als GbR oder sogar als GmbH strukturierte Kommissionen.[154]
Inzwischen wurde die Vorlagepflicht an eine Ethik-Kommission für die durch Gesetz geregelten klinischen Prüfungen zur Zulässigkeitsvoraussetzung erhoben, § 40 Abs. 1 Satz 2 AMG, 17 Abs. 6 Satz 1 MPG, 41 StrSchVO.

II. Aufgaben, Zusammensetzung, Verfahren

Ethik-Kommissionen befassen sich nicht mit allen ethischen Fragen ärztlicher Tätigkeit, sondern allein mit medizinischen, rechtlichen und ethischen Problemen klinischer Forschung am Menschen. *Deutsch* weist zu Recht darauf hin, dass es sich im eigentlichen Sinn um „Forschungskommissionen" handelt.[155] Die Ansichten über die Bedeutung dieser Institution sind

---

[151] *Deutsch/Spickhoff*, MedR, Rz. 719.
[152] von *Deutsch*, NJW 1981, 614 wird der Fall Hyman vs. Jewish Chronic Disease Hospital mitgeteilt: Dort wurden Krebszellen unter die Haut bereits Erkrankter eingespritzt, um die Abstoßungsreaktion zu testen. Vorgegeben wurde dagegen ein Immuntest.
[153] dort unter B. allgemeine Grundsätze, Nr. 13.
[154] ausführlich hierzu *Deutsch/Spickhoff*, MedR, Rz. 722 ff.
[155] *Deutsch/Spickhoff*, a.a.O.

durchaus geteilt. Man kann das abgegebene Votum als Gutachten zur medizinischen Validität, rechtlichen und ethischen Zulässigkeit auffassen oder aber nur als weitere Zulässigkeitsvoraussetzung klinischer Arzneimittel- und Medizinprodukteprüfungen und als „Persilschein" für Ärzte, Kliniken und Sponsoren.[156]
Die Zusammensetzung und die genauen Aufgabengebiete der Ethik-Kommission gibt, sofern vorhanden, meist ein landesgesetzliches Kammergesetz vor, und überlässt die nähere Ausgestaltung der Satzungsgewalt von Ärztekammern und Universitäten. Im Allgemeinen bestehen die Ethik-Kommissionen aus Ärzten, Juristen und Theologen oder anderen Geistes- und Sozialwissenschaftlern. Es werden aber auch in unterschiedlicher Ausgestaltung und Zusammensetzung Pflegepersonal, Laien und Medizintechniker beteiligt. Die Richtlinie 2001/20/EG vom 04.04.2001[157] stellt besondere Anforderungen an die Zusammensetzung der Ethik-Kommissionen. Sofern eine klinische Prüfung an Minderjährigen oder nicht- einwilligungsfähigen Erwachsenen durchgeführt wird, muss die Ethik-Kommission selbst über Kenntnisse auf dem Gebiet der Kinderheilkunde, Art. 4 lit. h) bzw. auf dem Gebiet der Krankheit, an der der betroffene Erwachsene oder die betroffene Patientengruppe leidet, verfügen, Art. 5 lit. g). Die Ethik-Kommission kann sich hierbei aber auch fachkundig beraten lasen.
Das Verfahren vor den Ethik-Kommissionen ist aufgrund der autonomen Satzungsgewalt ihrer Träger in vielfältiger Weise ausgestaltet. Allerdings sollte dieses Verfahren im Hinblick auf die Rechtswirkungen des Votums nach §§ 40 Abs. 1, 42 AMG und § 17 Abs. 6 MPG sowie dessen Bedeutung für die Vergabe von Mitteln rechtsstaatlichen Anforderungen genügen. Insoweit empfiehlt sich eine Beachtung der Grundregeln des Prozessrechts wie des Verwaltungsverfahrensgesetzes.[158] Bei der Durchführung klinischer Prüfungen von Humanarzneimitteln sind inzwischen wesentliche Verfahrensbestandteile durch das AMG selbst und die begleitende GCP-V geregelt.

III. Rechtsfolge eines Votums

Die Rechtsfolgen des Votums der Ethik-Kommission bilden zwei Stufen. Zunächst steht die Zulässigkeit des Forschungsvorhabens in Frage. Dabei handelt es sich um ein sicherheitsrechtliches Problem, weshalb ein Zuwi-

---

[156] *Deutsch/Spickhoff*, MedR, Rz. 722.
[157] ABl. EG vom 01.05.2001, Nr. L 121/34
[158] *Deutsch/Spickhoff*, MedR, Rz. 744; *Bork*, Die Ethik-Kommission, S. 94; Vorschlag für eine Verfahrensordnung abgedruckt bei *Sander*, AMG, Anh. II/40.

derhandeln mit entsprechenden Sanktionen, sei es nach dem AMG bzw. MPG oder berufsrechtlicher Natur, belegt ist.
Kommt im Rahmen des Forschungsprojekts jemand zu Schaden, ist fraglich, welche entlastende oder belastende Wirkung das Votum der Ethik-Kommission haben kann. Dieses Problem wird aber erst im Zusammenhang mit den übrigen Haftungsfragen erläutert, während die allgemeineren Zulässigkeitsfragen vorweg erörtert werden sollen.

1. Rechtsqualität

Entscheidend für die Klärung der Bedeutung der Entscheidung der Ethik-Kommission für die Zulässigkeit des Vorhabens ist deren Rechtsqualität. Nach allgemeiner Ansicht handelt es sich bei der Entscheidung einer Ethik-Kommission um öffentlich-rechtliches Handeln.[159] Diese Beurteilung lässt sich zwar noch nicht allgemein aus der öffentlich-rechtlichen Organisationsform der Ethik-Kommissionen ableiten, wird aber aufgrund der Erfüllung einer öffentlich-rechtlichen Aufgabe vermutet.[160] Die Vorlagepflicht wird in öffentlich-rechtlichen Gesetzen sicherheitsrechtlicher Natur statuiert. Verstärkt wird diese Vermutung noch durch die Unentgeltlichkeit des Verfahrens[161] sowie die Ausgestaltung des Verfahrens in Verfahrensgrundsätzen, die durch den Arbeitskreis Medizinischer Ethik-Kommissionen beschlossen wurden.[162] Diese weisen typische verwaltungsverfahrensrechtliche Elemente, wie das Antragsverfahren in § 3 und die Gelegenheit zur Stellungnahme in § 4 Abs. 4 auf und verweisen sogar in § 6 der Grundsätze zur Ergänzung auf das VwVfG.
Gegen dieses Ergebnis könnte allerdings sprechen, dass die Aufgaben der Ethik-Kommission vor allem auch zur Erfüllung der Verkehrssicherungspflicht durch den Klinikträger und zur Absicherung der privatrechtlich gestalteten Versuchsdurchführung dienen. Die Beratungspflicht entspringt aber eindeutig sicherheitsrechtlich orientierten Gesetzen zur Vermeidung von Gefahren, die von der Forschung selbst und ihren Ergebnissen ausgehen. Dass dadurch auch eine Rückversicherung, abgesehen von Gefährdungshaftungstatbeständen, des Urhebers der Gefahrenquelle eintritt, ist lediglich

---

[159] *Deutsch/Spickhoff*, MedR, Rz. 773; *Bork* Die Ethik-Kommission, S. 66 ff; *Kollhosser*, Haftungs- und versicherungsrechtliche Fragen bei Ethik-Kommissionen, S. 85; *Kreß*, Die Ethik-Kommission, S. 139 ff.
[160] neben den Vermutungsregeln werden noch diverse andere Ansichten vertreten zur Abgrenzung öffentlichen und privaten Handelns, vgl. nur *Erichsen* (Hrsg.), Allg. VerwR, Rz. 35
[161] *Bork*, Die Ethik-Kommission, S. 69.
[162] abgedruckt bei *Sander*, AMG, Anh. II/40.

ein nützlicher Nebeneffekt.[163] Zudem hieße es Voraussetzung und Ergebnis zu vertauschen, wenn man eine sicherheitsrechtliche Regelung, die den Entstehungsgrund der zivilrechtlichen Verkehrssicherungspflicht bildet, deshalb selbst wiederum als zivilrechtliche Pflicht ansähe.
Demnach ist der allgemeinen Ansicht dabei zuzustimmen, dass die Tätigkeit der Ethik-Kommission öffentlich-rechtlich zu qualifizieren ist.

Damit ist aber die rechtliche Qualität der Entscheidung einer Ethik-Kommission noch nicht geklärt. Bei den öffentlich- rechtlichen Handlungsformen kommen Verwaltungsakt und Realakt in Betracht.
Unter den Tatbestandsmerkmalen des Verwaltungsakts in § 35 VwVfG ist fraglich, ob die Ethik-Kommission eine „Regelung" trifft und diese „unmittelbare Außenwirkung" im Sinne des Gesetzes hat.
Unter einer Regelung sind eine „rechtsverbindliche Anordnung, eine Willenserklärung oder mehrere aufeinander abgestimmte Willenserklärungen, die auf die Setzung einer Rechtsfolge gerichtet sind", zu verstehen.[164] Am Regelungscharakter fehlt es bei rein tatsächlichen Verrichtungen, Hinweisen, Belehrungen und Auskünften von Behörden, da sie eben keine unmittelbare Rechtswirkung hervorbringen sollen.[165]
Überprüft man unter diesem Gesichtspunkt § 15 MuBO, dessen Wortlaut eine Beratungspflicht vorsieht, so ist klar, dass es bei einem Votum der Ethik-Kommission auf rein berufsrechtlicher Grundlage zu keiner Regelung kommt, da der Arzt die Entscheidung nach der Beratung selbst in eigener Verantwortung trifft. Dies ist auch einhellige Ansicht.[166]
Schwieriger ist die Frage für die gesetzlich geregelte Beteiligung einer Ethik-Kommission zu beantworten.
§ 40 Abs. 1 S. 2 AMG a.F. bestimmte, dass die klinische Prüfung eines Arzneimittels bei Menschen nur begonnen werden darf, wenn diese zuvor von einer nach Landesrecht gebildeten unabhängigen Ethik-Kommission zustimmend bewertet worden ist. Nach § 40 Abs. 1 S. 3 a.F. AMG durfte mit der klinischen Prüfung erst begonnenen werden, wenn die zuständige Bundesoberbehörde innerhalb von 60 Tagen nach Eingang der Unterlagen nach Satz 1 Nr. 6 nicht widersprochen hat. Diese Anforderungen gelten nach der Regelung über das Inkrafttreten in Art. 8 Abs. 1 des Zwölften Gesetzes zur Änderung des Arzneimittelgesetzes vom 30.07.2004[167] weiterhin für klinische Prüfungen, die vor dem 06.08. 2004 begonnen wurden. Für zu

---

[163] vgl. etwa den Wegfall dieser Absicherung durch die Verminderung der Prüfungspflicht der Bauaufsichtsbehörde durch die Bayerische Bauordnung.
[164] *Maurer*, Allg. VerwR, 10. Aufl., § 9 Rz. 6.
[165] BVerwGE 14, 323; 59, 319.
[166]*Bork*, Die Ethik-Kommission, S. 69 f.
[167] BGBl. I, S. 2031, 2053.

diesem Zeitpunkt laufende klinische Prüfungen von Humanarzneimitteln wird die Frage der ordnungsgemäßen Beteiligung der Ethik-Kommission nach der bisherigen Rechtslage beurteilt.[168]
§ 17 Abs. 6 MPG sieht vor, dass mit der klinischen Prüfung erst begonnen werden darf, wenn eine zustimmende Stellungnahme einer Ethik-Kommission zu dem Prüfplan vorliegt. Soweit keine zustimmende Stellungnahme einer Ethik-Kommission zu dem Prüfplan vorliegt, kann der Hersteller mit der betreffenden klinischen Prüfung nach Ablauf einer Frist von 60 Tagen nach der Anzeige gem. S. 1 beginnen, es sei denn, die zuständigen Behörden haben ihm innerhalb dieser Frist eine auf Gründe der öffentlichen Gesundheit oder der öffentlichen Ordnung gestützte gegenteilige Entscheidung mitgeteilt.
Beide Gesetze machen den Beginn einer klinischen Prüfung damit vom Vorliegen eines zustimmenden Votums der Ethik-Kommission abhängig. Allerdings gilt das nur dann, wenn die zuständige Bundesoberbehörde nicht innerhalb von 60 Tagen der Durchführung der klinischen Prüfung widerspricht.
In der Literatur wird zum Teil nunmehr, d.h. nach Einführung dieser Vorschriften, die zustimmende bzw. ablehnende Entscheidung der Ethik-Kommission, jedenfalls aber diejenige, die der Bundesoberbehörde mitgeteilt wird, als Verwaltungsakt beurteilt. Die zustimmende Bewertung sei wesentlicher Bestandteil des Verfahrens. Fehle es an ihr, könne die Bundesoberbehörde widersprechen. Die klinische Prüfung hätte dann zu unterbleiben.[169]
Dieser Auffassung kann jedoch nicht zugestimmt werden.
Darin, dass die Zustimmung wesentlicher Bestandteil des Verfahrens geworden ist, liegt nicht das Argument für eine Verwaltungsaktqualität, sondern vielmehr der Ansatzpunkt, um eine solche abzulehnen. Eine klinische Prüfung darf erst nach Einreichung bestimmter Unterlagen begonnen werden, zu denen auch das positive Votum der Ethik-Kommission gehört, § 40 Abs. 1 Nr. 6 AMG a.F. Aber auch ein ablehnendes Votum führt nicht unmittelbar zum Verbot, sondern nur, wenn die Bundesbehörde innerhalb von 60 Tagen widerspricht. In der Sache liegt also eine Erlaubnis mit Anzeigepflicht vor.[170] Noch deutlicher wird das aus dem Wortlaut des § 17 Abs. 6 MPG. Über die Ausübung des Verbots erstattet die Ethik-Kommission ein Gutachten, dessen Ergebnis aber nicht zwingend für die Bundesoberbehörde wirkt. Über die tatsächliche Untersagung entscheidet allein die Behörde.

---

[168] Zur Beurteilung der Rechtsqualität des Votums der Ethik-Kommission nach der Novelle des AMG sogleich.
[169] *Deutsch/Spickhoff*, MedR, Rz. 760; ebenso *Lippert*, DMW 1995, 1296; *Fröhlich*, Forschung wider Willen?, S. 158 f.
[170] vergleichbar Anmeldepflicht für Versammlungen unter freiem Himmel.

Trifft sie diesbezüglich keine Entscheidung, ist die klinische Prüfung, wenn auch mit einem Aufschub von 60 Tagen, generell erlaubt. Die gutachterliche Äußerung[171] der Ethik-Kommission enthält somit keine eigenständige Regelung, sondern stellt nur einen unselbständigen Verfahrensbestandteil dar.[172] Auch der Aufschub um 60 Tage beinhaltet keinen von der Ethik-Kommission verfügten Regelungstatbestand, sondern stellt die Entscheidungsfrist der Bundesoberbehörde zur Ausübung des Verbots dar. Solche Entscheidungsfristen sind, um eine Verfahrensbeschleunigung zu erreichen, durchaus gebräuchlich, vgl. z.B. § 6 Abs. 4 BauGB; § 17 Abs. 3 b FStrG. Auch die tatsächliche Regelungswirkung, z.B. durch die faktische Bindungswirkung bei der Vergabe von Fördermitteln, ändert an diesem Ergebnis nichts, da sie rechtlich nicht erheblich ist. Also liegt bereits mangels Regelungswirkung kein Verwaltungsakt in der Entscheidung der Ethik-Kommission.
Darüber hinaus kann mit inhaltlich gleichen Argumenten auch die Außenwirkung der Entscheidung verneint werden.[173]

Entgegen *Deutsch*[174] sind die Entscheidungen der Ethik-Kommission aus den genannten Gründen auch nicht mit einer Rechtsbehelfsbelehrung zu versehen und, was entscheidend ist, nicht selbständig angreifbar.
Ist das Votum inhaltlich falsch oder verfahrensfehlerhaft zustande gekommen, so wird das zum Fehler der von der Bundesoberbehörde getroffenen Entscheidung, sofern sie sich zur Begründung auf das Votum stützt. Da die Entscheidung unselbständiger Verfahrensbestandteil ist, ist sie auch nicht gesondert angreifbar.[175]
Gerichtlicher Rechtsschutz kommt aber für den Fall in Betracht, dass die Ethik-Kommission auf den Antrag hin untätig bleibt, sei es, dass sie ihn gar nicht behandelt, sei es, dass sie ihre Zuständigkeit verneint.
Da es sich somit bei der zu treffenden Entscheidung durch die Ethik-Kommission um einen öffentlich-rechtlichen Realakt handelt, ist eine allgemeine Leistungsklage auf Abgabe des Votums statthaft. Die Klagebefugnis gem. § 42 Abs. 2 VwGO analog ergibt sich aus dem Anspruch des Forschers auf Behandlung seines Antrages i.V.m. Art. 2 Abs. 1, 5 Abs. 3 GG. Passiv legitimiert ist die betreffende Landesärztekammer als Trägerin der bei ihr gebildeten Ethik-Kommission bzw. die betreffende medizinische Fakultät.

---

[171] vergleichbar: Verhältnis Fahrprüfung/ Fahrerlaubnis.

[172] dazu Beispiel bei *Knack*, VwVfG, S. 490; BVerwGE 32, 21; *Bork*, Die Ethik-Kommission, S. 69/60, Fn. 20.

[173] für diese Lösung *Classen*, MedR 1995, 148.

[174] a.a.O.

[175] ebenso *Bork*, Die Ethik-Kommission, S. 101ff.; a.A. *Deutsch/Spickhoff*, Rz. 722 ff.

Als Entscheidung angreifbar ist nur die Untersagung der Prüfung durch die Bundesoberbehörde, nicht aber die Entscheidung der Ethik-Kommission selbst.

Diese Beurteilung hat sich für klinische Prüfungen von Arzneimitteln nach der Umsetzung der Richtlinie 2001/20/EG vom 04.04.2001 durch das Zwölfte Gesetz zur Änderung des Arzneimittelgesetzes geändert, da die Entscheidung der Ethik-Kommission zur neben der Genehmigung durch die zuständige Bundesoberbehörde kumulativen Voraussetzung für die Durchführung der klinischen Prüfung erhoben wurde und damit zu einem eigenständigen Verfahrensbestandteil eines zweistufigen Verwaltungsverfahrens geworden ist, §§ 40 Abs. 1, 42 Abs. 1 und 2 AMG n.F. Diesen Wechsel der Bedeutung des Votums der Ethik-Kommission hat der Gesetzgeber bei der Umsetzung der Richtlinie 2001/20/EG bewusst vollzogen. Die Begründung des Gesetzesentwurfs der Bundesregierung kommt zu der Schlussfolgerung, „dass sich die Rolle der Ethik-Kommission vom berufsrechtlichen Beratungsgremium zu einer Patientenschutzinstitution mit Behördencharakter wandelt."[176]
Diesem Votum kommt nun auch Außenwirkung und damit die Rechtsqualität eines Verwaltungsaktes zu. Sofern die Ethik-Kommission dem Prüfungsvorhaben nicht zustimmt, darf, auch wenn die Bundesoberbehörde die von ihr zu prüfenden Voraussetzungen als erfüllt ansieht, mit der klinischen Prüfung nicht begonnen werden, § 40 Abs. 1 AMG n.F. Ein ablehnendes Votum der Ethik-Kommission führt somit unmittelbar zum Verbot des Prüfungsvorhabens. Das Votum der Ethik-Kommission enthält also eine Regelung, der die Außenwirkung nicht mehr abzusprechen ist.[177] Dies gilt insbesondere auch deshalb, da anders als die Genehmigung der Bundesoberbehörde, die nach 30 Tagen als erteilt gilt, wenn keine mit Gründen versehenen Einwände übermittelt wurden, die zustimmende Bewertung der Ethik-Kommission nicht durch eine Fiktion ersetzt wird.
Aufgrund der Verwaltungsaktqualität wird künftig auch das Votum der Ethik-Kommission eigenständig mit einer Anfechtungsklage vor den Verwaltungsgerichten angegriffen werden können.

---

[176] BT-Drcks. 15/2109, S. 32
[177] A.A. *Laufs*, MedR 2004, 583, 588,592, der nur die Genehmigung der Bundesoberbehörde als Verwaltungsakt ansieht. Das Votum der Ethik-Kommission bleibe wie bisher ein unselbständiger Verfahrensbestandteil in Form einer fachkundigen Bewertung des Vorhabens.

2. Privatrechtlich organisierte Ethik-Kommissionen

Im Anwendungsbereich des Arzneimittelgesetzes war eine Konsultation privater Ethik-Kommissionen praktisch ausgeschlossen, da dort die Anrufung einer nach Landesrecht gebildeten unabhängigen Ethik-Kommission gefordert wurde. Die Landesgesetze ermächtigten jedoch in der Regel nur die Ärztekammern und die Universitäten, nicht aber private Träger zur Bildung von Ethik-Kommissionen. Demgegenüber sieht § 17 MPG lediglich die Konsultation einer „unabhängigen, interdisziplinären und bei der Bundesoberbehörde registrierten" Ethik-Kommission vor. Damit ist es anders als nach dem Arzneimittelgesetz bisher möglich, eine private Ethik-Kommission anzurufen, deren Sitz nicht unbedingt räumlich dem der klinischen Prüfung zugeordnet sein muss.

Die tatsächliche Unabhängigkeit und die Motivation zur ethischen Auseinandersetzung der privaten Ethik-Kommissionen wird häufig bezweifelt[178] und ihnen ein rein finanzielles Interesse unterstellt. Allerdings bietet die Registrierungspflicht zunächst eine gewisse Gewähr für deren Seriosität und zum anderen fällt auch das Selbstverständnis der öffentlich-rechtlich organisierten Ethik-Kommissionen recht unterschiedlich aus.

Von den öffentlich-rechtlich organisierten Ethik-Kommissionen wird darüber hinaus geltend gemacht, nur sie seien im Sinne der Revidierten Deklaration von Helsinki „besonders berufen" („specially appointed").[179] Auswirkungen kann dieser Einwand aber allenfalls in berufsrechtlicher Hinsicht haben, da nur im Berufsrecht unmittelbar auf die Regelungen der Revidierten Deklaration von Helsinki Bezug genommen wird. Dessen ungeachtet ist bedauerlich, dass de lege lata eine derartige Zersplitterung der Anforderungen - im Arzneimittelgesetz für jedes Bundesland, im Medizinproduktegesetz wiederum abweichend - stattgefunden hat.

Bei privatrechtlich organisierten Ethik-Kommissionen stellt sich die Frage nach der Rechtsqualität ihres Handelns ohnehin nicht. Öffentlich-rechtliches Handeln kann bei einem Privaten nur vorliegen, wenn er „Beliehener" ist. Da eine „Beleihung aber durch Gesetz erfolgen muss, ist diese Eigenschaft hier auszuschließen.[180]

Das Votum der privaten Ethik-Kommission ist daher als sachverständige Stellungnahme im Verfahren zu beurteilen.

Sofern es auch bislang befürwortet wurde, bei der Prüfung von Humanarzneimitteln private Ethik-Kommissionen zu beteiligen, ist dies nach Umset-

---

[178] *Deutsch/Spickhoff*, MedR, Rz. 722 ff.
[179] *Deutsch/Spickhoff*, MedR, Rz. 745, 746.
[180] ebenso *Fröhlich*, Forschung wider Willen?, S. 159.

zung der Richtlinie 2001/20/EG vom 04.04.2001 zur Angleichung der Rechts- und Verwaltungsvorschriften der Mitgliedstaaten über die Anwendung der guten klinischen Praxis bei der Durchführung von klinischen Prüfungen mit Humanarzneimitteln nun ausgeschlossen.[181] Wie vorstehend ausgeführt, wurde nun auch das positive Votum der privaten Ethik-Kommission zum selbständigen Verfahrensbestandteil erhoben. Der Gesetzgeber müsste privaten Ethik-Kommissionen eine Stellung als Beliehene verschaffen, um ihnen den Erlass von Verwaltungsakten zu ermöglichen. Da nach dem Zwölften Gesetz zur Änderung des Arzneimittelgesetzes das Nähere zur Bildung und Zusammensetzung der Ethik-Kommissionen durch Landesrecht geregelt werden wird, ist noch nicht endgültig absehbar, welche Zukunft private Ethik-Kommissionen bei der klinischen Prüfung von Humanarzneimitteln haben werden.

---

[181] A.A. zur alten wie zur neuen Rechtslage *Laufs*, MedR 2004, 583, 592.

§ 4 Haftung angestellter Ärzte in der medizinischen Forschung

A. Vorgehensweise

Im vorhergehenden Kapitel wurden die wesentlichen Rahmenbedingungen der Forschung angestellter und beamteter Ärzte zusammengestellt. Zum Teil haben sie Bedeutung für die Beziehung des Arztes zum Arbeitgeber, zum Teil für die zum Patienten oder sie werden in beiden Verhältnissen bedeutsam. Im folgenden Abschnitt sollen nunmehr die Besonderheiten der Arzthaftung bei medizinischer Forschung näher beleuchtet werden.

B. Vertragliche Haftungsbeziehungen zwischen Arzt und Patient

I. Der Krankenhausaufnahmevertrag - Varianten

Ungeachtet der Besonderheiten der vertraglichen Gestaltungen in der Praxis der klinischen Erprobungen erfolgt zunächst ein Blick auf die vertraglichen Grundlagen der gewöhnlichen Krankenhausaufnahme.

Zur stationären Aufnahme in einem Krankenhaus wird zwischen dem Patienten und dem Krankenhausträger ein privatrechtlicher Krankenhausaufnahmevertrag geschlossen. Der Krankenhausaufnahmevertrag hat drei Ausprägungen gefunden:

Regelfall ist der so genannte „totale" Krankenhausaufnahmevertrag nach § 2 Abs. 1 S. 1 BPflV. Hier schuldet der Krankenhausträger die sog. „Hotelleistungen", Unterkunft und Verpflegung, wie auch ärztliche Behandlung, medizinische Pflege und die Versorgung mit Arznei-, Heil-, und Hilfsmitteln, also eine „Rundumversorgung". Vertragspartner ist allein der Krankenhausträger, der seine angestellten oder beamteten Ärzte als Erfüllungsgehilfen gem. § 278 BGB zur Erbringung der Behandlung einsetzt. Durch die Wahlleistungen i.S.v. § 2 Abs. 1 S. 1 Hs. 2 BPflV kann der Krankenhausaufnahmevertrag ergänzt werden. Die Wahlleistungen werden dann gesondert berechnet, § 22 Abs. 1 S. 1, Abs. 2 BPflV.

Eine Variante ist der totale Krankenhausaufnahmevertrag mit Arztzusatzvertrag. In § 22 BPflV ist gesetzlich vorgesehen, dass Krankenhäuser bestimmte Wahlleistungen anbieten dürfen. Die gebräuchlichste davon ist die Wahlleistung „Arzt". Neben der Vereinbarung der Wahlleistung „Arzt" im totalen Krankenhausaufnahmevertrag kann der Krankenhausträger auch im eigenen Namen und im Namen aller liquidationsberechtigten Ärzte die höchstpersönliche Dienstleistung dieser Ärzte anbieten. Für den Patienten bedeutet das, dass er für die Erbringung der ärztlichen Leistungen zwei Schuldner hat: den Chefarzt der jeweiligen Sparte für bestimmte ärztliche Leistungen nach dem Arztzusatzvertrag und den Krankenhausträger, wie im Fall des totalen Krankenhausaufnahmevertrags ohne Arztzusatzvertrag.[182]

Die dritte Gestaltungsform sondert die ärztlichen Leistungen ganz aus dem Krankenhausaufnahmevertrag aus und wird daher „gespaltener" Krankenhausaufnahmevertrag genannt. Der Krankenhausträger schuldet nur noch die „Hotelleistungen" und die Pflege. Für die ärztlichen Leistungen ist ein hierzu berechtigter Arzt alleiniger Schuldner und Vertragspartner des Patienten. Hinsichtlich der Leistungen des nachgeordneten ärztlichen Dienstes ist im Einzelfall nach dem Umfang der überlassenen Tätigkeit, vgl. § 23 Abs. 1 S. 2 BPflV, und der organisatorischen Ausgestaltung der Überlassung von Personal des Krankenhausträgers an den berechtigten Arzt abzugrenzen.[183] Der Arzt ist bei dieser Vertragsgestaltung nicht Erfüllungsgehilfe des Krankenhausträgers nach § 278 BGB, auch nicht Verrichtungsgehilfe nach § 831 BGB und nicht Organ i.S.v. § 31 BGB.[184] Allerdings ist nach der BPflV diese Konstellation nur noch für Belegärzte denkbar, vgl. § 23 i.V.m. § 2 Abs. 1 S. 1 und 2 BPflV, da die Wahlleistungen im Gegensatz zu den Leistungen der Belegärzte zu den Krankenhausleistungen gezählt werden.[185]

II. Besonderheiten der Krankenhausaufnahme beim Kassenpatienten

Die Behandlungsbeziehungen zwischen Krankenhausträger und Kassenpatient oder der Krankenkasse sind privatrechtlich zu qualifizieren.[186] Dafür

---

[182] BGH Urt. v. 18.06.1985, BGHZ 95, 63, 69.
[183] Laufs/Uhlenbruck - *Genzel*, Handbuch, § 93 Rn. 4.
[184] BGH Urt. v. 30.11.1982, BGHZ 85, 393.
[185] Umkehrschluss aus BGHZ 95, 63; der BGH schloss für den Fall eines Arztzusatzvertrages außerhalb einer Belegarzttätigkeit nicht aus, dass der Krankenhausträger vertraglich Pflichten zur ärztlichen Versorgung des Patienten übernimmt, da nach Pflegesatzrecht, § 22 Abs. 1 und 2 BPflV, die Vereinbarung der gesondert berechenbaren Wahlleistungen mit dem Krankenhaus zu erfolgen hat. Das bedeutet, dass eine Trennung der Haftungsbereiche nur mehr da möglich ist, wo keine Vereinbarung bezüglich ärztlicher Leistungen mit dem Krankenhaus erfolgt, also bei Belegarztverträgen.
[186] BGH Urt. v. 10.01.1984, BGHZ 89, 250, 252 mit zahlreichen Nachweisen; Laufs/Uhlenbruck - *Genzel,* Handbuch ,§ 92 Rz. 4.

spricht schon, dass der Krankenhausträger dem Kassenpatienten im gleichen Maße für die Erfüllung vertraglicher Pflichten einzustehen hat, wie anderen Patienten. Zur Klärung des Vorliegens von Behandlungsfehlern verfügt das öffentliche Recht auch nicht über das geeignete Instrumentarium. Ungeachtet dieser rein pragmatischen Überlegung hat der Gesetzgeber die Zuordnung zum Privatrecht für die kassenärztliche Versorgung in § 76 Abs. 4 SGB V bereits klargestellt, indem er die an der kassenärztlichen Versorgung teilnehmenden Personen und Einrichtungen zur Einhaltung der Sorgfalt nach den Vorschriften des bürgerlichen Vertragsrechts verpflichtet. Eine Aufspaltung ein und desselben Vertragsverhältnisses in eine öffentlich-rechtliche Qualifizierung des Vertrages, zivilrechtliches Haftungsrecht, also insbesondere zivilrechtliche Vertragspflichten, und einen Rechtsweg zu den Sozialgerichten erscheint willkürlich und nicht sachgerecht. Vollständig unklar würde dadurch die Haftungslage für den totalen Krankenhausaufnahmevertrag mit Arztzusatzvertrag.[187] Derselbe Behandlungsfehler müsste dann in unterschiedlichen Rechtswegen mit allen daraus resultierenden Nachteilen, z.B. fehlende Rechtskrafterstreckung, für den Patienten geltend gemacht werden. Da sich die Sachverhalte bei der Krankenhausbehandlung gegenüber der kassenärztlichen Versorgung lediglich durch den Leistungserbringer unterscheiden, ist eine unterschiedliche Behandlung nicht gerechtfertigt.[188]

Auch beim Kassenpatienten kommt der Krankenhausaufnahmevertrag unmittelbar zwischen dem Patienten und dem Krankenhausträger zustande. Dies ist heute herrschende Meinung in der Literatur und Rechtsprechung.[189]
Die Gegenmeinung befürwortet aufgrund des Sachleistungsprinzips der gesetzlichen Krankenversicherung, vgl. § 2 Abs. 2 SGB V, die Annahme eines Vertrages zugunsten Dritter gem. § 328 BGB zwischen Krankenkasse und Krankenhausträger.[190]
Hält man sich vor Augen, wie in den meisten Fällen eine Krankenhausaufnahme tatsächlich vonstatten geht - nämlich völlig ohne Wissen der zuständigen Krankenkasse - so erfordert es einiges an juristischer Konstruktion, um die erforderlichen Willenserklärungen von Krankenkasse und Krankenhausträgern zu begründen. Lebensnäher, auch hinsichtlich des Willens des Patienten, ist es jedenfalls, einen unmittelbaren Vertrag zwischen

---

[187] zum Begriff oben § 4 B I.
[188] ebenso BGH Urt. v. 10.1.1984, BGHZ 89, 250, 255 unter Verweis auf BGH Urt. v. 18.3.1980, BGHZ 76, 259, 261 f.
[189] *Geiß*, Arzthaftpflichtrecht, S. 22; *Steffen*, Entwicklungslinien, S. 18; BGH Urt. v. 17.12.1985, BGHZ 96, 360, 363; BGH Urt. v. 10.1.1984, BGHZ 89, 250, 255.
[190] *Laufs*, ArztR, Rz. 87; BGH Urt. v. 11.4.1951, BGHZ 1, 383.

Patient und Krankenhausträger anzunehmen.[191] Zudem ist die Annahme eines Vertrages zugunsten Dritter auch unter Berücksichtigung des Sachleistungsprinzips entbehrlich. Gem. § 2 Abs. 2 S. 2 SGB V werden die Leistungserbringer von den Krankenkassen durch öffentlich-rechtliche Verträge zur Wahrung des Sach- und Dienstleistungsprinzips angehalten, wofür ihnen eine ebenfalls öffentlich-rechtlich festgelegte Vergütung in Form der Pflegesätze gewährt wird, vgl. § 4 Nr. 2, § 16 S. 1 Nr. 1 KHG i.V.m. § 1 Abs. 1 BPflV. Im Ergebnis handelt es sich hier um eine Erfüllung durch Dritte. Die Krankenkasse schaltet zur Erbringung ihrer Sachleistungen gegenüber dem Versicherten den Krankenhausträger ein. Letztlich kann die Frage, ob es sich um eine Vertrag zugunsten Dritter oder eine unmittelbare Vertragsbeziehung zwischen Krankenhausträger und Patient handelt, dahingestellt bleiben, da sich aus beiden Vertragskonstellationen eigene vertragliche Ansprüche des Kassenpatienten herleiten lassen.[192]

III. Vertragsinhalt - allgemein

Wie bereits erwähnt, setzt sich die vom Krankenhausträger geschuldete Leistung aus den in § 2 Abs. 1 BPflV genannten Bestandteilen zusammen. Werden diese rechtlich eingeordnet, so finden sich Miet-, Dienst-, hier insbesondere die Leistungen der Ärzte, und Werkleistungen, während die Gegenleistung einheitlich in der Entrichtung von Pflegesätzen, vgl. § 10 Abs. 1 Nr. 1 BPflV besteht. Damit handelt es sich beim Krankenhausaufnahmevertrag um einen gemischten Vertrag.[193] Die Gegenleistung erfährt allerdings erhebliche öffentlich-rechtliche Modifikationen:
Sowohl für den selbstzahlenden Patienten als auch für den Kassenpatienten darf die Vergütung für die allgemeinen Krankenhausleistungen nach § 2 Abs. 2 BPflV nur nach Pflegesätzen berechnet werden, § 14 Abs. 1 S. 1 Hs. 1 BPflV. Beim Kassenpatienten tritt hinzu, dass er dieses Entgelt nicht selbst schuldet - es sei denn für eine vereinbarte Wahlleistung, sondern seine Krankenkasse Kostenschuldner ist, §§ 109 Abs. 4, 39 SGB V i.V.m. § 10 BPflV.[194]
Aufgrund des Versorgungsauftrages der zur Krankenhausbehandlung zugelassenen Krankenhäuser unterliegen diese einem Kontrahierungszwang für allgemeine Krankenhausleistungen. Für Versicherte ergibt sich der Kontrahierungszwang aus §§ 109 Abs. 4 S. 2 i.V. m. 39 Abs. 1 S. 2 und 73 Abs. 4

---

[191] so BGH Urt. v. 10. 1. 1984, BGHZ 89, 250, 255.
[192] ebenso *Giesen*, Arzthaftungsrecht, Rz. 15.
[193] Staudinger-*Richardi*, vor § 611 Rz. 1255.
[194] zur Ablehnung eines Vertrages zugunsten Dritter vgl. vorstehender Abschnitt.

SGB V. Bei Privatpatienten gilt gleichermaßen ein Kontrahierungszwang für die Krankenhausträger, da die Krankenhäuser nach dem KHG und den Landeskrankenhausgesetzen einen öffentlichen Versorgungsauftrag übernommen haben.[195]

Besonderes Augenmerk richtet sich auf die ärztlichen Dienstleistungen: Der Krankenhausträger kann sie schließlich nicht selbst erbringen, schaltet also (angestellte) Ärzte zur Erfüllung seiner Leistungspflichten ein. Mithin steht der Inhalt des Krankenhausaufnahmevertrages mit dem Inhalt des Arbeitsvertrages eines angestellten Arztes im Bereich der Behandlung in enger Korrespondenz.

Im Mittelpunkt der ärztlichen Dienstleistungen, die der Krankenhausträger schuldet, steht selbstverständlich die Behandlungspflicht. Sie kann entsprechend der ärztlichen Vorgehensweise unterteilt werden in die Pflicht zur Anamnese, Untersuchung, Diagnostik, Indikationsstellung und Therapie (also Behandlung im engeren Sinn).[196] Aus rechtlicher Sicht ist vor der Durchführung einer Behandlungsmaßnahme eine Aufklärung des Patienten erforderlich. Zum Inhalt der Behandlungspflicht zählt auch das Anfertigen von Aufzeichnungen über Diagnose und Therapiemaßnahmen.[197] Aus der Behandlungspflicht folgen weiterhin aufgrund der rechtlichen Rahmenbedingungen die Pflicht zur Ausstellung von Rezepten und Attesten und - als Folge und Teil der Behandlung selbst - Kontroll- und Nachsorgepflichten.[198]

Die Erfüllung der gesamten Behandlungspflicht ist eine Hauptleistungspflicht des Krankenhausträgers; bei der rein begleitenden Attest- und Rezeptpflicht handelt es sich jedoch um eine Nebenpflicht des Krankenhausträgers.[199] Regelmäßig geht der Wille des Patienten und auch des Krankenhausträgers dahin, eine Erkrankung zu behandeln, deren Art und Schwere ja gerade einen Krankenhausaufenthalt erfordert.

IV. Einbeziehung der medizinischen Forschungsmaßnahmen

Fraglich ist nun, ob und wenn ja, wie die Handlungsformen medizinischer Forschung Bestandteil des Krankenhausaufnahmevertrages werden. Hierzu ist zunächst zu klären, welcher Art die geschuldete ärztliche Behandlung ist.

---

[195] ebenso MünchArbR-*Richardi*, § 203 Rz. 26.
[196] ausführlich dazu Laufs/Uhlenbruck – *Uhlenbruck - Laufs,* Handbuch, §§ 48- 52.
[197] im einzelnen dazu unten § 4 D I 1.
[198] ausführlich Laufs/Uhlenbruck–*Uhlenbruck - Laufs,* Handbuch, §§ 53, 57.
[199] Laufs/Uhlenbruck-*Genzel*, Handbuch, § 93 Rz. 3.

Ganz allgemein schuldet der Krankenhausträger die Behandlung durch einen Arzt nach den Regeln und dem Stand der medizinischen Wissenschaft zur Zeit der Behandlung.[200] Wobei aber das Erfordernis der Behandlung nach dem Stand der medizinischen Wissenschaft bereits auf den verobjektivierten Maßstab der berufsfachlich gebotenen Sorgfalt hinweist. Mit dieser Definition ist aber noch nichts über die Art und den qualitativen Standard der Behandlung selbst ausgesagt. Begibt sich ein Patient gerade zum Zweck der Durchführung einer Neulandmethode in stationäre Behandlung, so ist gerade diese auch vertraglich geschuldet. Bei einer ganz gewöhnlichen stationären Aufnahme stellt sich allerdings die Frage, ob jeder Krankenhausträger zu jeder Zeit sowohl die nach dem Stand der medizinischen Wissenschaft optimale Versorgung als auch u.U. die Durchführung von Neulandmethoden schuldet. Personell wie apparativ kann eine solche Maximalversorgung allenfalls von Universitätskliniken und dort auch nur in einigen medizinischen Disziplinen gewährleistet werden. Eine Vertragsauslegung nach §§ 133, 157 BGB ergibt also regelmäßig, dass ein ärztliches Tätigwerden nach dem gegenwärtigen Standard der vertraglichen Leistungspflicht entspricht und auch genügt.[201]

Fraglich ist weiter, ob auch durch ein Überschreiten des Standards die Behandlungspflicht erfüllt werden kann. Die geeignetste Therapie wählt der Arzt nach der Eigenart des Patienten, eigenen persönlichen Fähigkeiten, Umfeld und Ausstattung der Klinik usw. aus. Hierbei genießt er eine gewisse Freiheit in der Auswahl der Methoden (Therapiefreiheit). Die Art der gewählten Behandlung im konkreten Einzelfall spezifiziert der Arzt mit Einwilligung des Patienten. Diejenige Therapie, zu der sich der behandelnde Arzt mit Einwilligung des Patienten entschließt, füllt die vertraglich geschuldete Behandlung aus. Entweder ihre Wahl ist, nach medizinischen Standards beurteilt, fehlerhaft und verletzt dadurch bereits die vertragliche Leistungspflicht oder ihre Wahl konkretisiert die vertraglich geschuldete Leistung. Durch die Therapiewahl des Arztes und die Einwilligung des Patienten wird auch ein Heilversuch, also das Überschreiten des Standards zur Behandlung, zum Bestandteil des Behandlungsvertrages.[202] Die Behandlungspflicht überschreitet in diesem Fall den gewöhnlich geschuldeten Leistungsstandard.

---

[200] ganz h. M. vgl. nur Staudinger-*Richardi,* Vorb. zu §§ 611 ff. Rz. 1268.
[201] einhellige Ansicht in Rechtsprechung und Literatur, vgl. nur *Giesen,* Arzthaftungsrecht, Rz. 73 ff.; eine entsprechende Klausel in den AVB für Krankenhäuser ist daher wirksam, Münch-VertragsHdB-*Locher,* Band 4, Tb. 1, VI. 9.
[202] i. Erg. ebenso *Kreß,* Die Ethik-Kommission, S. 10; *v. Bar/Fischer,* NJW 1980, 2734; *Fischer,* Medizinische Versuche, S. 78ff., insbes. S 98; *Cloidt-Stotz,* Der Schadensausgleich, S. 120, aber ohne nähere Begründung.

Bereits aus der Tatsache, dass nach dem Krankenhausaufnahmevertrag eine medizinische Behandlung geschuldet wird, also Maßnahmen, die neben Diagnose und Indikationsstellung dazu dienen, körperliche oder seelische Beschwerden zu heilen, zu lindern oder zu verhüten, wird deutlich, dass ein Experiment[203] die Behandlungspflicht nicht ausfüllen kann. Die Durchführung eines Experiments erfordert also den Abschluss eines separaten Vertrages, wobei, je nach Organisation des Forschungsvorhabens, nicht nur der Krankenhausträger als Vertragspartner in Betracht kommt. Insoweit gleicht die vertragliche Situation des Patienten derjenigen des Probanden, der sich ohne einschlägig erkrankt zu sein für die Durchführung eines Experimentes zur Verfügung stellt.

Ein besonderes Problem stellen klinische Prüfungen, insbesondere in der Form kontrollierter klinischer Prüfungen dar. Bei diesen kommt es typischerweise häufig zum Zusammentreffen von Heilversuchen und Experimenten, so etwa, wenn die Kontrollgruppe Placebo ohne wirksame medizinische Substanz erhält oder versuchsbegleitende Messungen vorgenommen werden, die nicht im Zusammenhang mit der Behandlung stehen.
Nicht nur das Zusammentreffen von Heilversuch und Experiment sprengt den gewöhnlichen Rahmen eines Krankenhausaufnahmevertrages, auch die Erfordernisse der statistischen Validität führen zu Abweichungen vom Konzept des Krankenhausaufnahmevertrages: Obliegenheiten im eigenen Interesse des Patienten werden zu Mitwirkungspflichten ausgeweitet (so z.B. die Einwilligung in Kontrolluntersuchungen); der Patient räumt im Rahmen des ihm bekannten Konzeptes der klinischen Prüfung dem Arzt Therapiefreiheit, eventuell sogar das Recht zu einer zeitweise Nichtbehandlung (so z.B. bei der Einnahme von Placebos) ein.
Im Wege einer Vertragsauslegung kann - selbst in Universitätskliniken - nicht auf die prinzipielle Bereitschaft von Patienten zur Teilnahme an klinischen Prüfungen und die generelle Ermächtigung der Ärzte durch den Krankenhausträger zur Vornahme jedweder klinischen Prüfung geschlossen werden. Die Einbeziehung eines Patienten in eine klinische Prüfung erfordert daher ebenso eine zusätzliche vertragliche Vereinbarung wie die isolierte Durchführung eines Experiments.[204] Weicht der Vertragspartner der zusätzlichen Vereinbarung allerdings vom Behandlungsvertrag ab, statt des Krankenhausträgers ist bspw. der behandelnde Arzt oder der Hersteller des Arzneimittels bzw. Medinzinprodukts Vertragspartner, so stellt sich die Frage nach der Koordinierung bzw. Abgrenzung beider Verträge.

---

[203] zur Begriffswahl vgl. oben § 2 D III.
[204] *Biermann*, Arzneimittelprüfung, S. 415.

Rechtstatsächlich werden die Vertragsbeziehungen bei klinischen Prüfungen zumeist folgendermaßen aussehen:
Der Sponsor, dasjenige Unternehmen, das die klinische Studie finanziert, tritt selbst ebenso wie ein von ihm mit der Durchführung der klinischen Prüfung beauftragtes Forschungsinstitut in der Praxis klinischer Prüfungen dem Patienten gegenüber (bewusst) nicht in Erscheinung. Der Patient trifft in aller Regel sämtliche Absprachen über die Anwendung der Neulandmethode mit den ihn behandelnden Ärzten, den Prüfärzten. Diese wiederum sind ihrerseits vertraglich an den Sponsor gebunden. Verschiedentlich schließt der Sponsor auch zusätzlich mit dem Krankenhausträger einen Vertrag über die Durchführung einer klinischen Prüfung.[205]

Für die Beurteilung der vertraglichen Beziehungen des Patienten hat das zur Folge, dass folgende Konstellationen denkbar sind: Arzt und/oder Krankenhausträger könnten in Vertretung für den Sponsor handeln. Der Arzt kann weiter für sich selbst und/oder den Krankenhausträger vertragliche Beziehungen eingehen. Der Krankenhausträger erweitert selbst oder vertreten durch seine angestellten Ärzte nachträglich den bereits abgeschlossenen Krankenhausaufnahmevertrag.
Gegen eine vertragliche Beziehung des Patienten zum Sponsor spricht, dass der Sponsor gegenüber dem Patienten in keiner Weise in Erscheinung tritt. Der Patient erfährt und muss auch erfahren, wer Auftraggeber der Studie ist. Hinsichtlich der Behandlungspflicht selbst wird jedoch keine Einbeziehung des Sponsors offen gelegt. Es gibt auch keinerlei gegenseitige Verpflichtungen.
Die Frage, ob der Krankenhausträger oder nur der behandelnde Arzt allein Vertragspartner des Patienten für die bei Durchführung der klinischen Prüfung zusätzlich anfallenden Leistungen ist, beurteilt sich zunächst danach, wer Auftragnehmer der klinischen Prüfung ist. Schuldet der Krankenhausträger gegenüber dem Sponsor die Durchführung unter Bereitstellung von Personal und ist somit auch alleiniger Vertragspartner des Patienten, so sind die behandelnden Ärzte Erfüllungsgehilfen des Krankenhausträgers, wie bei jedem anderen Behandlungsvertrag auch. Sind die Ärzte selbst Auftragnehmer der Studie, so handeln sie für sich selbst, wenn sie mit den Patienten die Durchführung von Forschungsmaßnahmen vereinbaren. Diese Vereinbarung muss man als Arztzusatzvertrag ansehen, da der Patient nach wie vor Anspruch auf die übliche ärztliche Behandlung gegenüber dem Krankenhausträger hat. Konsequenz ist, dass -wie auch bei anderen Arztzu-

---

[205] Diese Erkenntnisse stammen aus einer Auswertung von Verträgen über die Durchführung klinischer Prüfungen für Arzneimittel und Medinzinprodukte, in die die Verfasserin Einsicht nehmen konnte. Wegen der Sensibilität des Themas war aber nur bei wenigen Sponsoren eine Einsichtnahme möglich.

satzverträgen- der Krankenhausträger und der Prüfarzt die Behandlung schulden, wobei der behandelnde Arzt vertraglich allein für die Durchführung der klinischen Prüfung haftet. Der Krankenhausträger haftet weiter deliktisch im Fall eines Organisationsverschuldens und gem. § 831 BGB für den Arzt als Verrichtungsgehilfen, da er den Arzt mit der Durchführung einer ordnungsgemäßen Behandlung betraut hat.

V. Ergebnis

Im Ergebnis kann der behandelnde Arzt nur im Fall eines Arztzusatzvertrages bzw. gespaltenen Krankenhausaufnahmevertrages Vertragspartner des Patienten sein. In dem für diese Arbeit maßgeblichen Fall der Durchführung medizinischer Forschungsmaßnahmen beurteilen sich die vertraglichen Beziehungen zwischen Arzt und Patient im Fall eines Heilversuches nach den allgemeinen Grundsätzen für Krankenhausaufnahmeverträge. Im Fall einer klinischen Prüfung bzw. der Durchführung eines Experimentes im Einzelfall ist zwischen Patient und Arzt ein Arztzusatzvertrag anzunehmen. Anders ist es nur, wenn die Klinik selbst Auftragnehmerin der Studie oder einer sonstigen Forschungsmaßnahme ist.

C. Haftung für Behandlungsfehler

Einer vertraglichen Außenhaftung gegenüber Patienten und anderen Dritten ist der angestellte Arzt, so das Ergebnis des vorstehenden Abschnitts, nur in eng begrenzten Fällen ausgesetzt.
Hingegen haftet ein Arzt selbst immer dann deliktisch gegenüber Patienten und anderen Dritten, wenn es durch eine schuldhafte Verletzung einer Behandlungspflicht zu einem Eingriff in die absolut geschützten Rechtsgüter der körperlichen Unversehrtheit oder des Lebens kommt, § 823 Abs. 1 BGB.
Ärzte sind gegenüber den meisten anderen Berufsgruppen dadurch einem besonderen Außenhaftungsrisiko ausgesetzt, während in anderen Berufsgruppen aufgrund von Pflichtverletzungen zumeist nur Vermögensschäden entstehen, für die nur nach § 826 BGB im Fall einer sittenwidrigen vorsätzlichen Schädigung oder im Fall des Bestehens eines Schutzgesetzes i.S.v. § 823 Abs. 2 BGB nach außen gehaftet wird.

I. Verhältnis von vertraglicher zu deliktischer Haftung

Bis zum Inkrafttreten des Schuldrechtsmodernisierungsgesetzes[206] und des Schadensrechtsänderungsgesetzes[207] lagen die Unterschiede zwischen der vertraglichen und der deliktischen Haftung in den verschiedenen Verjährungsfristen, verschiedenartigem Einstehenmüssen für Hilfspersonen und der unterschiedlichen Einstandspflicht für Schäden. So wurden Vermögensschäden, z.B. Unterhaltsverpflichtungen von Eltern als Schaden, nur auf vertragsrechtlicher Grundlage ersetzt, immaterielle Schäden hingegen nur auf deliktischer Grundlage, §§ 847, 844 BGB a. F..
Abgesehen von den Unterschieden im Haftungsumfang waren vertragliche und deliktische Haftung im Arzthaftungsrecht einander fast völlig angenähert. Der Inhalt von vertraglichen wie deliktischen Sorgfaltspflichten wurde, da er gleichermaßen, vertragsrechtlich wie deliktisch, dem Schutz der körperlichen Integrität dient, deckungsgleich bestimmt.[208]
Zwischen beiden Haftungstatbeständen besteht Anspruchskonkurrenz: Sie greifen nebeneinander ein, ohne einander auszuschließen.
Aufgrund des allein im Deliktsrecht bestehenden Schmerzensgeldanspruches war das Arzthaftungsrecht bislang dogmatisch von einer deliktsrechtlichen Betrachtung dominiert. Mit der Aufnahme des vormaligen § 847 BGB in § 253 Abs. 2 BGB und damit das allgemeine Schuldrecht ist eine Verlagerung arzthaftungsrechtlicher Streitigkeiten und dogmatischer Diskussionen in das Vertragsrecht zu erwarten. Die Verschuldensvermutung des § 280 Abs. 1 S. 2 BGB sowie die einfachere Zurechnung des Verhaltens Dritter über § 278 BGB anstelle von § 831 BGB mit dem dort möglichen Entlastungsbeweis für den Auftraggeber werden von der durch das Prozessrecht motivierten Praxis genutzt werden.[209]
Künftig wird es aufgrund der Verschuldensvermutung, § 280 Abs. 1 S. 2 BGB, sorgfältiger Überlegungen bedürfen, welche Anforderungen an das vertraglich geschuldete Pflichtenprogramm eines Behandlungsvertrages gestellt werden dürfen. Denn je abstrakter eine Pflicht formuliert wird, desto schärfer ist die Haftung.[210] Auch wenn im Einzelnen fraglich sein kann, was genau Inhalt der Verhaltenspflicht war, so ist für die grundlegende Fallgruppenbildung, die im Arzthaftungsrecht bislang anhand der Erscheinungsformen medizinischer Behandlungsfehler erfolgte, keine tiefgreifende

---

[206] BGBl. I 2001, S. 3138.
[207] BGBl. I, 2002, S.2674.
[208] BGH Urt. v. 24.6.1986, NJW 1987, 705; Urt. v. 20.9.1988, NJW 1989, 767.
[209] Ebenso *Deutsch/Spickhoff*, Rz. 128.
[210] *Deutsch/Spickhoff*, Rz. 129.

Änderung zu erwarten und auch nicht erforderlich, da es sich letztlich um eine phänomenologische Betrachtung handelt.

Die folgenden Erörterungen erhalten daher die Trennung zwischen Vertrags- und Deliktsrecht nicht mehr aufrecht. Sie stellen vielmehr auf die einzelnen Elemente der Behandlungspflicht ab.

II. Haftung für Behandlungsfehler - Verletzung der Behandlungspflicht im engeren Sinn

Der Inhalt der Behandlungspflicht war oben entsprechend der ärztlichen Vorgehensweise in eine Behandlungspflicht im engeren Sinn und Folge- bzw. Begleitpflichten (z.b. Nachsorge- und Attestpflicht) eingeteilt worden.

Der Inhalt der Behandlungspflicht spiegelt zugleich die Fallgruppen der Haftung für Behandlungsfehler wider. Ein Verstoß gegen die Behandlungspflicht kann zugleich einen Behandlungsfehler darstellen, sofern eine fahrlässige Verletzung der berufsfachlich gebotenen Sorgfalt vorliegt.

Die Kasuistik hierzu ist vielfältig.[211] Die Frage, ob medizinische Standards gewahrt wurden, ist jedoch allein von der medizinischen Wissenschaft und in Prozessen unter Heranziehung eines Gutachters zu beantworten. Diagnose- oder Therapiefehler können in der Konsequenz nicht Gegenstand dieser Arbeit sein.

Der Blick richtet sich daher im Folgenden auf diejenigen Elemente der Behandlungspflicht, die der Haftungstatbestand vorgibt. Gemeint sind damit die Pflicht zur Aufklärung sowie die Pflicht zur Dokumentation, die Auswirkungen auf dessen Feststellung hat. Beide vorstehend genannten Elemente der Behandlungspflicht werden zunächst allgemein und anschließend speziell im Hinblick auf die Anforderungen bei medizinischen Forschungsvorhaben behandelt.

---

[211] vgl. die spezielle Rechtsprechungssammlung zum Arzthaftungsrecht, AHRS.

D. Ärztliche Pflichtverletzungen bei medizinischer Forschung

I. Dokumentation

1. Allgemein

Die Dokumentation der ärztlichen Behandlung war nach früherer Rechtsprechung des BGH[212] eine „in das Belieben des Arztes gestellte Gedächtnisstütze". Nicht nur vor dem Hintergrund der Beweisschwierigkeiten des Patienten bei einem Behandlungsfehlervorwurf, sondern auch um eine fachgerechte Behandlung durch andere Ärzte erst zu ermöglichen, hat der BGH seine Rechtsprechung geändert und „die Führung ordnungsgemäßer Krankenunterlagen als eine dem Arzt dem Patienten gegenüber obliegende Pflicht" angesehen.[213] Berufsrechtlich ist sie durch § 10 MuBO abgesichert. § 10 Abs. 1 MuBO verpflichtet jeden Arzt, Aufzeichnungen über die gesamte Ausübung seines Berufes anzufertigen. Unter deutlicher Bezugnahme auf das „Dokumentationsurteil" des BGH, wo es heißt, ärztliche Aufzeichnungen seien „nicht nur Gedächtnisstützen", wird klargestellt, dass auch eine Pflicht im Interesse des Patienten vorliegt, § 10 Abs. 1 S. 2 MuBO. Eine ausdrückliche Erwähnung der Dokumentation bei klinischer Forschung findet sich in der MuBO nicht.
Der für das arbeitsteilige Zusammenarbeiten herangezogene Vertrauensgrundsatz[214] macht im Schutzinteresse des Patienten erforderlich, eine fehlerhafte Dokumentation als Pflicht des Arztes anzuerkennen. Wenn der nachbehandelnde Arzt auf die Dokumentation vertrauen durfte, haftet er selbst nicht für einen Behandlungsfehler. Stellte das Führen einer ordnungsgemäßen Dokumentation keine Pflicht des vorbehandelnden Arztes mit beweisrechtlichen Konsequenzen bei deren Nichtbeachtung dar, wäre dem Patienten häufig nicht möglich, seiner Beweislast nachzukommen.
Die Dokumentationspflicht ist eine weitere im Zusammenhang mit der ärztlichen Behandlungspflicht stehende Hauptpflicht des Krankenhausaufnahmevertrages.[215] Die Gegenansicht, die nur eine vertragliche Nebenpflicht annimmt,[216] verkennt den engen sachlichen Zusammenhang mit einem „gewöhnlichen" Behandlungsfehler. Wenn der BGH die Dokumentation

---

[212] BGH Urt. v. 4.12.1962, VersR 1963, 168.
[213] BGH Urt. v. 3.12.1976, BGHZ 72, 132, 137.
[214] vgl. nur Laufs/Uhlenbruck -*Laufs,* Handbuch, § 101 Rz. 7; ausführlich dazu unten § 5 B IV.
[215] ebenso Staudinger-*Richardi,* vor § 611 Rz. 1273; wohl auch Laufs/Uhlenbruck–*Uhlenbruck-Schlund,* Handbuch, § 59 Rz. 1 Fn. 4; BGH Urt. v. 3. 12.1976, BGHZ 72, 132, 138.
[216] *Giesen,* Arzthaftungsrecht, S. 372 ff. insbes. Fn. 371; RGRK-*Nüßgens,* Rz. 265; *Deutsch/Spickhoff,* MedR, Rz. 452; *Biermann,* Arzneimittelprüfung, S. 227.

„als selbstverständliche therapeutische Pflicht"[217] einordnet, so meint er damit die Pflicht, die Behandlung zu sichern, um bei der Vielzahl durchlaufender Patienten den Überblick zu behalten und arbeitsteiliges Zusammenarbeiten erst zu ermöglichen. Dieser Zweck ist unmittelbar therapeutischer Natur. Da für den Patienten unerheblich ist, weshalb er fehlerhaft behandelt wurde, erscheint der Dokumentationsfehler als „normaler Fall der Schlechtleistung",[218] so dass eine Zuordnung zu den Hauptleistungspflichten gerechtfertigt ist.
Neben der Therapiesicherung hat die Dokumentationspflicht den Zweck, dem Entgeltschuldner Rechenschaft über die erbrachten Leistungen abzulegen[219] und in der Konsequenz Beweise zu sichern.

Diese Dokumentationszwecke bilden eine Leitlinie, um den Inhalt und den Umfang der Dokumentationspflicht abzuleiten. Im Allgemeinen hat die Dokumentation Anamnese, Diagnose, den Verlauf der Behandlung und deren Ergebnisse sowie einen Beleg über das Stattfinden und den Inhalt des Aufklärungsgesprächs zu enthalten. Die Dokumentation muss alle medizinisch wesentlichen Schritte des Behandlungsverlaufs aufzeichnen, auch etwaige Zwischenfälle und die Reaktion darauf.[220] So sind z.B. von Operationen Protokolle anzufertigen. Besonderen Anforderungen an die Dokumentationspflicht hat der Berufsanfänger genüge zu tun. Er muss jeden einzelnen Behandlungsschritt sorgfältig niederlegen,[221] um zu dokumentieren, dass er die ihm übertragene Aufgabe tatsächlich beherrscht. Im Einzelnen müssen aber mit Hilfe der Dokumentationszwecke Therapiesicherung, Rechenschaftslegung und Beweissicherung die Anforderungen aus den besonderen Bedürfnissen der jeweiligen Behandlung abgeleitet werden.

2. Dokumentation bei der klinischen Forschung

Im Folgenden soll nun untersucht werden, welche besonderen Anforderungen an die Dokumentation bei Maßnahmen der klinischen Forschung neben den allgemeinen vertraglichen bestehen. Als Orientierungslinie dienen dabei ebenfalls die Dokumentationszwecke.

Heilversuche treten sowohl als Einzelheilversuch als auch im Rahmen von klinischen Prüfungen auf, da der Begriff Heilversuch nur besagt, dass eine

---

[217] BGH Urt. v. 3.12.1976, BGHZ 72, 132, 138.
[218] MünchKomm-*Emmerich*, 4. Aufl., München 2001, vor § 275 Rz. 284.
[219] dazu allgemein MünchKomm-*Krüger*, § 259 Rz. 6 ff.; so auch BGH Urt. v. 3.12.1976, BGHZ 72, 132, 138.
[220] *Deutsch/Spickhoff*, MedR, Rz. 453.
[221] BGH Urt. v. 7.5.1985, VersR 1985, 782.

objektive wissenschaftlich-therapeutische Indikation besteht. Dennoch sind sie rechtlich insoweit unterschiedlich zu behandeln, als für klinische Prüfungen normative oder berufsrechtliche Bestimmungen und Empfehlungen vorhanden sind, die nicht immer auch für Einzelheilversuche gelten. Vor allem sind auch aufgrund der statistischen Erfordernisse klinischer Prüfungen Besonderheiten zu beachten.
Die Erörterungen im Folgenden betreffen also zunächst nur Einzelheilversuche und Einzelexperimente, erst danach klinische Prüfungen.

a) Einzelheilversuch

Erster Dokumentationszweck ist die Therapiesicherung. Ihr dienen in erster Linie die Angaben über Anamnese, Therapie und Aufklärung. Sie sollen eine sachgerechte Erst- und Anschlussbehandlung im arbeitsteiligen Krankenhausbetrieb ermöglichen.[222]
Angesichts dieser Vorgabe verlangt die Rechtsprechung von der therapiesichernden Dokumentation auch nicht mehr als das, was medizinisch notwendig ist.[223] Dies zu bestimmen ist Sache der Ärzte. Damit sich mit- und nachbehandelnde Ärzte jederzeit über die Behandlung informieren können, ist bei der Durchführung von Heilversuchen aber sicherlich besonderes Augenmerk auf die sorgfältige Dokumentation,[224] vergleichbar den ersten Schritten des Anfängers,[225] jedes einzelnen Schrittes des Behandlungsablaufs und des Entscheidungsprozesses zu legen, da eine nicht alltägliche Abweichung vom Standard stattfindet und es sich nicht um einen Routineeingriff handelt.
Den gegenwärtigen internationalen Standard prägen die Aussagen der RDH zur Dokumentation bei klinischer Forschung. Nach den Maßstäben des Weltärztebundes sollen „Planung und Durchführung eines jeden Versuches am Menschen eindeutig in einem Versuchsprotokoll niedergelegt werden", B 13. Dieses soll aufzeigen, dass die Grundsätze der Deklaration eingehalten wurden, B 14. Damit wird also die Einhaltung des Standes der Wissenschaft, die Ergebnisse der Durchführung von Vorversuchen, die Aussagen einschlägiger wissenschaftlicher Literatur, die Planung und die Durchführung des Heilversuches, die Abwägung von Risiko und Nutzen des Eingriffs und dessen Abbruchkriterien, das Votum der Ethik-Kommission und andere ethische Überlegungen des Arztes zum Inhalt der erforderlichen Dokumentation, B 14. Die Anforderungen der RDH dienen aber nicht nur der Therapiesicherung, indem sie anderen Ärzten einen umfassenden Ein-

---

[222] BGH Urt. v. 3.12.1976, BGHZ 72, 132, 137.
[223] *Steffen*, Entwicklungslinien, S. 135.
[224] ebenso *Laufs*, ArztR, Rz. 679.
[225] näher dazu BGH Urt. v. 7.5.1985, VersR 1985, 784.

blick verschaffen, sondern sind auch für die anderen Dokumentationszwecke relevant.
Im Übrigen gleicht die zur Therapiesicherung erforderliche Dokumentation derjenigen bei der Heilbehandlung.
Blickt man auf den Rechenschaftszweck werden drei Aspekte bedeutsam: Die Rechenschaftspflicht des Arztes ist auch Ausfluss des Persönlichkeitsrechts des Patienten, der häufig gar nicht weiß, z.b. unter Narkose, oder als Laie nicht versteht, was mit ihm geschieht.[226] Ihm soll die Möglichkeit verschafft werden, den eigenen Krankheitsverlauf nachvollziehen zu können. Gerade bei einem Heilversuch bezieht sich auch die Einwilligung auf einen vom Patienten erhofften therapeutischen Zweck; er möchte nicht ein reines „Versuchskaninchen" sein. In der Konsequenz sind aus diesem Grund auch die Überlegungen zum erwarteten therapeutischen Nutzen und vor allem auch eine Auswertung zu dessen Eintreten oder Ausbleiben als dokumentationspflichtig anzusehen. Da die wissenschaftliche Fundierung von Versuchsplanung und Durchführung zu den Voraussetzungen des Heilversuchs zählt, folgt auch daraus eine Pflicht zur Evaluation der Ergebnisse.[227]
Auf der Grundlage der Dokumentation wird der Patient auch erst in die Lage versetzt, eine zweite Meinung eines Arztes zum geplanten Vorgehen einholen zu können.[228] Bei Heilversuchen wird er angesichts des Risikos und der häufig belastenden Diagnose daran ein erhebliches Interesse haben. Es geht dabei nicht um die Kontrolle eines Kollegen, sondern um die Absicherung der Entscheidung des Patienten aufgrund umfassender Information.
Die Rechenschaftspflicht bezieht sich weiter auf die erbrachten und in Rechnung gestellten Leistungen. Beim Kassenpatienten ist also bei der Dokumentation Augenmerk auf eine etwaige Kostenübernahme durch die Krankenkasse zu richten. Gem. § 2 Abs. 1 S. 3 SGB V haben Qualität und Leistungen, die von der gesetzlichen Krankenversicherung übernommen werden, dem allgemein anerkannten Stand der medizinischen Erkenntnisse zu entsprechen und auch den medizinischen Fortschritt zu berücksichtigen. Da mit der Berücksichtigungsklausel nicht nur die prinzipielle Offenheit für die Entwicklung der Medizin gemeint sein kann[229] - bereits der Stand der medizinischen Erkenntnisse ist ein dynamischer Begriff - ist fraglich, in

---

[226] BGH Urt. v. 3.2.1987, BGHZ 99, 391, 397.
[227] ebenso RDH I 8; zur Wissenschaftlichkeit oben § 2 D III und IV.
[228] *Schwarz-Schilling*, in: Madea/Winter/Schwonzen/Radermacher, Innere Medizin und Recht, S. 113.
[229] KasselerKomm-*Peters*, § 2 SBG V Rz. 3 f.; widersprüchlich FraktionsE zum GRG BT-Drcks. 11/2237 S. 157.

welcher Form diese Berücksichtigung in die Kostenübernahme Eingang findet. Das BSG[230] hat zur Reichsversicherungsordnung ausgeführt, „bei nicht nachweisbarer Wirksamkeit hänge im allgemeinen die Verordnungsfähigkeit davon ab, dass eine wirksame anerkannte Behandlungsmöglichkeit nicht bestehe und das Mittel eine Besserung nach ärztlichem, an dem - nicht ohne weiteres mit der Schulmedizin gleichzusetzenden - jeweiligen medizinisch-wissenschaftlichen Erkenntnisstand orientierten Ermessen mit einer nicht nur ganz geringen Erfolgsaussicht möglich erscheine" und ergänzt, „dass die Möglichkeit eines Therapieerfolges auf wissenschaftlich ernstzunehmenden Gründen beruhen müsse".[231] Das Urteil ist auch auf die Rechtslage nach dem Gesundheitsreformgesetz - GRG - vom 20. 12. 1988[232] oder dem Gesundheitsstrukturgesetz - GSG - vom 21. 12. 1992[233] übertragbar, da den dort betonten Erfordernissen der Zweckmäßigkeit und Wirtschaftlichkeit nach der Definition des BSG bereits durch die Subsidiarität des Heilversuches Rechnung getragen wird.[234] Da die vom BSG geprägten Voraussetzungen der Kostenübernahme, der Heilversuch als ultima ratio und wissenschaftliche Indikation, der hier vertretenen Anforderungen an die Zulässigkeit eines Heilversuches entsprechen, ist mit einer sorgfältigen Dokumentation des Behandlungsverlaufs zugleich Rechenschaft im Hinblick auf die Entgeltschuldner erbracht.

Im Zusammenhang mit der Erbringung der Gegenleistung für die ärztlichen Leistungen durch die gesetzliche Krankenversicherung ist noch auf die dreiseitigen Verträge nach § 115 SGB V ff. hinzuweisen, die für eine Abrechnung der Leistungen eigene detaillierte Dokumentationsanforderungen aufstellen. Allerdings gehören sie nicht zu den dem Arzt aus dem Behandlungsvertrag gegenüber dem Patienten obliegenden Pflichten, sondern nur zum Verhältnis der Krankenkassen zu den Leistungserbringern.

Der Beweiszweck der Dokumentation wird nach wie vor heftig bestritten. Eine Dokumentation zu Beweiszwecken zwinge den Arzt dazu, Tatsachen niederzulegen, die später vom Patienten als Beweismittel gegen ihn verwendet werden sollen.[235] Der Beweiszweck der Dokumentation ist aber keinesfalls als ein Zwang zur Selbstbezichtigung zu begreifen. Vielmehr ist er Inhalt jeder Dokumentationspflicht, wie auch der Pflicht anderer Dienst-

---

[230] BSG SozR 2200 § 182 Nr. 114 - Therapie von Multipler Sklerose mit Thymusextrakten.
[231] BSG a.a.O.; *Estelmann/Eicher* SGb 1991, S. 247, 255.
[232] BGBl. I S. 2477.
[233] BGBl. I S. 2266.
[234] auch *Estelmann/Eicher* a.a.O.
[235] referiert von *Schwarz-Schilling*, in Madea/Winter/Schwonzen/Radermacher, Innere Medizin und Recht, S. 115; ebenfalls dazu *Giesen*, Arzthaftungsrecht, S. 426 m.w.N.

leistungsberufe und Erbringer von Geschäftsbesorgungen, vgl. §§ 238 ff. HGB und 259 BGB, dem Geschäftsherrn Einblick in ihr oft nur Fachleuten verständliches Vorgehen zu geben, ohne den die Feststellung etwa eines Behandlungsfehlers aufgrund von Abstimmungsfehlern bei der Arbeitsteilung gar nicht möglich wäre. Ihn zu leugnen, ist angesichts der vom BGH aufgestellten beweisrechtlichen Konsequenzen kaum möglich.[236] Überdies sollte der Beweissicherungszweck von den Ärzten auch als Chance begriffen werden, sich von Behandlungsfehlervorwürfen zu entlasten.

Die hierfür erforderlichen Angaben liefern die Tatsachen, anhand derer im Falle eines Behandlungsfehlers die auftretenden Rechtsfragen geklärt werden können. Konkret heißt das: Diese Tatsachen lassen die Subsumtion zu, ob der Eingriff lege artis durchgeführt, durch eine wirksame Einwilligung gedeckt, objektiv zweckmäßig ist und der Arzt nach seinem Qualifikationsstand dazu in der Lage war.[237]

Bei der Dokumentation eines Heilversuches müssen neben den Erfordernissen der Dokumentation einer Heilbehandlung weitere Anforderungen, die ihre Ursache in den Abweichungen des Heilversuches von der Heilbehandlung finden, beachtet werden. Wie oben gezeigt, ist die Indikation im herkömmlichen Sinn durch eine wissenschaftlich plausible Indikation zu ersetzen. Zusätzlich zu den üblichen Elementen der Dokumentation tritt also hinzu, dass die Hypothese mit ihrer wissenschaftlichen Fundierung (entsprechender Literatur) niederzulegen ist. Erforderlich ist auch eine Begründung dafür, warum der betreffende Arzt glauben durfte, besondere persönliche Fähigkeiten zu besitzen, wie sie etwa bei chirurgischen Neulandoperationen erforderlich sind.[238]

b) Experiment

Bei Humanexperimenten bestehen keine über die Dokumentation bei Heilversuchen hinausgehenden Dokumentationserfordernisse, weil die Dokumentationszwecke die gleichen sind. Bereits beim Heilversuch hat der Patient Anspruch auf eine vollständige Dokumentation, also kann es für das Experiment keine weiteren Pflichten geben. Ein Unterschied besteht aber im Hinblick auf das Einsichtsrecht des Patienten bzw. Probanden in die Unterlagen. Während unter Umständen bei Patienten aus therapeutischen Gründen, z.B. wenn ein Einblick ihn schwer belasten würde, die Herausga-

---

[236] Laufs/Uhlenbruck–*Uhlenbruck-Schlund*, Handbuch, § 59 Rz. 8; *Kienzle*, in: Madea/Winter/Schwonzen/Radermacher, Innere Medizin und Recht, S. 120.
[237] vgl oben § 2 D III 4.
[238] dazu von ärztlicher Seite *Hellinger* in: *Häring*, Chirugie und Recht, S. 250.

be aller Unterlagen verweigert werden kann,[239] kommt das bei nicht medizinisch indizierten Experimenten nicht in Frage.

c) Klinische Prüfungen

Mängel der bei klinischen Prüfungen erforderlichen Dokumentation stellen einer Untersuchung in den USA zufolge einen der häufigsten Qualitätsmängel dieser Studien dar. Bei einer Überprüfung von 74 Studiendokumentationen im Zeitraum von 1980 bis 1992 wurde bei 82 Prozent der klinischen Prüfungen eine unvollständige bzw. ungenaue Dokumentation der Studiendaten festgestellt. Darüber hinaus kam es bei 78 Prozent der Prüfungen zu einer Verletzung des Studienprotokolls, was ohne ausdrückliche Erwähnung der Abweichung und der sich daraus ergebenden Konsequenzen ebenfalls einen Dokumentationsmangel darstellt. Verglichen mit diesen hohen Fehlerquoten erscheint, die Quote von inadäquat eingeholten Einverständniserklärungen von 51 Prozent[240] eher gering. Angesichts der großen Bedeutung der Einwilligung für die Durchführung ärztlicher Heilbehandlungen ist aber auch diese Zahl bedenklich.

Die meisten derzeit vorhandenen Normierungen und Empfehlungen zur Forschung betreffen klinische Prüfungen. Diese lassen sich in drei große Komplexe unterteilen: Klinische Arzneimittelprüfung, klinische Medizinprodukteprüfung und alle übrigen klinischen Prüfungen.
Die Betrachtung wird wiederum den einzelnen Dokumentationszwecken folgen.
Gemeinsam ist allen klinischen Prüfungen, dass sie durchgeführt werden, um statistisch abgesicherte Ergebnisse über bspw. die Wirksamkeit bzw. Unwirksamkeit oder Überlegenheit einer Therapie oder bestimmte Kausalzusammenhänge zu erzielen. Die methodischen Grundbedingungen solcher Untersuchungen, z.B. Blindtechniken, zwingen zu besonderen Maßnahmen bei der therapiesichernden Dokumentation.

Allen klinischen Studien ist gemeinsam, dass ihre Durchführung aus Gründen der Wissenschaftlichkeit[241] auf einem Forschungsplan beruhen muss. Dieser hat ungeachtet methodischer Besonderheiten den gegenwärtigen Stand der Wissenschaft zu der betreffenden Fragestellung, die Ergebnisse einer evtl. durchgeführten Pilotstudie, das Vorgehen und das davon erwartete Ergebnis sowie den Inhalt des Aufklärungsgesprächs und die Einwilligung des Patienten zu enthalten. Die jeweils verwendeten Methoden erklä-

---

[239] *Deutsch/Spickhoff*, MedR, Rz. 454.
[240] *Meyer*, Acceptance of Foreign Data: An FDA Viewpoint, zitiert nach *Weihrauch/Streicher-Saied*, in: Madea/Winter/Schwozen/Radermacher, Innere Medizin und Recht, S. 211, 213, Fn. 2.
[241] dazu oben § 2 D III 4.

ren aus sich selbst, welche Dokumentation im Einzelnen nötig ist. Die Zahl der Versuchspersonen, die Auswahlkriterien für die Therapiearme, die Methode der Gruppenbildung und Zuteilung, die Ausschluss- und Abbruchkriterien sowie die Kontrollmechanismen sind als regelmäßige methodische Grundbedingungen festzuhalten. Nur aufgrund ihrer Kenntnis kann bei unerwünschten Zwischenfällen die bisherige Behandlung sachgerecht abgeklärt werden.
Diese Anforderungen an die therapiesichernde Dokumentation gelten gleichermaßen für alle klinischen Prüfungen, seien sie gesetzlich geregelt oder nicht. Das folgt zum einen aus den Dokumentationszwecken, die ihre Grundlage im Behandlungsvertrag finden, zum anderen aus der berufsrechtlichen Verpflichtung sowie der Revidierten Deklaration von Helsinki. Detailliert aufgeführt sind die Dokumentationserfordernisse für klinische Arzneimittelprüfungen mit vergleichbaren Anforderungen und Umfang auch in der EG-Leitlinie zur guten klinischen Praxis[242] und in der internationalen Leitlinie zur guten klinischen Praxis, ICH (International Conference on Harmonisation) - GCP, Leitlinie zur guten klinischen Praxis vom 17. 07. 1996.[243]
Die am 04.04.2001 durch das Europäische Parlament und den Rat verabschiedete Richtlinie 2001/20/EG zur Angleichung der Rechts- und Verwaltungsvorschriften der Mitgliedstaaten über die Anwendung der guten klinischen Praxis bei der Durchführung von klinischen Prüfungen mit Humanarzneimitteln[244] stellt für die Dokumentation bei klinischen Prüfungen von Arzneimitteln über die Grundsätze der guten klinischen Praxis hinaus keine zusätzlichen Anforderungen auf.

Auf den Rechenschaftszweck braucht nicht im Einzelnen eingegangen zu werden, da sich hierzu bei klinischen Prüfungen keine weiteren Besonderheiten ergeben. Das zu Heilversuch und Experiment Ausgeführte gilt entsprechend. Allerdings ist es nicht Sache der Sozialversicherung klinische Prüfungen zu finanzieren.[245] Gem. § 1 S. 1 SGB V ist Aufgabe der gesetzlichen Krankenversicherung die Behandlung von Kranken. Nur dort, wo diese Aufgabe im Vordergrund steht, kommt eine Kostentragung durch die gesetzliche Krankenversicherung überhaupt in Betracht. Bei klinischen

---

[242] abgedruckt bei *Sander*, AMG, Anh. II/40.
[243] abgedruckt bei *Sander*, AMG, Anh. II/40 h1.
[244] ABl. L 121/34 vom 01.05.2001. Die Richtlinie war von den Mitgliedstaaten bis spätestens 01.05.2003 umzusetzen und bis spätestens 01.05.2004 anzuwenden. Ihr Hauptanliegen ist der Schutz der Prüfungsteilnehmer, insbesondere Minderjähriger und nicht einwilligungsfähiger Personen. Zur Umsetzung liegt derzeit ein Gesetzentwurf der Bundesregierung vor, BT-Drcks. 15/2109.
[245] *Deutsch/Spickhoff*, MedR, Rz. 682; *Estelmann/Eicher*, SGb 1991, 247, 251.

Blindversuchen, bei denen die Zuteilung der neuartigen Behandlung durch Zufall erfolgt, kann die konkret getroffene Maßnahme nicht mehr ausschließlich mit der Heilung des einzelnen Patienten in Verbindung gebracht werden. Das Ziel, durch die Zufallszuteilung den Wirksamkeitsnachweis zu erbringen, um die Zulassungsvoraussetzungen eines Medikaments zu erfüllen, ist mit der Behandlung untrennbar verbunden. Die Finanzierung ist daher Aufgabe der Industrie, die das Medikament vermarkten möchte. Anders stellt sich die Lage bei klinischen Prüfungen dar, an denen kein wirtschaftliches Interesse der Industrie besteht, wie z.b. bei der klinischen Prüfung neuer Operationsmethoden.

Die meisten Normierungen im Bereich der systematischen Erprobungen sind ausdrücklich zum Zwecke der Beweissicherung entstanden.[246] Von staatlicher Seite wurde verstärkt versucht, in diesen ethisch besonders sensiblen Bereich präventiv einzugreifen. Die Verpflichtung zu sorgfältiger Dokumentation eröffnet staatlichen Stellen erst eine Nachkontrolle und gibt ihnen Beweisstücke an die Hand. Das hat zur Folge, dass diese zur eigenen Absicherung der Ärzte besonders sorgfältig angefertigt werden sollten.
Für die klinische Arzneimittelprüfung regelt § 40 Abs. 1 Nr. 6 AMG eine Pflicht zur Vorlage bestimmter Unterlagen, wie dem Prüfplan, die Ergebnisse der Voruntersuchungen und das Votum der Ethik-Kommission, bei der Bundesoberbehörde. Aus dem Wortlaut, „die klinische Prüfung darf bei Menschen nur durchgeführt werden, wenn die Unterlagen vorgelegt worden sind", ist zu folgern, dass die Regelung nur einer Beweissicherung für eventuell auftretende Schadensfälle dient. Eine Vorprüfung im Rahmen eines Genehmigungsverfahrens findet nicht statt, eine Überwachung zur Therapiesicherung wird von den zuständigen Länderbehörden allenfalls stichprobenartig durchgeführt.[247]
Auch für die Erprobung von Medizinprodukten in klinischen Versuchsreihen existieren vergleichbare Regelungen, § 17 Abs. 6 wie AMG; sonst: § 43 StrSchVO; § 28 RöntgenVO.

---

[246] zum AMG ausdrücklich BT- Drcks. 7/3060, S. 54; so auch *Sander*, AMG, § 40 I Nr. 6 AMG; *Biermann*, Arzneimittelprüfung, S. 276 f.
[247] *Biermann*, Arzneimittelprüfung, S. 277 m.w.N; vgl. z.B. den Erlass des Ministeriums für Arbeit, Gesundheit und Sozialordnung in Baden-Württemberg zur Überwachung der klinischen Prüfung vom 12. 06. 1981, II Nr. 3 und 4, abgedruckt bei *Sander,* AMG, Anh. II/ 40 b, weitere in 40 c bis g.

3. Haftungsrechtliche Konsequenzen

Ein Verstoß gegen die Dokumentationspflicht allein kann noch nicht zu einer Schadensersatzpflicht führen.[248] Der BGH leitet aus einem Mangel der Dokumentation beweisrechtliche Konsequenzen her.[249] Zu Beweiserleichterungen bis hin zur Beweislastumkehr kommt es, wenn dem Patienten die ihm obliegende Beweisführung für einen Arztfehler aufgrund einer schuldhaften Erschwerung oder Verhinderung der Aufklärung des Sachverhaltes durch Dokumentationsversäumnisse nicht mehr zugemutet werden kann.[250] Jedoch betont der BGH, dass die Beweislastumkehr nicht starren Regeln folgt, sondern die volle Beweislast nach tatrichterlichem Ermessen, wenn und soweit sie dem Patienten nicht mehr zugemutet werden kann, zu ermäßigen sei.[251]

Unter Beachtung dieser Grundsätze indiziert das Fehlen einer aufzeichnungspflichtigen Maßnahme in den Krankenunterlagen regelmäßig deren Unterbleiben.[252] Damit wird dem Patienten der Nachweis eines Behandlungsfehlers erleichtert.
Darüber hinaus kann aber auch die Beweislast für den Kausalverlauf ausnahmsweise dem Arzt auferlegt werden, wenn er durch den Mangel der Dokumentation gerade die Aufklärung des Ursachenzusammenhanges bei einem groben Behandlungsfehler erschwert und die Aufzeichnung gerade aus diesem Grund notwendig gewesen wäre.[253]

II. Aufklärung und Einwilligung

1. Allgemein

Der Behandlungsvertrag (Krankenhausaufnahmevertrag) verleiht dem Arzt (Krankenhausträger) noch keine Behandlungsbefugnis.[254] Als Ausfluss des Persönlichkeitsrechts des Patienten bzw. Probanden ist allgemein anerkannt, dass einem ärztlichen Eingriff nur bei erteilter Einwilligung das

---

[248] MünchKomm-*Wagner*, § 823 Rz. 741.
[249] vgl. nur BGH Urt. v. 3.12.1976, BGHZ 72, 132, 139.
[250] so auch BVerfG Bschl. v. 25.07.1979, BVerfGE 52, 131, 149 unter Verweis auf die fachgerichtliche Rechtsprechung.
[251] BGH a.a.O.
[252] BGH Urt. v. 24. 01. 1989, NJW 1989, 2330, 2331.
[253] BGH a.a.O.
[254] *Giesen*, Arzthaftungsrecht, Rz. 200.

Verdikt der Rechtswidrigkeit genommen wird.[255] Eine wirksame Einwilligung setzt eine derart ausreichende Aufklärung voraus, dass der Patient in Kenntnis von Bedeutung und Tragweite des Eingriffs sein Selbstbestimmungsrecht ausüben kann.[256] Die Rechtswidrigkeit entfällt nur dann, wenn der Eingriff auch von der Einwilligung gedeckt ist.
Die beweisrechtliche Konsequenz daraus ist, dass der Arzt darzulegen hat, er habe mit wirksamer Einwilligung gehandelt, obwohl die Aufklärung zu den Behandlungspflichten gehört. Ein Behandlungsfehler wäre grundsätzlich vom Patienten zu beweisen. Die unterschiedliche Beweislast hat dazu geführt, dass das Fehlen einer wirksamen Einwilligung in Arzthaftungsprozessen oft als „Auffangtatbestand" benutzt wird, wenn der Nachweis eines Behandlungsfehlers zu misslingen droht.

Da die ordnungsgemäße Aufklärung des Patienten aber auch Teil der Behandlungspflicht ist, könnte man vermuten, dass mit der zu erwartenden Verlagerung des Arzthaftungsrechts in das Vertragsrecht nun der Patient die Verletzung der Aufklärungspflicht zu beweisen hätte. Es besteht aber Einigkeit, dass von der bisherigen Verteilung der Beweislast nicht abgewichen werden soll, wenn es auch unterschiedliche konstruktive Möglichkeiten dafür gibt.[257] Hier bleibt die Entwicklung abzuwarten.
Von der Aufklärung, die eine wirksame Einwilligung ermöglicht, ist die so genannte „Therapieaufklärung" zu unterscheiden. Sie soll das medizinisch Notwendige vorbereiten, ermöglichen, unterstützen und sichern und ist somit als Bestandteil der Behandlung anzusehen.[258]
Die Rechtsprechung zur Aufklärungspflicht ist infolgedessen sehr stark ausdifferenziert.[259]

Zum besseren Verständnis der Ausführungen zur klinischen Forschung werden einige systematisch bedeutsame Punkte dennoch kurz angesprochen.
Voraussetzung einer wirksamen Einwilligung ist die Einwilligungsfähigkeit. Problematisch ist demzufolge ein ärztlicher Eingriff bei Minderjährigen, Bewusstlosen und bzgl. der Gesundheitsfürsorge Betreuten.
Die Einwilligung ist keine rechtsgeschäftliche Willenserklärung; vielmehr ist sie die Ermächtigung zur Vornahme tatsächlicher Handlungen[260] und

---

[255] vgl. nur RGRK-*Nüßgens*, § 823 Anh. II Rz. 66.
[256] BGH Urt. v. 5.12.1958, BGHZ 29, 33; für sich selbst spricht der anglo-amerikanische Begriff „informed consent".
[257] Näher dazu *Deutsch/Spickhoff*, Rz. 132 m.w.N.
[258] ausführlich dazu Laufs/Uhlenbruck-*Laufs,* Handbuch, § 62 Rz. 1.
[259] *Deutsch/Spickhoff,* MedR, Rz. 187 ff.; *Giesen*, Arzthaftungsrecht, Rz. 200 ff.; Laufs/Uhlenbruck, Handbuch, §§ 61 ff.; RGRK- *Nüßgens*, § 823 Anh. II, Rz. 66 ff.

als solche keine Frage der Geschäftsfähigkeit sondern der natürlichen Willensfähigkeit. Diese fehlt regelmäßig bei Geschäftsunfähigen und in ihrer Gesundheitsfürsorge Betreuten. Bei Minderjährigen ist zu prüfen, ob sie Bedeutung und Tragweite ihrer Einwilligung in den Eingriff vom Stand ihrer Verstandesreife her erfassen können.[261]
Andernfalls unterfällt es dem Sorgerecht der Eltern, die Einwilligung zu erteilen. Das Personensorgerecht wird von beiden Elternteilen gemeinsam ausgeübt (§§ 1626 Abs. 1, 1627, 1626 a, 1666 BGB). Verweigern beide Eltern oder ein Elternteil die Zustimmung missbräuchlich, so kann sie vom Familiengericht ersetzt werden (§§ 1666 Abs. 1 BGB, 621 Nr. 1 ZPO).
Bei in der Gesundheitsfürsorge Betreuten (§ 1896 Abs. 2 S. 1 BGB), entscheidet der Betreuer gegebenenfalls mit Genehmigung des Vormundschaftsgerichts (§ 1904 BGB). Er hat immer den Willensvorrang des Betreuten zu beachten (§ 1901 Abs. 2 S. 1 BGB). Seine Zustimmung kann ebenfalls ersetzt werden, (§§ 1908 Abs. 1, 1837 Abs. 2 BGB).
Bei Bewusstlosen ist ebenfalls, sofern es die Zeit zulässt, ein Betreuer zu bestellen. Darüber hinaus kann hier auch, sofern die Voraussetzungen vorliegen, auf die Grundsätze der mutmaßlichen Einwilligung zurückgegriffen werden.[262]

Eine Erwähnung sollen ebenfalls noch die unterschiedlichen Arten der Aufklärung finden.
Die Selbstbestimmungsaufklärung kann entsprechend dem Zweck, eine selbstbestimmte Entscheidung zu ermöglichen, in Risikoaufklärung, Diagnoseaufklärung und Verlaufsaufklärung unterteilt werden.[263]
Die Risikoaufklärung soll dem Patienten Aufschluss über das Risiko der Behandlung der vorgeschlagenen Art einerseits und das Risiko der Nichtbehandlung andererseits geben. Sie ist zumeist gemeint, wenn man im Zusammenhang mit Behandlungsfehlern von ärztlicher Aufklärung spricht.
Im Rahmen der Diagnoseaufklärung ist dem Patienten der medizinische Befund mitzuteilen. Bei schweren Erkrankungen kann, auch wenn keine medizinische Indikation zum (teilweisen) Schweigen vorliegt, aus Gründen der Menschlichkeit auf die Eröffnung der vollen Wahrheit verzichtet werden.[264] Mehr noch ist, wenn der Patient es ablehnt, über die volle Wahrheit unterrichtet zu werden, dessen Recht auf „Nichtwissen" zu respektieren.[265]

---

[260] RGRK-Nüßgens, § 823 Anh. II, Rz. 66.
[261] BGH Urt. v. 5.12.1958, BGHZ 29, 33; MünchKomm-*Wagner*, § 823, Rz. 669.
[262] RGRK-*Nüßgens*, § 823 Anh. II, Rz. 76 f.
[263] vgl. hierzu nur Laufs/Uhlenbruck-*Laufs*, Handbuch, § 63.
[264] näher Laufs/Uhlenbruck-*Laufs*, Handbuch, § 63 Rz. 13, 14.
[265] *Fröhlich*, Forschung wider Willen ?, S. 130, Fn. 480.

Die Verlaufsaufklärung bezieht sich auf das beabsichtigte Vorgehen des Arztes, also Art, Umfang und Vorgehensweise. Hierzu gehört auch die Aufklärung über etwaige Behandlungsalternativen bzw. das gänzliche Unterbleiben einer Behandlung[266] und die Prognose über die Weiterentwicklung der Krankheit nach der Behandlung.[267] Erst die Verlaufsaufklärung versetzt den Patienten in die Lage, sich für oder gegen einen vorgeschlagenen Eingriff zu entscheiden.

2. Aufklärung über das Stattfinden einer klinischen Prüfung bzw. die Möglichkeit eines Heilversuches

Zum Inhalt der Behandlungspflicht wurde bereits erläutert, dass lediglich ein Tätigwerden nach dem gegenwärtigen Stand der medizinischen Wissenschaft geschuldet ist, nicht dagegen die Vornahme von Heilversuchen bzw. die Aufnahme in klinische Prüfungen. Da die Aufklärungspflicht selbst Bestandteil der Behandlungspflicht ist, zählt daher auch eine Aufklärung über denkbare Heilversuche nicht zur angemessenen Risikoaufklärung.[268] Eine Ausnahme ist mit dem BGH dann zu machen, wenn der „Arzt weiß oder wissen muss, dass der Patient mit seinem speziellen Leiden zweckmäßiger und besser in einer Spezialklinik, die über entsprechende neue Geräte oder neuartigen Behandlungsmethoden verfügt, untersucht und behandelt wird",[269] oder aber die neue Methode entscheidende Vorteile bietet und sich weitgehend durchgesetzt hat, so dass es für seine selbstbestimmte Entscheidung unabdingbar ist, diese in Erwägung ziehen zu können.[270] Die Aufnahme in eine klinische Prüfung hängt von vielen weiteren Faktoren ab, wie insbesondere der Eignung des Patienten hinsichtlich seiner körperlichen Merkmale, so dass ein Anspruch auf Einbeziehung nie gegeben sein kann. Eine Anwendung der zu testenden Methode kommt dann ohnehin nur als Einzelheilversuch in Betracht. Eine Aufklärung über das Stattfinden der klinischen Prüfung steht daher unter denselben Voraussetzungen wie diejenige über die Möglichkeit eines Heilversuches. Allerdings wird sich eine Aussage über die eindeutige Überlegenheit der neuen Methode erst in einem späten Stadium nach der Feststellung erster Trends treffen lassen. Man kann auch erst bei diesem Stand der Erkenntnisse von einem an der Forschungsmaßnahme unbeteiligten Arzt verlangen, dass er sich mit Hilfe der Literatur über den neuen Trend informiert hat.

---

[266] Laufs/Uhlenbruck-*Laufs,* Handbuch, § 63 Rz. 16 ff.
[267] *Deutsch/Spickhoff,* MedR, Rz. 205 ff.
[268] ebenso Laufs/Uhlenbruck-*Laufs,* Handbuch, § 64 Rz. 7; BGH Urt. v. 28.2.1984, NJW 1984, 1810.
[269] BGH Urt.v.28.2.1984, NJW 1984, 1810, 1811.
[270] BGH Urt. v. 22.7.1987, BGHZ 102, 17, 26.

Zusammenfassend lässt sich also feststellen: Fällt die vom Arzt vorzunehmende Risiko-Nutzen-Abwägung der zur Verfügung stehenden Behandlungsmethoden klar zugunsten einer Neulandmethode aus, muss der Patient auch über deren Existenz aufgeklärt werden.

3. Einzelheilversuch

Das Selbstbestimmungsrecht des Patienten ist der rote Faden, der sich durch die Anforderungen an die Aufklärungspflicht bei Heilversuchen zieht. Diejenigen Aspekte, die zu einer selbstbestimmten Entscheidung notwendig sind, bilden den Rahmen der Aufklärung. Der genaue Inhalt und die Einzelheiten werden durch die Besonderheiten des Heilversuchs gegenüber der Heilbehandlung vorgegeben.

a) Risikoaufklärung

Die Risikoaufklärung im Vorfeld eines Heilversuches bezieht ihre Schwierigkeiten aus dem Überschreiten des medizinischen Standards. Das Betreten von Neuland macht auch in der Regel eine Prognose der Risiken ungewiss und in Einzelheiten sogar unmöglich. Eine selbstbestimmte Entscheidung des Patienten erfordert daher nicht nur die Kenntnis typischer Risiken und besonders belastender atypischer Risiken,[271] sondern - da eine solche Bewertung noch gar nicht möglich ist - auch Informationen über alle bekannten und bei gebotener wissenschaftlicher Sorgfalt denkbaren Risiken.[272] Soweit überhaupt darüber Aussagen getroffen werden können, muss auch das Risikogefälle zwischen der konventionellen und der Neulandmethode besprochen werden.[273] Unter diesen Umständen muss dem Patienten jedenfalls deutlich gemacht werden, dass es sich um einen Versuch mit noch nicht einschätzbaren Risiken handelt. Allerdings ist, trotz aller immanenten Unsicherheit über die Risiken des Eingriffs, zu beachten, dass je unsicherer die Prognose ausfällt, die Risiko-Nutzen-Abwägung allenfalls noch bei vitalen Eingriffen ohne therapeutische Alternative positiv ausfallen kann.[274]

b) Diagnoseaufklärung

Die Diagnoseaufklärung weist kaum rechtliche Besonderheiten auf.[275] In der Praxis wird eine Behandlungsmethode, die die volle Mitwirkung des

---

[271] eingehend dazu Laufs/Uhlenbruck-*Laufs*, Handbuch, § 64, Rz. 3.
[272] ebenso *Giesen*, Arzthaftungsrecht, Rz. 285.
[273] OLG Celle Urt. v. 11.2.1991, VersR 1992, 749.
[274] *Giesen*, a.a.O.
[275] ebenso *Fröhlich*, Forschung wider Willen?, S. 130.

Patienten erfordert, nicht ohne seine umfassende Kenntnis der Situation möglich sein. Bestehen Unsicherheiten über eine mit neuartigen Diagnoseverfahren erzielte Diagnose, so ist sie dem Patienten dennoch unter Hinweis hierauf mitzuteilen.

c) Verlaufsaufklärung

In die Verlaufsaufklärung finden die meisten rechtlichen Anforderungen an die Zulässigkeit eines Heilversuches Eingang. Die Verlaufsaufklärung betrifft Art, Umfang und Durchführung der Behandlung. Die Art der geplanten Behandlung nennt der Arzt nach seiner zuvor getroffenen Therapieentscheidung. Wählt er eine Neulandmethode, so ist für die Entscheidung des Patienten maßgeblich, ob und welche Alternativmethoden, auch neuartige, bestehen und wie diese zu bewerten sind. Sowohl die Frage des Bestehens als auch der Bewertung hängt eng mit der Risiko-Nutzen-Abwägung und damit auch der Risikoaufklärung zusammen. Ohne Offenlegung der für die Therapiewahl sprechenden Risiko-Nutzen-Abwägung fehlt es dem Patienten am erforderlichen Bewusstsein für die zusätzlichen Risiken, die er - ohne dass ggf. dafür gehaftet wird - zu tragen hat. Das ist auch der Grund, warum alte Alternativmethoden Erwähnung finden müssen.[276]
Die Information des Patienten über den äußeren Ablauf des Heilversuches spielt keine so große Rolle wie bei klinischen Prüfungen und Experimenten. Da es sich um eine Behandlungsmaßnahme handelt, wird - wie bei jedem Heileingriff - die Vorgehensweise erläutert, beim Heilversuch allerdings unter Beachtung von dessen Besonderheiten gegenüber der Standardbehandlung.
Bestandteil der Therapiewahl hat nach den Voraussetzungen des Heilversuches auch die wissenschaftliche Absicherung der Vorgehensweise zu sein. Die wissenschaftliche Absicherung der Versuchsplanung bestimmt statt der lex artis nicht nur den Behandlungsverlauf maßgeblich, sondern hat auch entscheidenden Einfluss auf die Therapiewahl. Die Einwilligung wird sich in der Regel nur auf einen wissenschaftlich geplanten Versuch, nicht aber auf pseudo-wissenschaftliche Kurpfuscherei erstrecken. Daher ist der Patient auch über die wissenschaftliche Absicherung, Planung und Vorgehensweise aufzuklären.
Aus dem Versuchscharakter der Neulandbehandlung folgt eine weitere Anforderung an die Aufklärungspflicht bzgl. des weiteren Behandlungsverlaufs. Soweit die Art der Behandlung dies zulässt, hat der Arzt den Heilungsprozess zu beobachten und, sobald die Ergebnisse eine signifikant negative Tendenz aufweisen, den Patienten darüber erneut aufzuklären und

---

[276] *Fröhlich*, a.a.O.

dann die Behandlung abzubrechen.[277] Anders verhält es sich bei operativen Eingriffen, da hier eine Verlaufsaufklärung nur in den seltensten Fällen, allenfalls bei einer Reihe geplanter Operationen in Betracht kommt. Im Vordergrund steht ausschließlich die Behandlung des Patienten und nicht etwa der Nachweis der Wirksamkeit bzw. Unwirksamkeit einer Therapiemethode.

Zu den Anforderungen an die Rechtmäßigkeit einer Heilbehandlung zählt auch die entsprechende Qualifikation des behandelnden Arztes. Es liegt auf der Hand, dass das Überschreiten eines Standards, dessen Beherrschung von jedem Träger der Approbation zu fordern ist, einen besonderen Qualifikationsstand des Arztes auf diesem Gebiet verlangt. Fraglich ist daher, ob der persönliche Qualifikationsstand des Arztes zu den aufklärungspflichtigen Aspekten gehört, oder ob bei fehlender Qualifikation lediglich im Nachhinein ein Behandlungsfehler festgestellt wird.

Diese Frage gibt Anlass, das Verhältnis von Behandlungsfehlern und einer Verletzung der Aufklärungspflicht grundsätzlich zu klären.
Sowohl die Behandlungspflicht als auch die Aufklärungspflicht schützen die körperliche Integrität des Patienten. Während die Behandlungspflichten einen Standard für ärztliches Handeln bilden, verleiht die auf der Aufklärung beruhende Einwilligung des Patienten dem Arzt erst die Befugnis zur Behandlung. „Es gehört zur Menschenwürde, zum Recht auf freie Entfaltung der Persönlichkeit und zum persönlichen Integritätsinteresse jedes einzelnen, dass jeder im Rahmen grundsätzlicher und fundamentaler Wertvorgaben der Rechtsordnung über seinen Körper, und was mit ihm geschieht, selbst frei bestimmen kann."[278] Um wirksam in einen Eingriff einwilligen zu können, muss der Patient „Wesen, Bedeutung und Tragweite des ärztlichen Eingriffs in seinen Grundzügen erkannt haben".[279] Wie bereits erläutert, bedarf die Einwilligung in teils sogar unbekannte Risiken einer umfassenden Aufklärung.[280] An dem Punkt des Qualifikationsstandes des Arztes als Zulässigkeitsvoraussetzungen des Heilversuchs berührt sich die Frage des Behandlungsfehlers mit der der Aufklärungspflichtverletzung: Fehlende fachliche Eignung des Arztes kann sowohl einen Qualitätsmangel bedeuten, der durch die Haftpflicht für Behandlungsfehler abgedeckt wird. Sie kann aber auch zur Folge haben, dass der Eingriff nicht

---

[277] ähnlich die sog. „Trendaufklärung" bei klinischen Langzeitstudien; dort aber Spezialterminus.
[278] *Giesen*, Arzthaftungsrecht, Rz. 200; so auch BGH Urt. v. 16. 11. 1959, BGHZ 29, 176, 181.
[279] BGH Urt. v. 5.12.1958, BGHZ 29, 33.
[280] vgl. oben § 4 II 3 a.

von der Einwilligung gedeckt ist, weil die Frage der fachlichen Eignung wesentlicher Faktor des Meinungsbildungsprozesses des Patienten ist. Im Bereich der Übertragung einer Operation auf einen Anfänger oder bei Qualitätsmängeln im Krankenhaus gehen die Ansichten darüber auseinander, ob eine Aufklärungspflicht bzgl. des Tätigwerdens eines Anfängers oder mangelhafter Krankenhausausstattung besteht. Mit der Situation eines Heilversuches sind die beiden Konstellationen deshalb vergleichbar, weil ihnen eine Abweichung vom Standard gemeinsam ist. Während in den beiden vorgenannten Fallgruppen eine unterdurchschnittliche Leistung erbracht werden könnte, erfordert aber die Vornahme eines Heilversuches überdurchschnittliches Können. Ein normales Leistungsvermögen wäre hier zu wenig. Der BGH hat im Fall einer Anfängerbehandlung eine Verletzung der Aufklärungspflicht mit der Begründung abgelehnt, der Patient werde in derartigen Fällen durch die Haftpflicht für Behandlungsfehler geschützt.[281] Dieser Argumentation, die auf ein Ausschließlichkeitsverhältnis von Behandlungs- und Aufklärungspflichtverletzungen im Bereich von Qualitätsmängeln hinaus läuft, folgt auch ein Teil der Literatur.[282] Es wird angeführt, eine Aufklärungspflicht hinsichtlich des Tätigwerdens eines Anfängers mache die Ausbildung von Ärzten unmöglich und gefährde die Funktionsfähigkeit des gestuften Krankenhaussystems.[283] Diese in der Sache zutreffende Argumentation verkennt jedoch die unterschiedliche Schutzrichtung der Pflicht zur sorgfältigen Behandlung und der Aufklärungspflicht: Vielfach würde ein Patient eine Behandlung durch einen Arzt ohne Facharztstatus oder in einem unterdurchschnittlich ausgestatteten Krankenhaus ablehnen, es sei denn, besondere Erwägungen sprächen dennoch dafür. Diese Entscheidung zu treffen, ist eine Frage des Selbstbestimmungsrechts; die erforderlichen Kenntnisse zu erhalten, um entscheiden zu können, ist eine Frage der Aufklärungspflicht.[284]
Demzufolge entsteht eine Aufklärungspflicht über Qualitätsfragen, sofern der vorhandene Standard nicht dem vertraglich geschuldeten, also den Anforderungen des gegenwärtige Standes der medizinischen Wissenschaft bzw. bzgl. des Arztes dem Facharztstandard, entspricht oder aber die Behandlung aufgrund medizinischer Erwägungen besser oder sicherer in einer anderen Klinik stattfinden sollte.[285]
Dieses Ergebnis lässt Schlüsse auf die Aufklärungspflicht bei Heilversuchen zu.

---

[281] BGH Urt.v. 27.9.1983, BGHZ 88, 248, 251.
[282] Laufs/Uhlenbruck-*Laufs*, Handbuch, § 64 Rz. 6.
[283] Laufs/Uhlenbruck-*Laufs*, Handbuch, § 64 Rz. 6, 7.
[284] ebenso RGRK-*Nüßgens*, § 823 Anh. II Rz. 136; *Giesen*, Arzthaftungsrecht, Rz. 347.
[285] MünchKomm-*Wagner,* § 823 Rz. 708.

Bei Heilversuchen wird der Standard verlassen. Regelmäßig verlangt das vom behandelnden Arzt überdurchschnittliche wissenschaftliche Kenntnisse und medizinische Fertigkeiten.[286] Der Patient wird, wenn er ein unbekanntes Risiko zu tragen hat, sein Vertrauen auch nur einem besonders qualifizierten Arzt entgegenbringen wollen. Eine Information über den Ausbildungsstand des Arztes gerade im Hinblick auf den geplanten Eingriff ist also unerlässlicher Bestandteil der Selbstbestimmungsaufklärung. Der Patient muss sich positiv für die Vornahme genau dieses Eingriffs durch genau diesen Arzt entscheiden können.

Daraus folgt, dass die Vornahme eines Heilversuches ohne Aufklärung des Patienten über den Erfahrungsstand des Arztes bei Fehlschlagen der Behandlung zur Haftung, insbesondere Schmerzensgeld, führen kann, auch wenn die Aufklärung im Übrigen ordnungsgemäß vorgenommen wurde und der Eingriff selbst lege artis durchgeführt wurde. Es liegt ein rechtswidriger Eingriff in die körperliche Unversehrtheit des Patienten vor.

d) Besondere Regeln

Spezialgesetzliche Regelungen für Einzelheilversuche bestehen derzeit nicht.

§ 2 MuBO stellt keine zusätzlichen Anforderungen berufsrechtlicher Art auf, sondern verankert nur im Berufsrecht, was ohnehin vertragliche bzw. deliktsrechtliche Pflicht des Arztes ist.

Auch die RDH trifft Aussagen zur Aufklärungspflicht bei biomedizinischer Forschung. In ihren Empfehlungen geht sie verschiedentlich über die nach deutschem Recht bereits zwingenden Anforderungen hinaus. So soll der Patient/Proband auf die Möglichkeit, die Teilnahme zu verweigern und die Einwilligung jederzeit widerrufen zu können, hingewiesen werden, B 22. Die Zustimmung soll auch schriftlich eingeholt werden. Letzteres ist ohnehin schon aus Gründen der eigenen Absicherung in der Praxis üblich. Da die Ethik-Kommissionen sich bei ihrer Überprüfung der Forschungsvorhaben an die RDH zu halten haben, werden die Anforderungen der RDH an die Aufklärung und Einwilligung zumeist eingehalten. Zum gleichen Ergebnis kommt man aber auch ohne Beachtung der Zulässigkeitsanforderungen nach deutschem Recht, da eine unter Druck bzw. Täuschung abgegebene Einwilligung in analoger Anwendung der Vorschriften über Willenserklärungen[287] ohnehin unwirksam ist und zur Rechtswidrigkeit eines Eingriffs führt. Ein späterer Widerruf der Einwilligung, wobei auf den tatsächlichen, nicht den rechtsgeschäftlichen Willen abzustellen ist, führt,

---

[286] vgl. dazu von ärztlicher Seite *Hellinger*, in: *Häring*, Chirurgie und Recht, S. 247, 249, mit ausführlicher Darstellung, weshalb er sich selbst zur Vornahme eines Heilversuches befähigt sah.

[287] RGRK-*Nüßgens*, § 823 Anh. II Rz. 66; BGH Urt. 18.3.1980, VersR 1980, 676, 677.

auch wenn er nicht ausdrücklich ausgesprochen wird, bereits zur Rechtswidrigkeit. Der Arzt muss also einen späteren entgegenstehenden Willen jederzeit beachten.

e) Einwilligungsfähigkeit

Die Zugehörigkeit des Heilversuches zum Recht der Heilbehandlung zieht nach sich, dass sich bei Heilversuchen an Einwilligungsunfähigen keine Unterschiede zur Heilbehandlung ergeben. Trotz des in der Regel vorhandenen wissenschaftlichen Interesses dient der Heilversuch der Heilung eines Leidens und nützt so den einwilligungsunfähigen Patienten. Eines weitergehenden Schutzes als durch die Haftungsvorschriften bedarf es bei Einzelheilversuchen nicht. Ansonsten käme es zum Ausschluss jeglicher Behandlung Einwilligungsunfähiger in vielen Bereichen, die aufgrund der derzeitigen Forschungslage weitgehend aus Heilversuchen bestehen, wie etwa die Behandlung von Alzheimer oder Krebs.

Aufzuklären ist derjenige, der die Einwilligung erteilt. Bei Minderjährigen oder Betreuten richtet sich die Aufklärung also an den gesetzlichen Vertreter. Minderjährige oder Betreute werden häufig im Rahmen ihrer Möglichkeiten in der Lage sein, einen natürlichen Willen zu bilden. Dieser Wille ist auch im Rahmen des Aufklärungsgesprächs zu beachten und der Einwilligungsunfähige in für ihn verständlicher Weise aufzuklären. Der Betreuer hat bereits von Gesetzes wegen den Willensvorrang des Betreuten zu beachten.[288]

f) Entbehrlichkeit

Abstriche an die sehr große Aufklärungsdichte bzw. ihr Entfallen sind aufgrund der Zugehörigkeit des Heilversuches zur Heilbehandlung aus therapeutischen Gründen denkbar.[289] Die Rechtsprechung hinsichtlich eines Entfallens der Aufklärung ist aber sehr eng gefasst. Nur bei ernstlicher Gefährdung von Leben und Gesundheit durch die Aufklärung kann ein Entfallen zulässig sein.[290]

Grundsätzlich kann ein Patient auch auf eine umfassende Aufklärung sowohl ausdrücklich als auch konkludent verzichten, wenn durch das konkludente Verhalten der Verzicht deutlich zum Ausdruck kommt.[291] Bei medizinischen Forschungsvorhaben werden aber besonders strenge Anforderungen an die Aufklärung gestellt, da der Patient ein nicht voll kalkulierbares Risiko auf sich nimmt. Um auch diesbezüglich eine selbstbestimmte Ent-

---

[288] dazu oben § 4 D II 1.
[289] *Laufs,* ArztR, Rz. 694.
[290] BGH Urt. v. 9.12.1958, BGHZ 29, 46, 56.
[291] statt vieler *Deutsch/Spickhoff,* MedR, Rz. 247.

scheidung sicher zu stellen, kann auf die Aufklärung bei medizinischer Forschung nicht in vollem Umfang verzichtet werden. Ein Verzicht hinsichtlich der Wesensmerkmale der Forschungsmaßnahme käme einer Aufgabe des Selbstbestimmungsrechts gleich.[292] Denkbar ist also nur ein Verzicht auf die wissenschaftlichen Details der Versuchsplanung, soweit sie nicht für die Risikobeurteilung unerlässlich sind. Häufig werden aber Teilnehmer einer Forschungsmaßnahme gerade bei unheilbaren oder schwer therapierbaren Krankheiten besonders interessiert an den Einzelheiten sein. Ein Entfallen der Aufklärung aufgrund von Vorwissen ist bei Heilversuchen nahezu ausgeschlossen. Selbst besonders gut informierte Patienten dürften zu einer Beurteilung der Risiken kaum selbständig in der Lage sein.

4. Experiment

Das medizinische Humanexperiment genießt als nichttherapeutischer ärztlicher Eingriff grundsätzlich keinerlei dem Heileingriff bzw. Heilversuch vergleichbare Privilegierung bei der Eingriffsaufklärung. Weder ist ein therapeutisches Privileg bei Gefährdung des Erfolges durch eine Kenntnis des Probanden von den Umständen noch eine Erleichterung bei der Aufklärung über die Wahrscheinlichkeit von Nebenwirkungen und Misserfolgen denkbar, da die Privilegierung ihre Berechtigung in dem angestrebten Heilerfolg[293] an sich oder aber dessen Dringlichkeit[294] findet. Nach einhelliger Ansicht in der Literatur und in Übereinstimmung mit der Rechtsprechung zu anderen nichttherapeutischen Eingriffen[295] hat der Arzt den Probanden stets in vollem Umfang aufzuklären. Es soll nicht verkannt werden, dass gerade bei Experimenten die Gefahren schwer einschätzbar sind, aber gerade deshalb muss der Proband mit allen vorhandenen Erkenntnissen und auch der Ungewissheit des Erfolges - auch gegen seinen Willen - konfrontiert werden, um freiwillig ein Risiko unbekannter Größe und Art auf sich nehmen zu können.

Abweichungen hiervon sind nicht zulässig. Ein therapeutisches Privileg existiert bereits begriffsnotwendig nicht. Eine mutmaßliche Einwilligung kann dann angenommen werden, wenn der Geschäftsherr diesen Willen „bei objektiver Beurteilung aller Umstände im Zeitpunkt der Übernahme des Geschäfts geäußert haben würde".[296] Bei Heileingriffen mit medizini-

---

[292] *Fischer*, Medizinische Versuche, S. 13; *Fröhlich*, Forschung wider Willen?, S. 140.
[293] RGRK-*Nüßgens*, § 823 Anh. II Rz 149.
[294] RGRK-*Nüßgens*, § 823 Anh. II Rz. 118.
[295] gemeint sind kosmetische Operationen, vgl. nur BGH Urt.v. 6.11.1990, MedR 1991, 85, 86; Laufs/Uhlenbruck-*Laufs*, Handbuch, § 64 Rz. 10, Fn. 35; *Giesen*, Arzthaftungsrecht, Fn. 457 mit zahlreichen weiteren Nachweisen aus der Rechtsprechung.
[296] Palandt-*Sprau,* § 683 Rz. 7.

scher Indikation und Heilversuchen mit vitaler Indikation wird die indizierte Behandlung in der Regel dem mutmaßlichen Willen entsprechen. Die Annahme einer mutmaßlichen Einwilligung für nicht vital indizierte Eingriffe verbietet sich jedoch, da, wenn auch später, der tatsächliche Wille ermittelt werden kann, der absolut vorrangig ist.[297] Bei dauerhaft Einwilligungsunfähigen wäre dafür ein Betreuer zu bestellen. Ebenso verhält es sich mit Experimenten, die in keiner Hinsicht indiziert sind.[298]

5. Kontrollierte klinische Prüfungen

Im Grundsatz gilt für kontrollierte Prüfungen das bereits zu Heilversuch und Experiment Gesagte, je nachdem, ob der einzelne Eingriff einen Heilversuch oder ein Experiment darstellt.

Eine detaillierte Aufzählung von Anforderungen an eine Aufklärung bei klinischen Prüfungen findet sich unter der Ziffer 4.8, insbesondere 4.8.10 der ICH-GCP. Die allgemein abgeleiteten Grundsätze einer ordnungsgemäßen Aufklärung, wie sie im folgenden Abschnitt dargestellt werden, sind in diesem Regelwerk zusammengefasst.

Die Richtlinie 2001/20/EG[299] nimmt auf die Grundsätze der guten klinischen Praxis Bezug und präzisiert sie im Hinblick auf den Regelungszweck der Richtlinie. Hinsichtlich der Aufklärung und Einwilligung sieht die Richtlinie jedoch keine Besonderheiten vor. Es besteht hier kaum Umsetzungsbedarf für den deutschen Gesetzgeber.

Aufgrund der statistischen Anforderungen an die Aussagekraft einer Studie werfen kontrollierte klinische Prüfungen ganz besondere Probleme bei der Aufklärung auf. Die Aufklärungsproblematik wird daher in diesem Abschnitt nicht, wie zuvor, anhand der Aufklärungsarten, sondern vielmehr anhand der einzelnen Versuchskonstellationen erarbeitet.

a) Gemeinsame Probleme kontrollierter klinischer Versuche

Der BGH[300] fordert in ständiger Rechtsprechung, dass der Patient, um wirksam einwilligen zu können, „Wesen, Bedeutung und Tragweite des ärztlichen Eingriffs in seinen Grundzügen erkannt hat." Die aus diesem Grundsatz resultierenden Anforderungen an die Intensität der Aufklärung wurden bereits oben dargelegt. Darüber hinaus müssen dem Patienten bzw. Probanden aber auch, um dem Grundsatz Genüge zu tun, die Besonderheiten der klinischen Prüfung im Zusammenhang offenbart werden.

---

[297] im Ergebnis ebenso *Fröhlich*, Forschung wider Willen?, S. 176 ff.
[298] zu den Grenzen der Einwilligung durch den Betreuer unten § 4 D II 6.
[299] ABl. L 121/34 vom 01.05.2001.
[300] BGH Urt.v. 5.12.1958, BGHZ 29, 33.

Es soll nicht verkannt werden, dass eine Aufklärung über alle wissenschaftlichen und methodischen Erwägungen sowohl den Arzt im Hinblick auf die praktische Durchführbarkeit als auch den Patienten oder Probanden im Hinblick auf das Verständnis überfordern würde. Unverzichtbar ist jedoch das Wissen um die „Eckpfeiler" der klinischen Prüfung, an denen der Patient bzw. der Proband für sich ein „Ja" oder „Nein" festmachen kann. Zunächst ist also ganz grundsätzlich über die Art und Zielsetzung der klinischen Prüfung sowie ihren Ablauf zu informieren, damit sich der Patient bzw. Proband überhaupt mit den Grundzügen des Geschehens vertraut machen kann.

Hinzu kommen nunmehr die den Patienten oder Probanden persönlich betreffenden Umstände ähnlich der Heileingriffsaufklärung: In erster Linie also die geplanten ärztlichen Eingriffe einschließlich aller Kontrolluntersuchungen. Diese Behandlungsaufklärung entspricht derjenigen bei Einzelheilversuch und -experiment.[301]
Die Besonderheit der kontrollierten klinischen Prüfung ist jedoch die Art und Weise der Behandlungszuteilung durch Gruppenbildung und Randomisation.[302] Diese statistisch gebotene Untersuchungsmethode entfernt die Behandlungsbeziehung vom Bild der individuellen ärztlichen Betreuung und erfordert daher in besonderer Weise die Offenlegung der Nutzen-Risiko-Abwägung im Einzelfall: also sowohl für die Test- als auch die Kontrollgruppe.[303] Damit in engem Zusammenhang steht die Verpflichtung, über die jederzeitige Widerruflichkeit der Einwilligung aufzuklären. Aus der Rechtsnatur der Einwilligung, sie ist die Gestattung zur Vornahme tatsächlicher Handlungen,[304] folgt bereits, dass sie jederzeit widerruflich ist. Es kommt nur auf ihr tatsächliches Vorliegen im Zeitpunkt des konkreten Eingriffs an, während für rechtsgeschäftliche Willenserklärungen die Rechtsfolgen gesetzlich geregelt sind.[305] Bei kontrollierten klinischen Untersuchungen wird der Patient bzw. Proband in ein Gesamtkonzept eingebunden, vor allem durch seine über die therapeutische Sicherung hinausgehenden Verhaltensobliegenheiten, z.B. das Einhalten bestimmter Diäten und Ruhezeiten oder das Dulden der Kontrolluntersuchungen,[306] so dass

---

[301] dazu oben § 4 D II 3 und 4.

[302] dazu ausführlich unten § 4 D II 5.

[303] zur Risiko-Nutzen-Abwägung speziell für die Arzneimittel- und Medizinprodukteprüfung: *Helle/Fröhlich/Haindl*, NJW 2002, 857 ff.

[304] RGRK-Nüßgens, § 823 Anh. II Rz. 66.

[305] Widerruflichkeit bis Zugang, § 130 Abs. 1 S. 2 BGB; Anfechtbarkeit, Nichtigkeit.

[306] *Biermann*, Arzneimittelprüfung, S. 310, der das allerdings als vertragliche Verpflichtung des Patienten aus dem Arzneimitteltestvertrag ansieht, der ähnlich dem Direktionsrecht des Arbeitgebers nach § 315 BGB, § 106 GewO konkretisiert wird.

leicht der Eindruck erweckt werden kann, der Patient bzw. Proband sei zum Verbleib in der Studie verpflichtet. Eine Klarstellung der gegenteiligen Lage ist daher geboten. Entscheidungserheblich für den Teilnehmer an der Studie sind zudem die zu seinen Gunsten getroffenen Schutzmaßnahmen und deren Einhaltung. Auch in den gesetzlich nicht geregelten Fällen besteht die berufsrechtliche Pflicht, vor Durchführung eines Versuches am Menschen das Votum einer Ethik-Kommission einzuholen. Ein ablehnendes Votum der Ethik-Kommission hindert rechtlich grundsätzlich die Durchführung des Versuches nicht.[307] Die Ethik-Kommission berät den Arzt ethisch und rechtlich im eigenen und im Interesse des Schutzes der Probanden. Da aber der Arzt grundsätzlich nicht gehindert ist, den Versuch entgegen der Bedenken der Ethik-Kommission vorzunehmen, ist er verpflichtet, die Bedenken des sachverständigen Gremiums dem Patienten oder Probanden mitzuteilen, damit er sie in seiner persönlichen Risikoabschätzung verwerten kann. Gemeint sind hier allein Einwände in wissenschaftlicher Hinsicht,[308] die bei Forschungsvorhaben in gleicher Weise wie Einwände in medizinischer Hinsicht zu behandeln sind. Wenn aber bei einer Heilbehandlung ernsthafte Einwände gegen die vorgeschlagene Therapieart bestehen, die den Standard in Frage stellen oder auf ein signifikant höheres Risiko hindeuten, so wird von der Rechtsprechung und der Literatur eine Aufklärung über Behandlungsalternativen gefordert.[309] Für die Aufklärung im Vorfeld einer kontrollierten klinischen Prüfung bedeutet das in Parallele, dass die Bedenken der Ethik-Kommission als Einwände gegen den wissenschaftlichen Standard zu nennen sind, weil sie Zweifel an einer positiven Risiko-Nutzen-Abwägung hervorrufen. Medizinische Einwände der Ethik-Kommission verpflichten bereits zu einer Aufklärung über Behandlungsalternativen im Rahmen der Verlaufsaufklärung.

Die Aufklärung über den Qualifikationsstand des Arztes wurde bereits oben[310] angesprochen.

Zu den Schutzmaßnahmen in kontrollierten klinischen Prüfungen zählt auch die Festlegung von Abbruchkriterien für die Testreihen. Diese Krite-

---

[307] Es kann allenfalls arbeitsrechtliche Konsequenzen haben, wenn solche Forschung durch Dienstanweisung untersagt ist. Oder aber ein etwaiger Sponsor sieht bei einem negativen Votum von der weiteren Förderung der Studie ab.
[308] Zu Ethik- Kommissionen als Wissenschaftskommissionen ausführlich *Deutsch/Spickhoff*, MedR, Rz. 734 f.
[309] BGH Urt. v. 27.9.1983, BGHZ; 88, 248; 251; BGH Urt. v. 27.9.1977, NJW 1978, 587; Laufs/Uhlenbruck-*Laufs*, Handbuch, § 64 Rz. 6; § 130 Rz. 33; *Giesen*, Arzthaftungsrecht, Rz. 215 ff.
[310] vgl. § 4 D II 3 c.

rien muss der Teilnehmer der Studie ebenfalls kennen, um beurteilen zu können, bis zu welchem Punkt er ein Risiko auf sich nehmen möchte. Im Zusammenhang damit steht die Trendaufklärung bei klinischen Prüfungen. Wie bereits oben erläutert, zählt zu den Anforderungen an ein wissenschaftliches Vorgehen auch die laufende Auswertung der Ergebnisse. Ergibt sich dabei ein Trend entweder zu eindeutiger Überlegenheit oder Unterlegenheit der zu prüfenden Methode, so ist dieser auch dem Teilnehmer zu offenbaren. Andernfalls könnte er sich nicht frei über den weiteren Verbleib in der Studie oder deren Abbruch entscheiden. Es handelt sich wiederum um eine Situation, in der Selbstbestimmungsrecht und Behandlungspflicht aufeinander treffen. Bricht der Prüfungsleiter die Testreihe nicht ab, so läge darin zwar ein Behandlungsfehler, es handelt sich aber auch um eine Verletzung der Aufklärungspflicht, da sich der Patient sicherlich gegen einen weiteren Verbleib in der Studie entschieden hätte. Gemeint sind damit aber nicht alle Zwischenergebnisse der Studie, sondern nur solche, die signifikante Überlegenheits- bzw. Unterlegenheitsaussagen beinhalten.[311]

Zusätzlich zur Eingriffsaufklärung spielt bei kontrollierten klinischen Versuchen die Aufklärung über Datengewinnung und Verarbeitung eine große Rolle. Ziel der Untersuchung ist schließlich ein statistisch aussagekräftiges Ergebnis. Ohne Einwilligung nach entsprechender Aufklärung stellte jede Auswertung von Patientendaten eine Verletzung des allgemeinen Persönlichkeitsrechts in Form des Rechts auf informationelle Selbstbestimmung dar.

b) Spezielle Probleme der Blindtechniken

Bei der Verwendung von Blindtechniken treten zwei weitere Schwierigkeiten einer ordnungsgemäßen Aufklärung hinzu.
Zum einen zieht die Verblindung auf Seiten des Patienten/Probanden gerade ihren Erfolg aus der Unkenntnis über die verabreichte Therapie, weil subjektive Einflüsse auf diese Weise vermindert werden. Im diametralen Gegensatz hierzu befinden sich die Anforderungen der selbstbestimmten Einwilligung nach Aufklärung.
Die Lösung des Widerspruchs wird allgemein in einer „alternativen" Aufklärung gesucht.
Nach einhelliger Ansicht ist ein Modell rechtlich unbedenklich, das die Aufklärung vor der Zufallszuteilung zu den Therapiearmen vorsieht.[312] Zunächst werden alle in Frage kommenden Patienten zusammengestellt. Sie werden dann über die Therapie in beiden Versuchsarmen sowie über

---

[311] ebenso *Fröhlich*, Forschung wider Willen?, S. 131.
[312] Dazu *Samson*, in: Hippius, Das Placebo-Problem, S. 2, 6.

die klinische Prüfung selbst, die Zufallszuteilung und über ihre Wahlfreiheit bzgl. der Teilnahme an der Studie aufgeklärt. Denjenigen, die an der Studie teilnehmen, wird die Therapie dann durch Randomisation zugeteilt. Die anderen Patienten treffen, wie üblich, die Wahl zwischen beiden oder mehreren zur Verfügung stehenden Therapien. Dem Selbstbestimmungsrecht des Patienten ist mit diesem Modell Genüge getan, da er sich über beide Alternativen voll aufgeklärt für die Teilnahme unter Verzicht auf die konkrete Therapiewahl entscheidet.[313] Für die Aussagekraft des medizinischen Ergebnisses lässt diese Vorgehensweise in methodischer Hinsicht zu wünschen übrig. Da nur Patienten teilnehmen, die sich auch der Randomisation unterwerfen wollen, tritt ein subjektives Moment hinzu, das die Aussagekraft der Studie insgesamt, für alle Patienten, in Frage stellt. Ein zweites subjektives Moment stellt die Geschicklichkeit des aufklärenden Arztes dar: Abhängig von seiner Vertrauenswürdigkeit und Überzeugungskraft werden mehr oder weniger unterschiedliche Patienten sich für eine Teilnahme gewinnen lassen;[314] ein Faktor, der sich gerade bei multizentrischen Studien auf das Ergebnis auswirkt.

Eine andere Möglichkeit, besteht darin, erst nach der Zufallszuteilung die ausgewählten Patienten über die Möglichkeit der Teilnahme zu informieren.[315] Sicherlich ist damit dem Selbstbestimmungsrecht dieser Patienten entsprochen;[316] fraglich bleibt aber, ob und wie die Aufklärung der Kontrollgruppe zu erfolgen hat.

Diesen Patienten das Stattfinden einer klinischen Prüfung zu verschweigen, ist schon deshalb ausgeschlossen, weil andernfalls - ohne Einwilligung - keinerlei Daten ausgewertet werden dürften und keine über die Behandlung hinausgehende Kontrolluntersuchung zulässig wäre.[317] Im Übrigen ist zur Klärung der Frage nach einer Notwendigkeit der Aufklärung über die Testtherapie von allgemeinen Grundsätzen auszugehen. Eine Aufklärung über alternative Neulandmethoden hat danach nur zu erfolgen, wenn diese ernsthafte Vorteile für den Patienten bietet und der Arzt bzw. Krankenhausträger auch über die notwendigen Kapazitäten und die erforderliche Ausstattung verfügt. Beide Einwände wären aber bereits durch die Durchführung der klinischen Prüfung und die Einbeziehung des Patienten in die

---

[313] *Samson* a.a.O.; Laufs/Uhlenbruck-*Laufs*, Handbuch, § 130 Rz. 32 f.

[314] Sich gerade bei schweren oder unheilbaren Krankheiten einer Zufallszuteilung zu unterwerfen, stellt eine erhebliche Zumutung für den Patienten dar.

[315] *Jesdinsky*, in: Bock, Arzneimittelprüfung am Menschen, S. 110, referiert den Vorschlag von Zelen.

[316] Eine Verblindung ist aber dann nur möglich, sofern das Ergebnis der Randomisation nicht mitgeteilt wird.

[317] *Biermann*, Arzneimittelprüfung, S. 394.

Stratifikation und Randomisation widerlegt,[318] da diese nicht stattgefunden hätte, wenn man den betreffenden Patienten nicht für grundsätzlich geeignet hielte und nur der Zufall ihn der Kontrollgruppe zuwies. Der Zufall aber kann kein Kriterium einer durch das Selbstbestimmungsrecht des Patienten gedeckten ärztlichen Therapiewahl sein.[319]

Ein zusätzliches Problem der notwendigen Aufklärung stellt bei Doppelblindversuchen die Unkenntnis des behandelnden Arztes von der verabreichten Therapie dar. Denkbar ist diese Vorgehensweise ohnehin nur bei der Applikation von Arzneimitteln; andernfalls z.B. bei Operationen oder Diagnoseversuchen ist der Arzt immer selbst Instrument der Therapie. In diesem Zusammenhang stellt sich die Frage danach, wer klärt in welchem Umfang den Patienten auf und zwar auch darüber, welcher der Ärzte inwieweit Bescheid weiß.

Im Grundsatz hat die Therapieaufklärung immer durch den behandelnden Arzt zu erfolgen.[320] Anerkannt ist aber auch, dass im Klinikbetrieb die Aufklärungspflicht delegiert werden kann, wenn durch klare Organisationsmaßnahmen die Vornahme sichergestellt ist.[321] Die vorgezogene therapeutische Aufklärung vermag auch bei einer kontrollierten klinischen Prüfung der behandelnde Arzt vorzunehmen, da er die Prüfung an sich kennt. Delegiert er sie an andere gleichgeordnete Ärzte, keinesfalls aber an nachgeordnetes ärztliches Personal,[322] so müssen diese ebenfalls über ausreichende wissenschaftliche Qualifikation verfügen, um die methodischen Probleme hinreichend erläutern zu können.

Im Normalfall bringt der Patient hauptsächlich seinem behandelnden Arzt das für die Therapie erforderliche Vertrauen entgegen. Gerade beim Doppelblindversuch wird dem Patienten aber offenbart, dass der behandelnde Arzt das Geschehen nicht vollständig im Griff hat, sondern selbst von anderer Seite gelenkt wird. Damit wird zum einen das Vertrauensverhältnis gestört, zum anderen ergibt sich ein Bruch in der Handlungsverantwortung des Arztes. Die Konsequenz für den Inhalt der Aufklärung sieht so aus, dass die Lücke durch die Vorverlegung der Information des Patienten durch den Leiter der klinischen Prüfung unter Einschluss der Abbruchkriterien sowie die Hinterlegung des Verblindungsschlüssels gefüllt werden muss.

---

[318] ähnlich *Bierman*, Arzneimittelprüfung S. 395, nur für die Arzneimittelprüfung.

[319] Zu grundsätzlichen ethischen Bedenken gegen dieses Modell, *Jesdinsky*, in: Bock, Die Arzneimittelprüfung am Menschen, S. 111.

[320] Laufs/Uhlenbruck-*Laufs*, Handbuch, § 66 Rz. 1.

[321] Laufs/Uhlenbruck-*Laufs*, Handbuch, § 66 Rz. 2.

[322] vgl. auch § 40 Abs. 1 Nr. 2, Abs. 4 Nr. 4, § 41 Nr. 5 AMG.

c) Spezielle Probleme Placebo-kontrollierter Studien

Der Einsatz von Placebo findet in zwei grundsätzlich verschiedenen Situationen statt: Eine echte Placebo-Heilbehandlung bzw. ein echter Placebo-Heilversuch baut auf die Suggestionskraft beim Zusammentreffen der Faktoren Arzt, Patient, Substanz und Umwelt. Die darauf basierenden Effekte können für sich allein genommen eine wirksame Therapie darstellen.[323] Abgesehen davon stellt die Gabe von Placebo, also einer pharmakologisch unwirksamen Substanz, eine Nichtbehandlung dar. Demgegenüber ist methodisch das Mitführen einer Placebo-Gruppe bei kontrollierten klinischen Versuchen erforderlich, um die pharmako-dynamische Wirksamkeit aus der Differenz der therapeutischen Wirkung der Substanz und ihren Placebo-Effekten bestimmen zu können.[324] In diesen Fällen wird gerade eine Nichtbehandlung angestrebt und somit ist es kaum möglich, eine therapeutische Indikation zu begründen. Das bedeutet, dass die Behandlung mit Placebo in der Kontrollgruppe immer ein Experiment darstellen wird.[325] Während an der Zulässigkeit von Placebo-Heilbehandlung und -versuch bei deren Indiziertheit niemand zweifelt (auch ein Absehen von der notwendigen Aufklärung ist ggf. therapeutisch indiziert[326]), wurden die Zulässigkeit und die Grenzen placebo-kontrollierter Experimente immer diskutiert.[327] Im Wesentlichen herrscht heute aber Einigkeit über deren grundsätzliche Zulässigkeit.[328]

Die Grenzen der Zulässigkeit werden schon aus dem Behandlungsvertrag selbst[329], letztlich aber aus dem Sittenwidrigkeitsmaßstab entnommen. Die Nichtbehandlung bzw. das Vorenthalten einer neuen Methode kann geduldet werden, wenn durch den vorübergehenden und kurzzeitigen Behandlungsaufschub keine bzw. nur minimale Nachteile für den Patienten entstehen. Es handelt sich also nur um geringfügige Leiden wie Kopfschmerz oder Schlaflosigkeit[330] oder es existiert gar keine Standardtherapie und die Neulandmethode hat sich noch nicht als signifikant überlegen erwiesen.[331]

---

[323] *Samson*, in: Hippius, Das Placebo-Problem, S. 6; *Schreiber*, ebd., S. 12.

[324] *Kümmerle*, Klinische Pharmakologie, III- 1.1, S. 10.

[325] ebenso *Biermann*, Arzneimittelprüfung, S. 381 ff.; a. A. *Sander*, AMG, § 41 Anm. 1, für die Rechtslage nach dem AMG; *Peter*, Forschung am Menschen, S. 116 f. mit der Begründung allein die überdurchschnittliche ärztliche Versorgung im Rahmen einer klinischen Prüfung sei schon ein Nutzen, der die Placebo-Gabe angezeigt erscheinen lasse.

[326] *Samson* a.a.O.

[327] vgl. nur *Fincke*, NJW 1977, 1094 ff.; *Samson*, NJW 1978, 1182 ff.

[328] *Deutsch/Spickhoff*, MedR, Rz. 679; *Kümmerle*, a.a.O.; *Biermann*, Arzneimittelprüfung, S. 379 ff.; *Schreiber*, in: Hippius, Das Placebo-Problem, S. 11.

[329] ausdrücklich *Schreiber*, a.a.O.

[330] *Schreiber*, in: Hippius, Das Placebo-Problem, S. 16; so auch § 40 Abs. 1 Nr. 1 AMG.

[331] A.A. *Fincke*, NJW 1977, 1094 ff.

Besteht aber gar die Gefahr des Todes oder einer schweren körperlichen Schädigung durch das Unterlassen der Behandlung ist die Einwilligung sittenwidrig. Dieses Ergebnis bestätigt auch die RDH, die in C 30 vorsieht, „am Ende des Versuchs sollen alle Patienten, die an dem Versuch teilgenommen haben, die sich in der Erprobung als am wirksamsten erwiesenen prophylaktischen, diagnostischen und therapeutischen Verfahren erhalten."

Die Aufklärung bei placebo-kontrollierten Studien unterscheidet sich im Grundsatz somit nicht von derjenigen bei anderen kontrollierten Studien. Allerdings hat natürlich Bestandteil zu sein, dass den Kontrollarm eine Nichtbehandlung treffen wird.

6. Probleme der Einbeziehung Einwilligungsunfähiger

Besonders problematisch ist die Einbeziehung von Patienten und Probanden in Studien zur Erprobung von Arzneimitteln oder neuer Therapiemethoden, sofern diese aufgrund ihres Alters noch nicht einwilligungsfähig sind, aufgrund eines Notfalls vorübergehend nicht einwilligungsfähig sind oder aufgrund ihres Geisteszustandes dauerhaft nicht zu der notwendigen Willensbildung in der Lage sind. In den beiden letzteren Fällen kann unter Umständen ein mutmaßlicher Wille erforscht werden. Gelingt dies nicht, stellt sich, wie auch bei Kindern, die Frage, ob und unter welchen Voraussetzungen ein Betreuer oder gesetzlicher Vertreter seine Einwilligung erteilen darf.

a) Mutmaßliche Einwilligung

Insbesondere bei Heilversuchen im Bereich der Intensiv- und Notfallmedizin ist die Frage nach dem Vorliegen einer mutmaßlichen Einwilligung akut, da die Bestellung eines Betreuers nur selten in der für die Notfallbehandlung verbleibenden Zeit möglich sein wird. Muss ein vorhandener oder erst noch zu bestellender gesetzlicher Vertreter die Einwilligung erteilen, so kann dieser bei aller gebotenen Eile umfassend aufgeklärt werden. Mit einer mutmaßlichen Einwilligung zu arbeiten, wie sonst häufig bei Notfällen, ist aber bei Heilversuchen nur sehr eingeschränkt möglich, da der Wille des Patienten sich in aller Regel auf die im konkreten Fall aussichtsreichste und risikoärmste Behandlung richten wird.[332] Anders kann es allenfalls sein, wenn ohnehin keine Standardtherapie bekannt ist, also im sonst aussichtslosen Fall.[333] Nur wenn keine sonstige Behandlung existiert oder der Heilversuch deutliche Vorteile gegenüber der Standardbehandlung

---

[332] so auch *Köhler*, NJW 2002, 853, 855.
[333] dazu im einzelnen *Köhler,* NJW 2002, 853, 855.

erwarten lässt, kann man davon ausgehen, dass ein vernünftiger Mensch seine Einwilligung erteilt haben würde.[334] Auch bei der Einbeziehung von nicht einwilligungsfähigen Notfallpatienten in Therapiestudien sind diese Grundsätze zu beachten. Damit scheidet die Teilnahme von nicht einwilligungsfähigen Notfallpatienten an randomisierten Studien aus, weil der Zufall über die Behandlung bestimmt und nicht die Behandlungsentscheidung des Arztes. Das gleiche gilt, sofern im Rahmen der Studie Maßnahmen mit rein experimentellem Charakter erfolgen. Einen darauf gerichteten Willen mag es im gut dokumentierten Einzelfall geben; eine solche Behandlung entspricht jedoch nicht dem typischerweise auf die bestmögliche Behandlung gerichteten Willen.[335]

b) Zustimmungsbefugnis von Betreuern und gesetzlichen Vertretern

Bei Einwilligungsunfähigen ist die Frage der Zustimmungsbefugnis des Betreuers bzw. der Eltern zu Experimenten, insbesondere nichttherapeutischen Maßnahmen im Rahmen von klinischen Prüfungen, einer fortwährenden Diskussion unterworfen. Die Problematik kann hier nur kurz aufgegriffen werden; eine umfassende Auseinandersetzung enthalten speziell zu diesem Thema erschienene Arbeiten.[336] Die Regelungen des Arzneimittelgesetzes in seiner Fassung vor den Änderungen durch das Zwölfte Gesetz zur Änderung des Arzneimittelgesetzes vom 30.07.2004,[337] des Medizinproduktegesetz und der Strahlenschutzverordnung, die die Vornahme nichttherapeutischer Versuche mit Ausnahme der Prüfung von Diagnostika und Prophylaktika an Minderjährigen, § 40 Abs. 4 AMG a.F., ausschließen, waren Ausdruck der bislang vorherrschenden Haltung in Deutschland, Experimente an Einwilligungsunfähigen kategorisch abzulehnen. Es sollte nicht dem Wohl des Kindes gem. § 1666 BGB entsprechen, dass ein Eingriff an ihm vorgenommen wird, der ohne unmittelbaren Nutzen für es ist. Die Revidierte Deklaration von Helsinki untersagt hingegen Experimente an Einwilligungsunfähigen nicht. In ihren allgemeinen Grundsätzen, vgl. Abschnitt B, weist sie die Zustimmungsbefugnis dem nach nationalen Recht Verantwortlichen zu, Abschnitt B, 24. Im Abschnitt C über therapeutische Forschung findet sich keine speziellere Aussage, weswegen aus systematischen Gründen von der generellen Zulässigkeit ausgegangen werden kann. Erst das nationale Recht führt über seine Vertretungsregeln zum Ausschluss, wie in Deutschland, oder zur Zulässigkeit.

---

[334] *Fischer*, Medizinische Versuche, S. 60 f.; *Köhler*, NJW 2002, 853, 855.

[335] *Köhler*, NJW 2002, 853, 856 f.

[336] *Eberbach*, Humanforschung; *Fröhlich*, Forschung wider Willen?; *Peter*, Forschung am Menschen.

[337] BGBl. I, S. 2031; vorherige Fassung in der Bekanntmachung vom 11.12.1998, BGBl. I, S.3586.

Die von Deutschland bislang nicht ratifizierte Bioethik-Konvention des Europarates sieht die Zulässigkeit der Einbeziehung Einwilligungsunfähiger in medizinische Experimente unter äußerst schwammig formulierten Voraussetzungen vor.
Auch nach den ICH-GCP-Leitlinien, Ziffer 4.8.14, ist eine Teilnahme nicht-einwilligungsfähiger Personen an kontrollierten klinischen Prüfungen ohne konkreten therapeutischen Nutzen nicht ausgeschlossen. Ihre Einbeziehung ist dann zulässig, wenn der gesetzliche Vertreter einwilligt und die Zielsetzung der klinischen Prüfung mit einwilligungsfähigen Teilnehmern nicht erreicht werden kann, die vorhersehbaren Risiken und negativen Auswirkungen gering sind, die klinische Prüfung nicht gesetzlich verboten ist und die Ethik-Kommission ausdrücklich schriftlich zustimmt.
Auch die europäische Richtlinie 2001/20/EG vom 04.04.2001 zur Angleichung der Rechts- und Verwaltungsvorschriften der Mitgliedstaaten über die Anwendung der guten klinischen Praxis bei der Durchführung von klinischen Prüfungen mit Humanarzneimitteln[338] eröffnet die Möglichkeit der Einbeziehung nicht-einwilligungsfähiger Personen in klinische Prüfungen ohne therapeutischen Zweck. Dies gilt allerdings nur für Minderjährige und nur unter engen Voraussetzungen. In Art. 4 ist für Minderjährige als Prüfungsteilnehmer vorgesehen, dass neben therapeutischen Versuchen auch klinische Prüfungen durchgeführt werden dürfen, die für die Patientengruppe mit einem direkten Nutzen verbunden sind und ihrem Wesen nach nur an Minderjährigen durchgeführt werden können. Bei nicht-einwilligungsfähigen Erwachsenen genügt ein Gruppennutzen gem. Art. 5 demgegenüber nicht. Weiter einengend ist vorgesehen, dass die klinische Prüfung für die Bestätigung von Daten unbedingt erforderlich ist, die bei einwilligungsfähigen Personen gewonnen wurden, und sich auf einen lebensbedrohenden oder schwer geschwächten Zustand beziehen, Art. 5 e.
In der deutschen Literatur wurde auch bislang schon immer wieder für die Zulässigkeit derartiger Eingriffe plädiert. Hervorgerufen wird die Forderung nach einer Zulässigkeit meist durch die pure Notwendigkeit für einen Fortschritt in der Medizin. So ist es etwa notwendig, um eine Zulassung für ein Medikament gegen spezielle Kinderkrankheiten beantragen zu können, die nach dem AMG vorgeschriebenen Erprobungen bei genau dieser Altersgruppe durchführen zu können. Bereits Blutentnahmen zur Messung des dosisabhängigen Blutspiegels des Medikaments sind aber unzulässig, weil sie dem Patienten keinen Nutzen bringen, mit anderen Worten als Experiment einzustufen sind.[339] Ähnliche Probleme stellen sich bei der Forschung mit Demenzkranken.

---

[338] ABl. L 121/34 vom 01.05.2001.

[339] Eine ausführliche Schilderung der Probleme bei der Entwicklung von Kindermedikamenten findet sich bei *Hans* Sc*huh*, DIE ZEIT, Nr. 22 vom 27. 05. 1999.

In rechtlicher Hinsicht wird der Ansatz häufig am Wohl des Kindes bzw. Betreuten gesucht. So wird von *Peter* argumentiert,[340] die Teilnahme an placebo-kontrollierten klinischer Prüfungen bringe entgegen der vorherrschenden Ansicht dem Beteiligten, auch wenn er der Kontrollgruppe zugeteilt wird, einen Nutzen i.S.v. § 41 AMG, da er ständig überwacht und ärztlich kontrolliert werde, so dass seine ärztliche Versorgung letztlich wesentlich besser sei, als die eines Normalpatienten. Zum einen trifft dies in tatsächlicher Hinsicht ohnehin nur für Experimente im Rahmen klinischer Prüfungen zu, zum anderen korrespondiert dieser mögliche Nutzen nicht unmittelbar mit dem durch das Experiment eingegangenen Risiko.

Eberbach[341] bildet zwei Kategorien von Humanexperimenten: Riskante Versuche, die gesundheitliche Schäden oder nicht fern liegende Gefahren nach sich ziehen, hält er für ebenfalls unzulässig. Unterhalb dieser Schwelle soll die Teilnahme am Experiment aber dem Erziehungsrecht der Eltern unterliegen. Diese Differenzierung führt ebenfalls weg vom Ausgangspunkt der Einwilligung in eine Körperverletzung. Allein der Eingriff in die körperliche Unversehrtheit muss dem Wohl des Kindes entsprechen, nicht eine irgendwie geartete erzieherische Motivation. Nach *Eberbach* soll diese Motivation das Erlernen von Pflichtgefühl sein.

Fröhlich bildet in Anlehnung an die Stellungnahme der Zentralen Ethik-Kommission bei der Bundesärztekammer zum Schutz nicht-einwilligungsfähiger Personen in der medizinischen Forschung[342] mehrere Fallgruppen nichttherapeutischer Forschung: Zunächst die Forschung mit möglichem mittelbaren Nutzen für die Versuchsteilnehmer, dann die Forschung mit zumindest gruppenspezifischem Nutzen abschließend und die ausschließlich fremdnützige Forschung.[343] Ein möglicher mittelbarer Nutzen entspreche objektiv dem Wohl des einwilligungsunfähigen Probanden, da er zu einem späteren Zeitpunkt von den Ergebnissen profitieren könne. Eine weitere Begründung wird dafür nicht angeführt. Die Unsicherheit, ob sich eine zu prüfende Therapiemethode aber als überlegen erweisen wird, ist gerade Bestandteil der medizinischen Forschung. Nicht jede Studie führt zwingend zu einem zugelassenen und hochwirksamen Medikament. Häufig werden Studien durchgeführt, um Zweit- oder Drittpräparate ähnlicher Zusammensetzung und Wirksamkeit auf den Markt bringen zu können. Zudem kommt es gerade bei Medikamenten für Erkrankungen einer nur geringen Anzahl von Patienten zum Abbruch der Studie, da keine statistisch aussagekräfti-

---

[340] *Peter*, Forschung am Menschen, S. 116 f.
[341] *Eberbach*, Humanforschung, S. 169.
[342] abgedruckt bei *Fröhlich*, Forschung wider Willen?, Anhang J.
[343] *Fröhlich*, Forschung wider Willen?, S. 168 ff.

gen Ergebnisse erzielt werden können. Damit entfällt auch die Basis für die Behauptung des objektiven mittelbaren Nutzens.
In der zweiten Fallgruppe des gruppenspezifischen Nutzens könne ebenfalls eine Einwilligung durch den Betreuer erteilt werden. Es sei nicht von einem völlig eigennützigen Menschenbild auszugehen. So könne es auch dem Wohl des Betreuten entsprechen, bei geringer eigener Belastung anderen Personen der gleichen Betroffenengruppe einen Dienst zu erweisen. Bei ausschließlich fremdnütziger Forschung lehnt auch er eine Forschung an Einwilligungsunfähigen ab.

Richardi greift für die Beurteilung der Zulässigkeit eines placebokontrollierten Versuches an Einwilligungsunfähigen auf § 683 BGB zurück, da er bei Anwendung dieser Methode die §§ 40, 41 AMG aufgrund des fehlenden Nutzens für die Kontrollgruppe für lückenhaft hält.[344] Bei der Beurteilung des subjektiv zu deutenden mutmaßlichen Willens des Patienten werde dieser in der Regel der Teilnahme an einem placebokontrollierten Versuch zustimmen wollen, da er die Chance habe, auch in die Verum-Gruppe zu kommen.

Allen angeführten Ansichten ist gemeinsam, dass sie nur die Frage behandeln, ob jemand sich für die Teilnahme entscheiden möchte. Ausgeblendet bleibt dabei aber, ob er auch auf Dauer in der Studie verbleiben möchte, wenn sich z.B. bei anderen Patienten eine deutliche Besserung einstellt. Während bei Einzelheilversuchen und -experimenten nur eine positive Entscheidung für oder gegen die Teilnahme zu treffen ist, kommt bei klinischen Studien hinzu, dass in eine mögliche Nichtbehandlung eingewilligt werden muss und gegebenenfalls über einen Therapieabbruch bzw. den Wechsel des Therapiearmes zu befinden ist.

Von Seiten der Statistiker werden häufig Probleme mit der Compliance[345] von Patienten bzw. Probanden bei kontrollierten klinischen Prüfungen beschrieben. So mussten Untersuchungen abgebrochen werden, da wesentlich mehr Probanden aus der Kontroll- als aus der Verum-Gruppe ausschieden. Dies ist bei Langzeituntersuchungen häufig ein Problem, wenn es den Probanden, z.B. durch gezieltes Herbeiführen ihnen mitgeteilter Nebenwirkungen, gelingt, herauszufinden, dass sie der Kontroll- und nicht der Verum- Gruppe angehören.[346] Für den Statistiker sind das Faktoren, die die Aussagekraft der Studien mindern und die es daher zu vermeiden bzw. wenigstens zu erfassen gilt. Aus der Sicht des Patienten oder Probanden wird

---

[344] *Richardi* in: FS Medicus, S. 449, 454 f.

[345] *Pschyrembel*, Compliance: Bereitschaft eines Patienten zur Mitarbeit bei diagnostischen und therapeutischen Maßnahmen, z.B. Zuverlässigkeit, mit der therapeutische Anweisungen befolgt werden, sog. Verordnungstreue.

[346] weitere Beschreibung bei *Rahn* in: Bock (Hrsg.), Arzneimittelprüfung am Menschen, S. 124 ff.

aber deutlich, dass es außer der Entscheidung für die Teilnahme an einer Studie laufend zu höchstpersönlichen Entscheidungen über den Verbleib in der Studie oder dem entdeckten Therapiearm kommt. Auch ein beständig präsenter gesetzlicher Vertreter oder Betreuer wäre nicht in der Lage, tatsächlichen Einfluss auf das Geschehen zu nehmen und somit den einmal geäußerten Willen zu aktualisieren. Dem einwilligungsunfähigen Patienten/Probanden entsteht aufgrund dessen ein Nachteil gegenüber einwilligungsfähigen Studienteilnehmern, da sie, sofern nicht ein Abbruchkriterium erfüllt wird, in der Studie verbleiben. Die Einbeziehung einwilligungsunfähiger Patienten bzw. Probanden in Experimente im Rahmen klinische Studien muss daher generell unzulässig bleiben.

Außerhalb klinischer Studien kann man kaum von einem mittelbaren oder gruppenspezifischen Nutzen ausgehen, da das Verfahren dann in einem derartigen Frühstadium ist, dass eine Reife als Standard unabsehbar ist. Des Weiteren sind Experimente in diesem Stadium auch mit anderen Personen durchführbar und daher ärztlich nicht vertretbar.

Der deutsche Gesetzgeber folgt mit seinem Gesetz zur Umsetzung der europäischen Richtlinie, dem Zwölften Gesetz zur Änderung des Arzneimittelgesetzes vom 30.07.2004, in den wesentlichen Grundzügen und erkennt damit erstmals die Zulässigkeit einer fremdnützigen Forschung bei der klinischen Prüfung von Humanarzneimitteln an.[347] Bei der klinischen Prüfung von Humanarzneimitteln an nicht-einwilligungsfähigen Minderjährigen sind nun auch Heilversuche, die allein dem direkten Gruppennutzen dienen zulässig. Der Gesetzgeber sieht dies als erforderlich an, da die Bestimmung von Laborwerten und die Konzentration des zu prüfenden Arzneimittels in den Körperflüssigkeiten zur Überprüfung der Wirksamkeit des Arzneimittels häufiger notwendig sind, als es zur Behandlung erforderlich wäre.[348] Ohne die Zulassung des Gruppennutzens müsste es bei der bisherigen Praxis eines weit verbreiteten Off-label-use (Anwendung eines Arzneimittels über die in der Zulassung festgelegten Anwendungen hinaus) verbleiben. Dem wollte der Gesetzgeber entgegenwirken, da der Off-label-use in der Regel im akuten Einzelfall erfolgt, nicht wissenschaftlich begleitet ist und daher über den Einzelfall hinaus zu keinen wissenschaftlich gesicherten Erkenntnissen führt. Damit ist dem jeweils behandelnden Arzt keine gesicherte Risiko-Nutzen-Abwägung möglich.[349]

---

[347] Zu den Einzelheiten der gesetzlichen Neuregelung § 2 D III 6.
[348] BT-Drcks. 15/2109, S. 31.
[349] BT-Drcks. 15/2109, a.a.O.

Bei der klinischen Prüfung von Arzneimitteln an nicht-einwilligungsfähigen erwachsenen Personen bleibt es nach der Gesetzesbegründung bei der bisherigen Rechtslage.[350]

---

[350] BT-Drcks. 15/2109, S.32.

§ 5 Verteilung der Verantwortlichkeit für Behandlungsfehler

A. Vorgehensweise

Im Anschluss an die Zusammenstellung von Fallgruppen möglicher Behandlungsfehler in der medizinischen Forschung soll nun erörtert werden, wie die Verantwortlichkeiten unter den beteiligten vorgesetzten und nachgeordneten Ärzten verteilt sind. Die arbeitsteilige Zusammenarbeit in dem Großbetrieb Krankenhaus macht es notwendig, den für den Behandlungsfehler Verantwortlichen unter den Ärzten zu bestimmen: zum einen unter den partnerschaftlich zusammenarbeitenden Fachrichtungen, zum anderen innerhalb des hierarchischen Aufbaus des ärztlichen Dienstes. Hier kann dem Patienten bei Behandlungsfehlern ein weiterer Schuldner zur Verfügung stehen, der allerdings demselben Arbeitgeber angehört.

Da die Zusammenarbeit der Ärzte im Krankenhausbetrieb vor allem durch Weisungen gesteuert wird, seien es Dienstanweisungen oder Einzelweisungen, stellt sich die Frage, wie sich diese Weisungen zur vielfach beschriebenen Freiheit des ärztlichen Berufes verhalten.

B. Horizontale und vertikale Arbeitsteilung

I. Begriffe

1. Horizontale Arbeitsteilung

In einer Klinik treffen zur Behandlung einer Krankheit, je nach deren Komplexität, Spezialisten unterschiedlicher Fachrichtungen aufeinander, um durch Bündelung ihres Wissens und Könnens aber auch die Aufteilung der anfallenden Maßnahmen eine möglichst effiziente Behandlung lege artis zu gewährleisten. Die ärztliche Weiterbildungsordnung sieht mittlerweile die Möglichkeit zum Führen einer Facharztbezeichnung in 41 Gebieten und das Führen einer Zusatzbezeichnung in 22 weiteren Bereichen vor, § 2 Musterweiterbildungsordnung. Beispielsweise berichtet *Carstensen*, dass bei der ersten Herztransplantation durch Christiaan Barnard in den 60er-Jahren 56 Mitarbeiter aus 12 medizinischen Disziplinen mitgewirkt haben, während zu einer Entfernung des Blinddarms in einem kleinen Kranken-

haus ein Chirurg und sein Assistent sowie ein Anästhesist erforderlich seien.[351]
Das beschriebene Zusammenwirken von spezialisierten Ärzten wird als horizontale Arbeitsteilung bezeichnet. Es zeichnet sich dadurch aus, dass die beteiligten Ärzte auf einer Ebene der Gleichordnung zusammentreffen und daher auch untereinander weisungsfrei arbeiten.[352]
Ohne Zweifel bietet diese Art der Arbeitsteilung unter Spezialisten dem Patienten besondere Chancen, allerdings sind mit der Aufteilung von Zuständigkeiten in der Regel auch eigene über das Behandlungsrisiko hinausgehende Gefahren verbunden. So muss der Patient vor positiven wie negativen Kompetenzkonflikten und Kommunikationsdefiziten der Beteiligten geschützt werden, wenn auch grundsätzlich die Zulässigkeit der horizontalen Arbeitsteilung nicht in Frage steht, sie im Interesse des Patienten sogar geboten ist.[353] Zudem ist es häufig schwierig zu ermitteln, auf wessen Behandlungsfehler ein Schaden zurückgeht. Im nachfolgenden Abschnitt sollen Grundsätze, nach denen eine Abgrenzung der Verantwortungsbereiche möglich ist, herausgearbeitet werden.

2. Vertikale Arbeitsteilung

Wie alle Großbetriebe sind auch die Kliniken bestrebt, eine Steigerung der Produktivität und Effizienz durch arbeitsteiliges Zusammenwirken von Medizinern und Medizinalpersonal, je nach deren Ausbildungsstand mit geringerer oder größere Selbstständigkeit, zu erzielen. Die Organisation dieser Zusammenarbeit erfolgt mittels Delegation und Weisung. Zugleich dient dies auch der Ausbildung der beteiligten Medizinalberufe.
Um das Beispiel der Operation fortzuführen: Unabhängig von der Schwere des Eingriffs wirken nicht nur Spezialisten unterschiedlicher Fachrichtungen - wenigstens Chirurg und Anästhesist - zusammen, sondern um den Operationstisch versammeln sich neben dem leitenden Chirurgen, seine Assistenz, die instrumentierenden Schwestern und die Assistenz des Anästhesisten. Die Abschichtung ist zugleich Folge und Ursache des hierarchischen Aufbaus des Krankenhausbetriebes.[354] Dem Bild der Hierarchieebenen folgend wird sie als vertikale Arbeitsteilung bezeichnet.[355]

---

[351] *Carstensen*, in: Häring, Chirurgie und Recht, S. 216.
[352] Laufs/Uhlenbruck- *Laufs*, Handbuch, § 101 Rz. 3; *Rumler- Detzel*, in: Häring, Chirurgie und Recht, S. 207, 208.
[353] *Wilhelm*, Verantwortung und Vertrauen, S. 8; *Annuß*, Die Haftung des Arbeitnehmers, S. 150.
[354] dazu näher bereits oben § 3 B I.
[355] vgl. nur Laufs/Uhlenbruck - *Laufs,* Handbuch, § 101 Rz. 2, 3; *Rumler- Detzel*, a.a.O.

Auch an ihrer prinzipiellen Zulässigkeit wird nicht gezweifelt. Es versteht sich von selbst, dass der behandelnde Arzt nicht alle anfallenden Arbeiten selbst auszuführen vermag. Problematisch wird die Zulässigkeit vertikaler Arbeitsteilung dann, wenn Aufgaben an Mitarbeiter delegiert werden, die zur fachgerechten Ausführung nicht in der Lage sind. Fraglich ist auch, ob der vorgesetzte Arzt bei Übertragung einer Aufgabe an einen anderen selbst entlastet ist, oder ob er diesen fortlaufend überwachen muss. Damit würden die Vorteile der Arbeitsteilung weitgehend entfallen. Begeht der vorgesetzte Arzt erkennbar Fehler, ist auch zu klären, ob der nachgeordnete Arzt grundsätzlich dessen Weisungen zu befolgen oder seinen Vorgesetzten auf den Fehler hinzuweisen hat.

II. Überblick über die rechtliche Behandlung der medizinischen Arbeitsteilung

1. Horizontale Arbeitsteilung

Bei der rechtlichen Behandlung der horizontalen Arbeitsteilung sind drei Gedankenschritte zu verfolgen.
Ausgangspunkt ist die Überlegung, dass jeden Arzt, egal welcher Hierarchieebene, nur die Handlungsverantwortung für die von ihm durchgeführte Behandlung trifft. Nur vorgesetzten Ärzten obliegt auch eine abgestufte Führungsverantwortung. Solange kein weiterer Arzt an der Maßnahme mitgewirkt hat oder einen Fehler hätte erkennen müssen, bestehen an dieser alleinigen Einstandspflicht für seine Behandlungsfehler bzw. Verletzungen der Aufklärungspflicht auch keine Zweifel.
Arbeiten mehrere zusammen, so müssen zunächst deren Verantwortungsbereiche entlang der jeweiligen zusammenwirkenden Disziplinen abgegrenzt werden, um feststellen zu können, in wessen Handlungsverantwortung der betreffende Behandlungsfehler fällt. Die gefundenen Verantwortungsbereiche bilden dann den Maßstab für die „im Verkehr erforderliche Sorgfalt" gem. § 276 Abs. 2 BGB des betreffenden Gebietsarztes.
Danach stellt sich die Frage, ob der beteiligte Kollege nicht dennoch mithaftet, weil er eine an den Schnittstellen der Verantwortungsbereiche unter noch zu erörternden Voraussetzungen entstandene drittbezogene Kontroll- und Überwachungspflicht verletzt hat. Mit anderen Worten werden die Grenzen für die Vorwerfbarkeit eigenen Handelns bzw. Unterlassens abgesteckt.
Zuletzt ist, wenn jeder Beteiligte seinen Anteil an der Behandlung ordnungsgemäß vorgenommen hat, zu klären, ob der Fehler nicht auf einem Abstimmungsmangel zwischen den Ärzten beruht.

Die Verantwortungsbereiche bestimmen die Mediziner selbst: Zum einen sind das die Gebietsbezeichnungen der ärztlichen Weiterbildungsordnung. Dann existieren aufgrund der Abgrenzungsproblematik bereits interdisziplinäre Absprachen, wie etwa die Vereinbarung zwischen dem Berufsverband Deutscher Anästhesisten und dem Berufsverband Deutscher Chirurgen über die Zusammenarbeit bei der operativen Patientenversorgung vom 28. 8. 1982.[356] Und nicht zuletzt gibt es Organisationspläne der Krankenhäuser, die die Zusammenarbeit der Ärzte regeln. Über die Abgrenzung der Einflussbereiche entscheidet im Streitfall ein Sachverständigengutachten im Einzelnen.

Nach Abgrenzung der Einflusssphären mag zwar feststehen, wieweit die Handlungsverantwortung des einzelnen Arztes reicht. Fraglich ist aber, in welchem Umfang wechselseitige Kontrollpflichten zwischen den nebeneinander tätigen Ärzten bestehen. Wollte man bereits bei jeder Form von Mitwirkung umfassende Sorgfalts- und gegenseitige Kontrollpflichten statuieren, so wäre zum einen der Effizienzgewinn schnell verloren und zum anderen würde bereits die Qualität der Leistung des einzelnen Arztes wegen Arbeitsüberlastung sinken. Es bedarf also eines weiteren Korrektivs zur Begrenzung der Verantwortlichkeit.
Der BGH hat in Strafsachen den, aus dem Straßenverkehrsrecht bekannten, „Vertrauensgrundsatz" auf die Fälle medizinischer Arbeitsteilung ausgedehnt.[357] Die vom BGH in Strafsachen verwendete Formel, „solange keine offensichtlichen Qualifikationsmängel oder Fehlleistungen erkennbar werden, muss er (der Arzt) sich aber darauf verlassen dürfen, dass auch der Kollege des anderen Fachgebietes seine Aufgaben mit der gebotenen Sorgfalt erfüllt",[358] hat mit Urteil des BGH vom 26.02.1991 auch Eingang in die zivilrechtliche Rechtsprechung gefunden.[359] Die Übertragung des im Strafrecht entwickelten Vertrauensgrundsatzes in das Zivilrecht findet in der zivilrechtlichen Literatur nahezu einhellige Zustimmung.[360]
Steffen hingegen verneint die Anwendbarkeit des Vertrauensgrundsatzes im Zivilrecht, allerdings ohne auf das Urteil des BGH vom 26. 02. 1991 einzugehen. Er ist der Ansicht, dem Normzweck der Berufshaftung nach grenze sich der Haftungsbereich nach der beanspruchten Expertenstellung ein,

---

[356] MedR 1983, S. 21 f.
[357] BGH Urt. v. 2.10.1979, NJW 1980, S. 649.
[358] BGH Urt. v. 2.10.1979, NJW 1980, S. 649, 650.
[359] BGH Urt. v. 26.2.1991, NJW 1991, S. 1539 f.
[360] Laufs/Uhlenbruck - *Laufs*, Handbuch, § 101 Rz. 7; *Deutsch/Spickhoff*, MedR, Rz. 168; *Giesen*, Arzthaftungsrecht, Rz. 153; *Wilhelm*, Verantwortung und Vertrauen, S. 57 ff.; *Umbreit*, Die Verantwortung des Arztes, S. 63 ff.; *Annuß*, Die Haftung des Arbeitnehmers, S. 148 ff.; a. A. *Steffen*, Entwicklungslinien, S. 82 ff.

sowohl hinsichtlich der tatsächlichen Einfluss- als auch der Kontrollmöglichkeiten. Darüber hinaus könne eine Einstandspflicht für Qualitätsmängel in der Medizin nicht gehen. Diese, von der Medizin konkretisierten, engen Grenzen müsse man zum Schutz des Patienten so erweitern, dass dessen fachärztliche Betreuung lückenlos ist, d.h. dass immer Facharztstandard gewährleistet sein muss, Organisationspflichten nicht delegiert werden dürften und klare Kompetenzabgrenzungen vorgenommen werden müssen[361].

Diese Auffassung, die *Steffen* als sehr eng verstanden haben will, vermag aber das gerade an den Schnittstellen bestehende Problem von beständig neu entstehenden Kontroll- und Überwachungspflichten nicht sachgerecht zu begrenzen. Vielmehr kann gerade die Expertenstellung zu einer immer neuen Quelle für Überwachungspflichten werden, was gerade vermieden werden sollte. Die Expertenstellung beinhaltet besondere Fähigkeiten bei der Gefahrbeherrschung und dadurch eine Inanspruchnahme besonderen Vertrauens. Die Grenzen der Haftung des Experten müssten so gegenüber anderen sehr weit gezogen werden, da es sich dabei entgegen *Steffen* nicht um von der Medizin zu erfassende Kriterien handelt, sondern um die rechtlichen Erwägungen zur Entstehung von Berufspflichten. Das Haftungskorrektiv ist dort von der Medizin nicht mehr zu leisten, wo es zu Abweichungen von deren Standard kommt, wie z.B. bei unterschiedlichen technischen Möglichkeiten, bekannten Qualitätsmängel oder Zweifeln an den beruflichen Fähigkeiten, die unbestritten zur Entstehung beim nachbehandelnden Arzt zu eigenen drittbezogenen Sorgfaltspflichten führen. Auch *Steffen* kommt in diesen Fällen zu den gleichen praktischen Ergebnissen, da er die Expertenstellung entsprechend einsetzt.[362] Daran zeigt sich aber, dass nur die Abgrenzung der Verantwortungsbereiche der Medizin obliegt, die Entstehung von Kontrollpflichten aber juristischen Erwägungen unterliegen muss.

Die Problematik der Abstimmungsfehler wird zwar häufig ebenfalls unter dem Stichwort des Vertrauensgrundsatzes erörtert, allerdings auch nur um festzustellen, dass es sich gerade um keinen Anwendungsfall des Vertrauensgrundsatzes handelt.
Jedem Arzt obliegt nämlich als Teil der eigenen Behandlungspflicht die Pflicht, den spezifischen Gefahren der horizontalen Arbeitsteilung entgegenzutreten. D.h. im einzelnen, dass positive wie negative Kompetenzkonflikte nicht entstehen dürfen. In jeder Phase der Behandlung muss zwischen

---

[361] *Steffen*, a.a.O.
[362] *Steffen*, a.a.O.

den beteiligten Ärzten für die Koordination ihrer Arbeit durch ausreichende Kommunikation gesorgt sein.[363]
Die beteiligten Ärzte haften immer gesamtschuldnerisch, wenn Behandlungsfehler ihre Ursache in Abstimmungsfehlern finden. Stammt das Versäumnis zudem aus dem Koordinationsbereich, kommt es zu einer Beweislastumkehr mit der Folge, dass sie sich von der Verschuldensvermutung entlasten müssen.[364] In allen anderen Fällen kommt es zu einer gesamtschuldnerischen Haftung nur dann, wenn jeder beteiligte Arzt aufgrund einer Pflichtverletzung in seinem Verantwortungsbereich einen Verursachungsbeitrag für die Entstehung des Schadens geleistet hat. Eine Beweislastumkehr findet nur nach allgemeinen Grundsätzen statt, z.B. bei einer Verletzung der Dokumentationspflicht.

2. Vertikale Arbeitsteilung

Wie bereits angedeutet liegen die Probleme der vertikalen Arbeitsteilung in ihren Strukturelementen Hierarchie, Delegation und Weisung. Ebenso wie bei der horizontalen Arbeitsteilung erfordert der Grundsatz, dass jeder nur für sein eigenes Handeln haftet, primär eine Abgrenzung der Verantwortungsbereiche. Diese ist funktionell weitgehend durch Arbeitsverträge und ihre Stellenbeschreibungen sowie ergänzend durch das fest gefügte Berufsbild der ärztlichen Hierarchieebenen vorgegeben. Der nachgeordnete ärztliche Dienst erhält im Behandlungsbereich Aufgaben zur selbständigen Erledigung mittels Delegation übertragen, für die er selbst die Handlungsverantwortung trägt. Für die Frage der Zulässigkeit einer Delegation und für die aus ihr folgenden Pflichten des vorgesetzten Arztes greift die Literatur und auch die Rechtsprechung auf den Rechtsgedanken des § 831 BGB zurück.[365] Die vorgesetzten Ärzte haben aufgrund ihrer Führungsverantwortung die Ausführung der delegierten Aufgaben zu überwachen und die Mitarbeiter sorgfältig auszuwählen. Danach ist der führungsverantwortliche Arzt nur dann von einer Mitverantwortung für einen Fehler des behandelnden Arztes entlastet, wenn er diese Pflichten ordnungsgemäß erfüllt hat. Auch hier kommt der Vertrauensgrundsatz zum Tragen und begrenzt die Haftung des führungsverantwortlichen Arztes auf dessen nach der Delegation verbliebenen Verantwortungsbereich.[366]

---

[363] BGH Urt. v. 24. 1. 1984, VersR 1984, 386 - Häschenstellung; BGH Urt. v. 26. 1. 1999, BGHZ 140, 309 - Ketanestnarkose.

[364] BGH Urt. v. 26. 1. 1999, BGHZ 140, 309 - Ketanestnarkose.

[365] *Wilhelm*, Verantwortung und Vertrauen, S. 94 ff.; *Annuß*, Die Haftung des Arbeitnehmers, S. 156 ff.; RGRK- *Nüßgens*, § 823 Anh. II Rz. 221; *Steffen*, Entwicklungslinien, S. 83 mit zahlreichen Nachweisen aus der Rechtsprechung.

[366] *Wilhelm*, a.a.O; *Annuß*, a.a.O; RGRK-*Nüßgens,* a.a.O.

III. Problemstellung

Ist bei horizontaler Arbeitsteilung - sei es durch Sachverständigengutachten oder durch eine vorherige Kompetenzabsprache - einmal festgestellt, in wessen Verantwortungsbereich der Fehler fällt, scheint die Haftungsfrage zunächst geklärt. Gleiches gilt, wenn bei vertikaler Arbeitsteilung feststeht, dass der Delegationsempfänger den Behandlungsfehler verschuldet hat. Durch die Anwendung des vorstehend beschriebenen Vertrauensgrundsatzes versucht man, die Frage zu beantworten, ob neben der ordnungsgemäßen Wahrnehmung des eigenen Aufgabenbereiches auch eine zusätzliche Einstandspflicht aufgrund der Verletzung drittbezogener Pflichten besteht. Dass dabei auf den Rechtsgedanken des § 831 BGB zurück gegriffen wird, zeigt, und das gilt für die horizontale Arbeitsteilung gleichermaßen, dass man für ein berechtigtes, also haftungsbegrenzendes Vertrauen nach einer näheren Ausgestaltung des Grundsatzes sucht, um die Entstehung eigener drittbezogener Sorgfaltspflichten ausschließen zu können. Deshalb hat man versucht, den Inhalt des Vertrauensgrundsatzes materiell anhand der vorgefundenen Verhältnisse des ärztlichen Dienstes auszufüllen, um die Begrenzung der Haftung handhabbar zu machen.

Hier stellt sich aber die Frage, welche Rolle der Vertrauensgrundsatz eigentlich spielt. In der Regel wird gefragt, wann ein berechtigtes Vertrauen vorliegt und welche Elemente ein berechtigtes Vertrauen ausmachen. Andererseits wird aber bereits jetzt deutlich, dass es darum geht, drittbezogene Sorgfaltspflichten zu verneinen. Der Vertrauensgrundsatz könnte also auch nichts anderes sein, als die Feststellung, dass solche drittbezogenen Sorgfaltspflichten nicht vorliegen.

Der wesentliche Unterschied der beiden Blickwinkel ist, dass bei der ersten Betrachtungsweise jeder behandelnde Arzt grundsätzlich für die gesamte Behandlung haftet und sich nur unter bestimmten Voraussetzungen auf seinen internen Aufgabenbereich beschränken darf. Bei der zweiten Möglichkeit beschränkt sich die Haftung des einzelnen Arztes von vorneherein auf seinen Aufgabenbereich, bestimmte Umstände können aber zu weiteren Pflichten führen. Dort findet also ein Tatbestandswechsel vom ursprünglichen Behandlungsfehler auf einen Behandlungsfehler z.B. wegen mangelnder Nachprüfung der Diagnose des mit unzureichenden technischen Möglichkeiten arbeitenden Kollegen statt.

Praktisch unterschiedliche Ergebnisse können dadurch erzielt werden, dass sich durch den unterschiedlichen Ansatz der Bezugspunkt des Fahrlässigkeitsvorwurfs und die Beweislast ändern.

Somit ist festzuhalten, dass Rechtsprechung und Literatur zwar mit der Verwendung des Vertrauensgrundsatzes im Ergebnis die gleiche Fragestellung nach der persönlichen Verantwortlichkeit eines Arztes bei der fehlerhaften Behandlung durch einen Berufskollegen beantworten. In der Sache ist die Herangehensweise jedoch grundverschieden; Vertrauen hat in diesem Zusammenhang unterschiedliche Bedeutungen. Während die Literatur fragt, wann berechtigtes Vertrauen als haftungslimitierendes Prinzip vorliegt, prüft die Rechtsprechung, ob eigene Sorgfaltspflichten bestehen. Der Vertrauensgrundsatz ist für die Rechtsprechung kein eigenes haftungslimitierendes Prinzip sondern vielmehr nur ein plakativer Begriff für das gefundene Ergebnis.

Im Folgenden wird nun dargelegt, wie Literatur und Rechtsprechung den Vertrauensgrundsatz handhaben.

IV. Der Vertrauensgrundsatz in Literatur und Rechtsprechung

1. Normative Vertrauensbasis unterschiedlicher Art in der Literatur

Dorothee Wilhelm sieht den dogmatischen Ausgangspunkt des Vertrauensgrundsatzes im Strafrecht bei der Voraussehbarkeit fremder Pflichtwidrigkeit verortet.[367] Die Voraussehbarkeit zählt zu den intellektuellen Fahrlässigkeitselementen. Hieran setzt *Wilhelm* an und bildet allgemeine Kriterien heraus, die ihr zur Beurteilung dienen, in welcher Weise die allgemeine Definition des Vertrauensgrundsatzes nachgebessert werden müsste. Die Korrelation von Voraussehbarkeit und Wissen, die fachliche Qualifikation, die Inanspruchnahme von Kompetenzen sowie die dienstlich- berufliche Gebundenheit sind Faktoren, die die Voraussehbarkeit eines Fehlverhaltens des Kollegen beeinflussen und eigene Koordinations- bzw. Kontrollpflichten begründen können.[368]

Betrachtet man die horizontale Arbeitsteilung, zeigt sich die unterschiedliche Verteilung von Wissen als Folge der Spezialisierung in der ärztlichen Weiterbildung. Sie führt praktisch dazu, dass sich Ärzte verschiedener Disziplinen fachlich nicht mehr kontrollieren können und also auch nicht müssen. Erst wenn anhand der Grundausbildung erkennbar wird, dass das Vorgehen des Kollegen nicht richtig sein kann, entfällt das berechtigte Vertrauen.[369] Die Kriterien der Inanspruchnahme von Kompetenzen und der dienstlich - beruflichen Gebundenheit erscheinen zunächst bei horizontaler Arbeitsteilung wenig ergiebig, da sie typischerweise bei der vertikalen Arbeitsteilung zu finden sind, aber gerade an den Nahtstellen der verschiedenen Disziplinen kommt es zur Inanspruchnahme fachlicher Kompetenzen, insofern als der behandelnde Arzt das Vertrauen seiner Kollegen hervor-

---

[367] *Wilhelm*, Verantwortung und Vertrauen, S. 85.
[368] *Wilhelm.*, Verantwortung und Vertrauen, S. 85 ff.
[369] *Wilhelm*, Verantwortung und Vertrauen, S. 92 f.

ruft, er werde sein Fach voll und ganz beherrschen. Es bleibt also auch unter diesem Aspekt bei der Begrenzung eines jeden Arztes auf seinen Fachbereich. Eine Folge davon ist die weitgehend fehlende berufliche Bindung gleichgeordneter Ärzte untereinander. Sie ist zugleich Indiz dafür, dass unter diesem Aspekt der Vertrauensgrundsatz nicht modifiziert werden muss.[370]
Bei ihrer Untersuchung der Strukturelemente der horizontalen Arbeitsteilung anhand der allgemeinen Kriterien kommt sie so zu dem Schluss, die allgemeine Definition des Vertrauensgrundsatzes genüge, um die Fälle der Haftung bei horizontaler Arbeitsteilung sachgerecht abzugrenzen. Ein beteiligter Arzt haftet ihrer Ansicht nach also solange nicht, als keine offensichtlichen Qualifikationsmängel oder Fehlleistungen anderer Ärzte für ihn erkennbar werden.[371]

Umbreit erkennt für die horizontale Arbeitsteilung grundsätzlich ebenfalls die Geltung des Vertrauensgrundsatzes jenseits des spezifischen Aufgabengebietes des einzelnen Arztes an,[372] auch wenn er ihn dogmatisch als Bestandteil des erlaubten Risikos ansieht. Er hält jedoch die Ansicht von *Wilhelm* für zu weitreichend, da es Konstellationen gäbe, in denen es auf ein Vertrauen in das Handeln des Kollegen gar nicht ankomme, da für den anderen Arzt bereits ein eigenes Verhaltensgebot existiere.[373] Hatte *Wilhelm* nach einer positiv zu bestimmenden Vertrauensbasis gesucht, so entwickelt *Umbreit* im Anschluss an seinen Einwand gegen die von *Wilhelm* vertretene Auffassung eine Kasuistik von Kontroll- und Überwachungspflichten anhand des Kriteriums der besonderen fachlichen Befähigung.[374] Er bestimmt also die Vertrauensbasis negativ aus dem Nichtbestehen solcher Pflichten.

Annuß verlangt als Anwendungsvoraussetzung des Vertrauensgrundsatzes ebenfalls eine positiv vorliegende tatsächliche Vertrauensbasis.[375] Zu deren Ausfüllung bei horizontaler Arbeitsteilung teilt er, der Einteilung von *Umbreit* im Rahmen der vertikalen Arbeitsteilung folgend,[376] die tatsächlichen Umstände in solche des Zusammenwirkens und diejenigen, die die Qualifikation der Zusammenwirkenden betreffen ein. In beiden Fallgruppen müssen Vertrauensbegründende Handlungsmuster eingehalten werden. Kommt

---

[370] *Wilhelm*, Verantwortung und Vertrauen, S. 93 f.
[371] *Wilhelm*, Verantwortung und Vertrauen, S. 94.
[372] *Umbreit*, Die Verantwortung des Arztes, S. 209 f.
[373] *Umbreit* Die Verantwortung des Arztes, S. 200.
[374] zu den Einzelheiten *Umbreit*, Die Verantwortung des Arztes, S. 202 ff.
[375] *Annuß*, Die Haftung des Arbeitnehmers, S. 154.
[376] *Annuß*, Die Haftung des Arbeitnehmers, S. 154, Fn. 622, 623.

es zu einer Abweichung, so entfällt die Berechtigung zu vertrauen. Als relevante Abweichung sieht er generelle oder konkret begründete Zweifel an der fachlichen Qualifikation eines Kollegen oder an dessen Behandlungsmaßnahmen an.[377] Damit füllt also auch *Annuß* den Vertrauensgrundsatz für die horizontale Arbeitsteilung nicht weiter aus, sondern verbleibt bei der von der Rechtsprechung vorgegebenen Definition.

Die vertikale Arbeitsteilung wirft gemeinhin größere Probleme bei der Bestimmung des berechtigten Vertrauens auf.
Nach einer Analyse der Strukturen der vertikalen Arbeitsteilung anhand der von ihr gewählten allgemeinen Kriterien erachtet es *Wilhelm* als notwendig, den Vertrauensgrundsatz bzgl. Befähigung und Zuverlässigkeit des nachgeordneten Mitarbeiters weiter auszufüllen.[378] Unter dem Aspekt von Voraussehbarkeit und Wissen betrachtet sei festzustellen, dass der hierarchische Aufbau eines Unternehmens von diesen Aspekten bestimmt sein sollte, die Vorgesetzten also einen überlegenen Wissens- zumindest aber Erfahrungsstand besitzen sollten. Diesen Vorsprung muss ein Vorgesetzter immer einsetzen, um Gefahren für den Patienten zu vermeiden.[379] Das Kriterium der fachlichen Qualifikation führt dadurch für die vertikale Arbeitsteilung zu einer über das bei horizontaler Arbeitsteilung Gesagte hinausreichenden Konsequenz. Zwar kann sich grundsätzlich jeder auf die im Befähigungsnachweis dokumentierte Qualifikation des anderen verlassen, dennoch muss ein Vorgesetzter aufgrund seiner eigenen höheren Qualifikation Abweichungen des tatsächlichen Könnens vom verbrieften Können überprüfen und kann erst dann, wenn er sich davon überzeugt hat, dass sie übereinstimmen, auf den nachgeordneten Arzt vertrauen. Der Aspekt der Inanspruchnahme von Kompetenzen weist in die gleiche Richtung. Es darf auf überprüftes tatsächliches Können vertraut werden, auch wenn eine (Formal)-qualifikation nicht vorliegt.[380]
Die Frage danach, wann Befähigung und Zuverlässigkeit als erwiesen gelten dürfen, beantwortet *Wilhelm* unter Rückgriff auf die zivilrechtliche Vorschrift der Haftung für einen Verrichtungsgehilfen, § 831 BGB, da die dort niedergelegten Sorgfaltspflichten repräsentativ für alle Fälle vertikaler Arbeitsteilung seien.[381] Werden die Sorgfaltspflichten des § 831 BGB, Auswahl-, Leitungs- und Überwachungspflicht, beachtet, so darf der Vor-

---

[377] widersprüchlich *Annuß*, Die Haftung des Arbeitnehmers, S. 154, wo er die Fallgruppe der qualifikationsbezogenen Umstände für die horizontale Arbeitsteilung aufgrund „begriffsnotwendig gleicher Qualifikationsstufe" für nicht anwendbar erklärt.
[378] *Wilhelm*, Verantwortung und Vertrauen, S. 99.
[379] *Wilhelm*, Verantwortung und Vertrauen, S. 96 f.
[380] *Wilhelm*, Verantwortung und Vertrauen, S. 97 f.
[381] *Wilhelm*, Verantwortung und Vertrauen, S. 108.

gesetzte auf das Handeln des nachgeordneten Arztes vertrauen. Nach *Wilhelm* spielt die Überwachungspflicht bei vertikaler Arbeitsteilung keine Rolle, da es dem Sinn der Arbeitsteilung zuwiderliefe, dauernde Kontrollen durchzuführen. Sorgfältige Auswahl und Anleitung führten bereits dazu, dass eine Überwachung überflüssig würde.[382] Das bei Auswahl und Anleitung erforderliche Maß der Sorgfalt bestimmt sich nach den Umständen des konkreten Einzelfalles. Besondere Bedeutung unter diesen Umständen hat die Reichweite der Weisung. Je mehr delegiert wird, desto größer ist der Anspruch an die Pflicht des Vorgesetzten. Zudem entsteht die Auswahlpflicht für jede Delegation erneut.[383]

Umbreit verneint zunächst grundsätzlich die Anwendbarkeit des Vertrauensgrundsatzes für die Fälle, in denen ein spezielles Verhaltensgebot im Bezug auf das Vorgehen des nachgeordneten Arztes vorlag. Für relevant hält er in diesem Zusammenhang Regelungen von Gesetzen, Arbeitsverträgen über Dienstanweisungen bis hin zu interdisziplinären Absprachen.[384] Darüber hinaus kann eine Verantwortlichkeit auch aufgrund allgemeiner Erwägungen bestehen. Die dafür maßgeblichen Umstände teilt *Umbreit* in eine objektive und eine subjektive Vertrauensbasis ein.
Auf das Vorliegen der objektiven Vertrauensbasis darf sich berufen, wen keine eigene Pflicht zum Ergreifen von Gegenmaßnahmen trifft, da sich aus den Umständen der arbeitsteiligen Kooperation keine gegenteiligen Anhaltspunkte ergeben haben.[385] Hinzukommen muss das Bestehen einer subjektiven Vertrauensbasis, die auf dem ständig zu aktualisierenden Wissen über die praktischen Fähigkeiten des Mitarbeiters beruht.[386] Entgegen *Wilhelm* hat der vorgesetzte Arzt deshalb eine Pflicht zur ständigen Überwachung.[387] Einschränkungen bestehen nur insoweit, als bei langjährigem, einwandfreiem Verhalten die Anforderungen an die Überwachung zurückgehen und, nur im Strafrecht, aufgrund des Grundsatzes „in dubio pro reo" nur besonders grobe Verstöße gegen die Überwachungspflicht oder deren völlige Vernachlässigung geahndet werden können.[388]

Bei *Annuß* wird ebenfalls § 831 BGB als einschlägiger allgemeiner Rechtsgedanke zur Entwicklung von Verhaltensmaßstäben herangezogen,

---

[382] *Wilhelm*, Verantwortung und Vertrauen, S. 117.
[383] *Wilhelm*, Verantwortung und Vertrauen, S. 117 ff.
[384] *Umbreit*, Die Verantwortung des Arztes, S. 94 ff.
[385] *Umbreit*, Die Verantwortung des Arztes, S. 149, zu den einzelnen Pflichten, S. 120 ff.
[386] *Umbreit*, Die Verantwortung des Arztes, S. 171.
[387] *Umbreit*, Die Verantwortung des Arztes, in ausdrücklicher Auseinandersetzung mit der Ansicht von *Wilhelm*, Verantwortung und Vertrauen, S. 182 ff.
[388] *Umbreit*, Die Verantwortung des Arztes, S. 191 f.

da es um die strukturell gleich gelagerte Frage der Haftung eines für das Gesamtgeschehen Verantwortlichen für die Fehler nachgeordneter Mitarbeiter gehe.[389] Aufgrund der Pflicht zur sorgfältigen Auswahl in Bezug auf jede einzelne Verrichtung besteht neben der Pflicht zur sorgfältigen Auswahl bei erstmaliger Aufgabenübertragung eine Pflicht zur fortlaufenden Überwachung der Eignung,[390] die wie bei *Umbreit* unterschiedlicher Intensität sein kann. Eine Leitungspflicht trifft den vorgesetzten Arzt bei Vorliegen gefahrsteigernder Momente. *Annuß* weist darauf hin, dass bis ins Einzelne gehende Arbeitsanweisungen aufgrund der Freiheit des ärztlichen Berufes nicht zulässig seien.[391] Dieser Prämisse folgend verneint er eine Pflicht, fehlerhaften Weisungen des Vorgesetzten zu folgen. In der Konsequenz haftet der nachgeordnete Arzt bei deren Befolgung immer selbst. Er trägt auch eine Mitverantwortung für Behandlungsfehler des Vorgesetzten, da er diesen darauf hinzuweisen habe, wenn er den Fehler erkennen konnte.[392]

2. Rechtsprechung

a) Exkurs: Beweislastverteilung

Bei einer Analyse der Rechtsprechung zur Handhabung des Vertrauensgrundsatzes bei Arzthaftungsfällen ist es unerlässlich, an die Verwandtschaft von Verkehrspflichten, insbesondere Berufspflichten und der Gefährdungshaftung zu einem weiteren Bereich, nämlich der Beweislastverteilung, zu erinnern.

Zentrale Frage der meisten Arzthaftungsprozesse ist es, ob es dem Kläger, in aller Regel dem Patienten, gelingen wird, eine Beweiserleichterung bzw. Beweislastumkehr für die Kausalität eines etwaigen Behandlungsfehlers zu erlangen, da diese aufgrund schwieriger naturwissenschaftlicher Zusammenhänge bei Heilungsprozessen oft unaufklärbar bleibt.

Demzufolge darf es nicht verwundern, wenn sich Erörterungen zur Arbeitsteilung häufig verwoben mit Beweislast umkehrenden Umständen, wie etwa grober Behandlungsfehler, Dokumentationspflicht oder Anfängereinsatz, finden und nicht in der „Reinform" der Frage nach der Zurechnung eines Fehlverhaltens. Beweiserleichterungen bzw. eine Beweislastumkehr ebnen ebenso wie die Schaffung von Verkehrspflichttatbeständen den Weg

---

389 *Annuß*, Die Haftung des Arbeitnehmers, S. 158.
390 *Annuß*, Die Haftung des Arbeitnehmers, S: 159 f.
391 *Annuß*, Die Haftung des Arbeitnehmers, S. 160 f..
392 *Annuß*, Die Haftung des Arbeitnehmers, S: 161 f.

zu einer Erfolgshaftung (Gefährdungshaftung), indem sie einen Einbruch in das Verschuldensprinzip des Haftungsrechts ermöglichen.[393] Augenfällig ist dieser Zusammenhang auch und gerade bei der Haftung des Arztes für einen Behandlungsfehler: Die Arzthaftung hat sich - wie auch andere Gebiete der Berufshaftung - weitgehend einer objektiven Zurechnung angenähert. Ist die Verletzung einer Berufspflicht einmal erwiesen, so spielt die subjektive Pflichtverletzung kaum mehr eine Rolle und wird von den Gerichten zumeist schon gar nicht mehr angesprochen.[394] Für den Sachvortrag zum Vorliegen eines Behandlungsfehlers gilt, dass an die Substantiierung der Behauptung eines Behandlungsfehlers keine allzu hohen Anforderungen gestellt werden dürfen.[395] Der Grund liegt darin, dass der Patient als Laie bei Vorlage der ärztlichen Dokumentation gar nicht in der Lage ist, festzustellen, worin der Fehler liegen könnte,[396] während der Arzt allein durch die Vorlage der ordnungsgemäßen Dokumentation die Behauptung ausreichend bestritten hätte. Die Expertenstellung des Arztes erfordert die Darlegungserleichterung für den Laien in dieser Sphäre.

Für den an sich dem Patienten obliegenden Nachweis der Kausalität spielt die Figur des „groben Behandlungsfehlers", der in der Regel zu einer Beweislastumkehr führt, eine große Rolle. Die Bezeichnung, wie auch die Definition des groben Behandlungsfehlers, der vorliegen soll, wenn der Arzt bewusst, leichtfertig oder grob gegen die Regeln der ärztlichen Kunst verstoßen hat,[397] erinnern an Fragen der Fahrlässigkeit. Allerdings muss der grobe Behandlungsfehler zwar fahrlässig begangen sein, nicht aber notwendig grob fahrlässig.[398] Die Beweislastumkehr wird vielmehr gewährt, weil durch einen schweren Behandlungsfehler das Bild des Geschehens dadurch verzerrt wird, dass „das Spektrum der für den Misserfolg in Betracht kommenden Ursachen gerade wegen der besonderen Schadensneigung des Fehlers verbreitert bzw. verschoben worden ist".[399] Der Arzt steht diesem Verlauf näher, also soll er sich entlasten.[400]

Diese Begründung trägt auch die Beweiserleichterungen bei Verletzungen der Dokumentationspflicht, da die Situation miteinander vergleichbar, oft sogar dieselbe ist. Wird die Dokumentation nicht sorgfältig geführt, so ist dem Patienten gänzlich unmöglich auf ihrer Basis einen Behandlungsfehler

---

[393] *von Bar*, Verkehrspflichten, S. 280.
[394] *Hirte*, Berufshaftung, 116, 21 für die Anwaltshaftung.
[395] BGH Urt. v. 2. 12. 1980, NJW 1981, 630, 631.
[396] so der BGH a.a.O.
[397] RGRK- *Nüßgens*, § 823 Anh. II Rz. 296.
[398] BGH Urt. v. 10.5.1983, VersR 1983, 729, 731.
[399] BGH Urt. v. 21.9.1982, BGHZ 85, 212, 216.
[400] *Giesen*, Arzthaftungsrecht, Rz. 417.

auszumachen.[401] Der Arzt schottet seinen Gefahrenbereich so gegen eine Zugangsmöglichkeit des Patienten ab, dass diesem die Beweisführung nicht mehr zugemutet werden kann.[402]
Zudem deutet aber auch die Formulierung „grober" Verstoß auf eine besondere Gefährlichkeit des Geschehens hin, die, so der BGH,[403] „den Misserfolg der Behandlung besonders nahe bringt".
Noch deutlicher wird die Nähe der Beweislastverteilung zur Entstehung der Verkehrspflichten bei den dem groben Behandlungsfehler nachgebildeten Fallgruppen. So führt etwa der fehlerhafte Einsatz eines Anfängers bei einer Behandlung zu Beweiserleichterungen für die Kausalität bis hin zur Beweislastumkehr, da die den Anfänger einsetzenden Ärzte vorwerfbar eine Risikoerhöhung geschaffen haben. Dieses Risiko wäre aber sowohl für den Krankenhausträger als auch die Ärzte voll beherrschbar gewesen.[404]
Die Dokumentationspflicht wurde bereits erwähnt.
Während in den angesprochenen Fällen noch nicht offen ausgesprochen wird, dass eine Abgrenzung der Verantwortungssphären angestrebt wird, so ist im „klassischen" Bereich der Haftung für Verkehrspflichtverletzungen auch im Arzthaftungsrecht der Zusammenhang zwischen Entstehung der Verkehrspflichten und Beweislastverteilung nachvollzogen. Bei voll beherrschbaren Risiken aus dem Koordinations- und Organisationsbereich sowie beim Einsatz von medizinisch- technischem Gerät kehrt sich die Beweislast um, da Schäden aus diesem Bereich ausgeschlossen werden können und müssen.[405]
Die Begründung, die hier einerseits zur Annäherung an eine Gefährdungshaftung durch Beweislastumkehr dient, ist andererseits Ursache für die Entstehung der betreffenden Pflicht. So fordert die Rechtsprechung etwa Diagnostik und Therapie so zu organisieren, dass jede vermeidbare Gefährdung des Patienten ausgeschlossen bleibt.[406]
Zuletzt ist dieser Gedankengang aber auch die rechtspolitische Erwägung für die Einrichtung von Gefährdungshaftungen geworden: das gefährliche Verhalten ist zwar prinzipiell erlaubt, aber die Abwälzung der Folgen auf die Geschädigten ist diesen aufgrund der besonders hohen Gefährdung nicht mehr zumutbar.[407]

---

[401] *Giesen*, Arzthaftungsrecht, Rz. 424.
[402] BVerfG Bschl. v. 25.7.1979, BVerfGE 52, 131, 155; BGH Urt. v. 3.2.1987, BGHZ 99, 391, 398 f.
[403] BGH Urt. v. 21.9.1982, BGHZ 85, 212, 216.
[404] BGH Urt. v. 27. 9. 1983, BGHZ 88, 248, 257.
[405] *Laufs*, Arztrecht, Rz. 622; RGRK- *Nüßgens*, § 823 Anh. II Rz. 316.
[406] OLG Köln Urt. v. 21.6.1989, VersR 1990, 1240; BGH Urt. v. 3. 11. 1981, NJW 1982, 699; BGH Urt. v. 11. 10. 1977, JZ 1978, 275, 276 m. Anm. von *Deutsch*.
[407] *Deutsch*, Allg. HaftungsR, Rz. 635.

b) Horizontale Arbeitsteilung

Die Entscheidungen im Bereich der horizontalen Arbeitsteilung kreisen vornehmlich um zwei Themengebiete: zum einen um die Behandlung durch einen Arzt auf der Grundlage der Indikationsstellung durch einen anderen Arzt und zum anderen das gleichzeitig oder einander nachfolgende Handeln verschiedener Disziplinen bei einer Behandlung, etwa von Chirurg und Anästhesist.

Während im zunächst genannten Schwerpunkt die Verantwortungsbereiche bereits anhand der Aufgabenstellung abgegrenzt sind, ist im zweiten Schwerpunktbereich vorrangiges Thema die Herausarbeitung der Verantwortungsbereiche. Ist diese Frage beantwortet, so stellt sich, wie auch in der ersten Fallgruppe, die Frage, ob der betreffende Arzt seinen Verantwortungsbereich beschränken darf, also ob der Arzt auf die Richtigkeit des Handelns des bzw. der anderen Ärzte vertrauen darf.

Hatte sich etwa ein Radiologe bei der Vornahme eines Diagnoseeingriffs auf die Indikationsstellung durch den zuweisenden Neurologen verlassen[408] oder ein Chirurg einen operativen Eingriff auf der Grundlage eines Befundes eines spezialisierten Radiologen vorgenommen,[409] so benützte das jeweilige Gericht das Argument der Beherrschbarkeit eines Gefahrenbereichs, um die Zulässigkeit und auch die Notwendigkeit medizinischer Arbeitsteilung zu rechtfertigen. Ein Nur- Radiologe sei sogar gezwungen, sich letztlich auf die Indikationsstellung des überweisenden Facharztes zu verlassen, weil er unmöglich die oft sehr speziellen Fragestellungen beherrschen und übersehen kann.[410]

Zur Verneinung einer drittbezogenen Überprüfungspflicht wird der Begründungsgang dann weitergeführt: „Der Beklagte war nicht verpflichtet, die Durchführung einer Angiographie auf ihre Eilbedürftigkeit und Notwendigkeit hin zu überprüfen. Er musste sich sogar auf die Indikation der übersendenden Fachabteilung der Klinik verlassen, weil er die sehr speziellen Fragestellungen aus allen medizinischen Fachbereichen nicht beherrschen kann".[411] Nach der Rechtsprechung liegt der Vertrauensgrundsatz also in der Verneinung einer Überprüfungspflicht.

Allerdings hat jeder Arzt neben seinem Spezialwissen über ein medizinisches Grundwissen zu verfügen, aufgrund dessen er verpflichtet ist, eine Therapie des Spezialisten zu überprüfen, sofern er ernste Zweifel hat oder

---

[408] OLG Düsseldorf Urt. v. 30. 6. 1983, AHRS 0920/9.

[409] OLG Düsseldorf Urt. v. 31. 7. 1987 - Sigmoideotomie, AHRS 0920/20; ähnlich OLG Stuttgart Urt. v. 25. 8. 1987- Angiographie, AHRS 0920/21; BGH Urt. v. 26. 2. 1991, NJW 1991, 1539.

[410] OLG Düsseldorf Urt. v. 30. 6. 1983, AHRS 0920/9.

[411] OLG Stuttgart Urt. v. 25. 8. 1987- Angiographie, AHRS 0920/21.

haben muss.[412] In diesem Fall entsteht für den Arzt, ohne dass er eigene Handlungsverantwortung hätte, eine drittbezogene Sorgfaltspflicht. Wenn der BGH formuliert, „kein Arzt, der es besser weiß, darf sehenden Auges eine Gefährdung seines Patienten hinnehmen, wenn ein anderer Arzt seiner Ansicht nach etwas falsch gemacht hat oder er jedenfalls den dringenden Verdacht haben muss, es könne ein Fehler vorgekommen sein",[413] so findet sich eine Parallele zur Begründung der Beweislastumkehr beim Anfängereinsatz.[414] Eine, hier sogar realisierte, Gefahrerhöhung muss vermieden werden, da das Risiko durch etwa eine Rücksprache oder durch einen Hinweis an den Patienten beherrschbar ist. Der BGH[415] nennt sogleich auch den „Urgrund" dieser Verpflichtungen: das Vertrauen des Patienten in die Wahrung der beruflichen Expertenstellung, die ganz allgemein Entstehungsgrund der beruflichen Verkehrspflicht im Verhältnis zum Patienten ist. An dieser Stelle wird also auf das bei medizinischer Arbeitsteilung bestehende Dreiecksverhältnis hingewiesen, in dem jeweils wechselseitig Vertrauen in das Verhalten des anderen bestehen kann.

Wirken mehrere Ärzte verschiedener Disziplinen an einer Behandlung mit, so wird zunächst eine genaue Abgrenzung der Verantwortungsbereiche vorgenommen, da beide medizinischen Disziplinen zu gleicher Zeit die Herrschaft über das Behandlungsgeschehen haben oder haben müssten, da sie gleichermaßen eine sorgfältige Behandlung schulden. Die grundsätzliche Abgrenzung der Verantwortungsbereiche ist in den überwiegenden Fällen, die sich mit dem Zusammenwirken von Anästhesisten und verschiedenen operativen Disziplinen beschäftigen, nicht mehr problematisch, da direkt oder in Anlehnung auf die Grundsätze der Berufsverbände zurückgegriffen werden kann. Die Rechtsprechung sieht die vorgenommene Abgrenzung der Verantwortungsbereiche auch als Grenze der Gefahrentstehung an; die Schuldfrage wird kaum angesprochen.[416] Schwierigkeiten ergeben sich ohne berufsrechtliche Regelung, soweit ersichtlich, noch im diagnostischen Bereich, wenn nicht feststeht, von wem der Befund zu erheben gewesen wäre.[417] Aber auch dort orientiert sich die Rechtsprechung an den tatsächlichen, üblichen Verhältnissen der Arbeitsteilung, so dass

---

[412] BGH Urt. v. 10.11.1987, AHRS 0920/22; OLG Düsseldorf Urt. v. 24.3.1988, AHRS 0920/23.
[413] BGH Urt. v. 8. 11. 1988, AHRS 0920/24- Genetische Beratung - Mongolismus; OLG des Landes Sachsen- Anhalt Urt. v. 29. 4. 1997, VersR 1998, 883.
[414] dazu oben § 5 B IV 2 a.
[415] BGH a.a.O.
[416] OLG Köln Urt. v. 20.9.1989, AHRS 0920/27.
[417] BGH Urt. v. 14. 7. 1992, VersR 1992, 1263; BGH Urt. v. 19. 5. 1987, AHRS 0920/19 - Kaiserschnittoperation; OLG Celle Urt. v. 8. 5. 1989, AHRS 0920/25 - Genetische Beratung - Rötelinfektion.

man sagen kann, dass insgesamt, was die Abgrenzung der Verantwortungsbereiche angeht, die Haftung der tatsächlichen Arbeitsteilung folgt.[418]
In den weiteren Erörterungen zur Beschränkung der Haftung auf den eigenen Verantwortungsbereich, verneint der BGH z.B. das Bestehen einer Hinweispflicht auf eine Gefährdung der Patientin, da der beklagte Arzt nicht „über zusätzliches und besseres Wissen verfügte" und auch nicht „offensichtliche ärztliche Versäumnisse erkannte".[419] Dieses Argument ist bereits bekannt als Rechtfertigung für die Beschränkung der Verantwortungsbereiche überhaupt aufgrund der besseren Beherrschbarkeit des Risikos durch Experten. Zur Begründung einer drittbezogenen Sorgfaltspflicht müssen also Umstände aus dem eigenen Pflichtenkreis hinzutreten. So trifft den Anästhesisten auch nach Zurückverlegung des Patienten auf die Station, solange die Gefahr unerwünschter narkosebedingter Komplikationen besteht, zumindest die Pflicht, das Pflegepersonal und den Stationsarzt zu instruieren.[420] Der BGH zeigt hier auf, dass die Verantwortungsverteilung zwischen den Ärzten - auch jenseits der Regelung der Berufsverbände - der besseren Beherrschbarkeit folgt und wie Pflichten entlang des Risikos entstehen.[421] Nimmt ein Arzt als „fremder" Arzt auf Wunsch der Patientin an einer Operation teil, so folgt bereits aus seiner Vertrauensstellung gegenüber der Patientin die Verpflichtung, den Operateur auf Versäumnisse hinzuweisen.[422] Hier zeigt sich wiederum der mehrdimensionale Bezugspunkt des Vertrauens. Zum einen vertrauen die behandelnden Ärzte untereinander auf die Einhaltung der berufsfachlich gebotenen Sorgfalt der jeweiligen medizinischen Disziplin, zum anderen nimmt aber jeder Arzt für sich das Vertrauen der Verkehrsteilnehmer in seine berufliche Stellung in Anspruch. Beiden Verkehrsbeziehungen muss der einzelne Arzt gerecht werden.

Ein eigenes Thema ist die Haftung für Abstimmungsfehler bei Arbeitsteilung. Sie wird allerdings immer im Zusammenhang mit dem Vertrauensgrundsatz erörtert, da dieser von den beklagten Ärzten zu ihren Gunsten eingewandt wird. Ein Beispiel aus der Rechtsprechung zu den Abstimmungsfehlern soll hier dennoch angeführt werden, da es den Zusammenhang zwischen Vorhersehbarkeit und Pflichtentstehung illustrieren kann.

---

[418] ebenso *Schmidt-Salzer*, Produkthaftung, Band III/1, Rz.. 4.292; ähnlich RGRK- *Steffen*, § 823 Rz. 270.
[419] BGH Urt. v. 14. 7. 1992, VersR 1992, 1263; BGH Urt. v. 19. 5. 1987, AHRS 0920/19 - Kaiserschnittoperation.
[420] BGH Urt. v. 3. 10. 1989, AHRS 0920/28.
[421] ähnlich BGH Urt. v. 26. 2. 1991, NJW 1991, 1539.
[422] OLG Hamm Urt. v. 15. 1. 1990, AHRS 0922/30 - Laminektomie.

Im Urteil vom 26. 01. 1999 hatte sich der BGH auf Rüge der Revision ausführlich mit Fragen der Vorhersehbarkeit zu befassen.[423] Bei der Klägerin war eine Operation am rechten Auge durchgeführt worden. Die Anästhesie wurde als Ketanest- Narkose, d.h. durch Zuführung reinen Sauerstoffs in hoher Konzentration, vorgenommen. Der Operateur setzte zum Stillen von Blutungen einen Thermokauter ein, mit dem die Gefäße durch Erhitzung verschlossen werden. Hierbei kam es zu einer heftigen Flammenentwicklung, in deren Folge die Klägerin schwere, entstellende Verbrennungen im Gesicht erlitt. Die Ursächlichkeit der Kombination von Ketanest- Narkose und Thermokauter für die Brandentstehung war unstreitig. Das Berufungsgericht hatte in der mangelnden Abstimmung von Anästhesie und Operationsmethode einen vorwerfbaren Koordinationsfehler gesehen. Der BGH trägt diese Auffassung mit, da „jener Grundsatz (der Vertrauensgrundsatz) die Pflichten der beteiligten Ärzte gegenüber den Patienten nicht in solchen Fällen zu begrenzen vermag, in denen sich wie im Streitfall das besondere Risiko der Heilmaßnahme gerade aus dem Zusammenwirken verschiedener Fachrichtungen und einer Unverträglichkeit der von ihnen verwendeten Methoden oder Instrumente ergibt". Schon nach allgemeinen Grundsätzen (ohne explizite Berufsvereinbarung) sei eine Pflicht der beteiligten Ärzte zu bejahen, durch hinreichende gegenseitige Information und Abstimmung vermeidbare Risiken für den Patienten auszuschließen. Erst daran anschließend behandelt der BGH die Frage der Vorhersehbarkeit der Brandentstehung. Diese wurde vom Sachverständigen aufgrund allgemeiner physikalischer Grundkenntnisse eines jeden Arztes bejaht. Zum Verschulden äußert der BGH nur mehr, dass wenn die Beklagten zur Abstimmung verpflichtet waren und das Brandrisiko für beide vorhersehbar war, „so liegt auf der Hand, dass das Versäumnis einer hinreichenden Abstimmung schuldhaft war".

c) Vertikale Arbeitsteilung

Die Entscheidungen zur vertikalen Arbeitsteilung gliedern sich der Hierarchie entsprechend in Anforderungen an den übergeordneten Arzt beim Einsatz von nachgeordneten Ärzten und - von unten nach oben - in Anforderungen nachgeordneter Ärzte beim gemeinsamen Handeln mit ihrem Vorgesetzten.

In der Perspektive von oben nach unten sind in der Spruchpraxis vor allem Fehler beim Einsatz von Anfängern relevant geworden. Problematisch waren, neben der Zulässigkeit der Delegation im betreffenden Einzelfall, die Anforderungen an die Kontrolle des nachgeordneten Arztes.

Der BGH hat den Chefarzt zur eigenen Überprüfung der Diagnose und Therapieeinleitung durch einen in Ausbildung stehenden Arzt bzw. zur

---

[423] BGH VersR 1999, 579.

Veranlassung einer Überprüfung durch einen Facharzt verpflichtet.[424] Der behandelnde nachgeordnete Arzt ist aber, wenn die Diagnose abgesprochen war, von deren Fehlerhaftigkeit entlastet.[425]
Die einer Prüfpflicht vorangehende Frage nach der Zulässigkeit der Delegation an einen nachgeordneten Arzt beurteilt die Rechtsprechung von der Frage ausgehend, ob der delegierende Arzt einen Behandlungsfehler begangen habe. Wenn das nicht der Fall ist, durfte der delegierende Arzt auf ein ordnungsgemäßes Handeln des nachgeordneten Arztes vertrauen. Die haftungsbegründende Pflichtverletzung liegt aber nicht in der fehlerhaften Behandlung selbst, sondern es kommt zu einem Tatbestandswechsel: Anknüpfungspunkt ist die Übertragung zur selbständigen Erledigung auf einen noch in Ausbildung stehenden Arzt.[426] War er von seinem Ausbildungsstand her in der Lage, die Behandlung einschließlich möglicher Komplikationen voll zu beherrschen, so wird die Delegation als zulässig angesehen. Die Haftung ist dann endgültig zu verneinen, wenn dem delegierenden Arzt auch keine weitere Pflichtverletzung, wie etwa ein Organisationsfehler, vorgeworfen werden kann.[427] War die Delegation mangels ausreichender Qualifikation unzulässig, so haftet der Vorgesetzte. Wie oben erläutert, ist die Argumentation, die zur Begründung der Beweislastumkehr bei diesem Sachverhalt verwendet wird, dieselbe, die auch der Pflichtbegründung dient: Das Risiko des Anfängereinsatzes, einer vorwerfbaren Risikoerhöhung, ist für den Krankenhausträger und die vorgesetzten Ärzte voll beherrschbar.[428] Bezeichnend im Hinblick auf die Stellung des Vertrauensgrundsatzes ist es auch, wenn das OLG Zweibrücken[429] vom Kläger verlangt, er habe eine Risikoerhöhung durch die Arbeitsteilung zu behaupten. Die im Blickwinkel von oben nach unten in der Rechtsprechung vorgefundenen Argumente laufen tatsächlich parallel mit den Auswahl- und Überwachungspflichten des § 831 BGB. Die Entstehungsgründe der aufgestellten Pflichten finden sich in den Erwägungen zur Beweislast.

Die Perspektive von unten nach oben kennt keinen Anhaltspunkt wie den § 831 BGB. Anders als im Beamtenrecht, z.B. Remonstration, § 38 Abs. 2 S.1 BRRG, müssen die Pflichten des nachgeordneten gegenüber dem vorgesetzten Arzt allgemeinen Grundsätzen entnommen werden. Ausgeklammert bleibt hier das Übernahmeverschulden des nachgeordneten Arztes, da es keinen Bezug zur Arbeitsteilung aufweist. Grundsätzlich besteht keine

---

[424] BGH Urt. v. 10. 2. 1987, AHRS 0920/17.
[425] OLG Köln, Urt. v. 14. 7. 1993, VersR 1993, 1157, 1158.
[426] BGH Urt. v. 27. 9. 1983, BGHZ 88, 248, 256.
[427] OLG Zweibrücken Urt. v. 17. 3. 1998, Az. 5 U 9/97.
[428] BGH Urt. v. 27. 9. 1983, BGHZ 88, 248, 257.
[429] OLG Zweibrücken Urt. v. 17. 3. 1998, Az. 5 U 9/97.

Pflicht des nachgeordneten Arztes, seinen Vorgesetzten zur Hinzuziehung eines Spezialisten zu drängen, sofern beide den Behandlungsverlauf beherrschen können.[430] Haftungsauslösend kann allerdings eine unterlassene Remonstration sein, wenn der nachgeordnete Arzt nicht auf Hinweise aufmerksam macht, die gegen die vom vorgesetzten Arzt gewählte Behandlung sprechen, oder solche Hinweise verkennt.[431]
Auch die Entscheidungen zur vertikalen Arbeitsteilung zeigen, dass keine Zuordnung fremden Fehlverhaltens erfolgt, sondern geprüft wird, ob neben der eigenen Handlungsverantwortung ein weiterer haftungsauslösender Tatbestand, eine Verkehrspflicht, hinzutritt und somit eigenes Fehlverhalten vorliegt.

3. Zusammenfassung und Zwischenergebnis

Während in der Literatur Kriterien für eine normative Ausfüllung des Vertrauensgrundsatzes gebildet werden, zeigt eine nähere Betrachtung der Argumentationslinien in der Rechtsprechung, dass diese in aller Regel prüft, ob drittbezogene Sorgfaltspflichten bestehen. Diese versucht somit nicht, den Inhalt des Vertrauensgrundsatzes positiv zu bestimmen und auf der Grundlage von dessen Inhalt festzustellen, dass eine drittbezogene Sorgfaltspflicht nicht bestand. Ein solches Vorgehen entspräche aber den in der Literatur vertretenen Ansichten über die Bedeutung des Vertrauensgrundsatzes. Die Beweislast für das Bestehen drittbezogener Sorgfaltspflichten liegt nach der Rechtsprechung bei dem Kläger, dem geschädigten Patienten. Hingegen wäre es nach den in der Literatur vertretenen Ansichten Sache des Arztes, das Bestehen einer berechtigten Vertrauensgrundlage als Einwendung gegen die bereits festgestellte Pflichtverletzung darzulegen und zu beweisen.
Während die Rechtsprechung aus einer nicht bestehenden drittbezogenen Sorgfaltspflicht ableitet, dass der handelnde Arzt auf das Tätigwerden seines Kollegen vertrauen durfte, leitet die Literatur aus der positiven Feststellung berechtigten Vertrauens das Fehlen einer eigenen drittbezogenen Sorgfaltspflicht ab.

Im Folgenden soll aufgrund der widersprechenden Herangehensweise von Literatur und Rechtsprechung bei der Feststellung ärztlichen Fehlverhaltens bei horizontaler wie vertikaler Arbeitsteilung nun die Herleitung und der Inhalt des Vertrauensgrundsatzes einer genaueren, kritischen Betrachtung unterzogen werden.

---

[430] OLG München Urt. v. 11. 6. 1992, AHRS 0920/40 - Strumaresektion.
[431] OLG Zweibrücken Urt. v. 20. 10. 1998, MedR 1999, 419, 420.

V. Kritische Auseinandersetzung mit der Herleitung und dem Inhalt des Vertrauensgrundsatzes

1. Rolle der Vorhersehbarkeit

Ausgangspunkt der Überlegungen zur Zurechnung eines Verhaltens ist im Zivilrecht § 276 Abs. 1 S.1 und Abs. 2 BGB. Diese Vorschrift legt das Verschuldensprinzip als den wesentlichen Zurechnungsgrund für das Verhalten einer Person fest und führt dazu, dass sie für die Folgen ihres Verhaltens einstehen muss.[432] Grundsätzlich gilt das Prinzip der Eigenverantwortung, d.h. dass jeder für sein eigenes, aber auch nur sein eigenes, Verhalten einzustehen hat. Allerdings kennt das Haftungsrecht auch eine Haftung durch Dritte bzw., aus der Sicht des Pflichtigen gesprochen, wegen Dritter. Gesetzlich verankert ist eine Haftung wegen des Verhaltens Dritter für das Vertragsrecht in § 278 BGB, für das Deliktsrecht in § 831 BGB und bei Organen oder organähnlichen Personen in §§ 31, 89 BGB. Hinzu treten gesetzlich abschließend vorgesehene Bereiche einer Gefährdungshaftung, wo die Verantwortlichkeit für einen als besonders gefahrenträchtig erachteten Betrieb auf den Unternehmer konzentriert wird.
Daneben hat sich mit den Verkehrs-(sicherungs-)pflichten ein weiteres Feld der Haftung wegen des Verhaltens Dritter etabliert. Über die Pflichten des § 831 BGB hinaus wurden von der Rechtsprechung weitere Pflichten, wie Organisations-, Kontroll- und Überwachungspflichten, geschaffen, um letztlich die aufgrund des als unzulänglich empfundenen § 831 BGB verbleibenden Personalrisiken abzudecken.[433]

In arbeitsteiligen Prozessen angestellter bzw. beamteter Ärzte stellt sich die Frage nach der Zurechnung des Verhaltens eines angestellten Arztes an andere Ärzte nach den Vorschriften der §§ 278, 831 BGB in der Regel nicht. In der Regel soll heißen, dass sowohl beim totalen als auch beim Krankenhausaufnahmevertrag mit Arztzusatzvertrag die gesamten ärztlichen Leistungen vom Krankenhausträger geschuldet werden und nur dieser sich zur Erfüllung seiner Pflichten eines Erfüllungsgehilfen bedient, § 278 BGB. Gleiches gilt für die deliktische Zurechnung über § 831 BGB. Bei beiden Vertragsformen ist nur der Krankenhausträger Geschäftsherr bzgl. der Leistungen des nachgeordneten ärztlichen Dienstes.[434] Abgesehen davon, dass für den Behandlungsbetrieb im Krankenhaus keine Gefährdungshaftung

---

[432] Soergel- *Wolf*, § 276 Rz. 1.
[433] *Larenz/Canaris,* SchR BT 2. Hb., § 79 III 5 b.
[434] Laufs/Uhlenbruck- *Laufs*, Handbuch, § 98 Rz. 17.

existiert, obwohl dies vielfach gefordert worden war,[435] dient auch diese dazu, die Haftung beim Unternehmensträger zu konzentrieren um dem Geschädigten ohne Nachweis des Verschuldens einen potenten bzw. versicherten Schuldner zuzuweisen.

Nachdem festgestellt werden konnte, dass eine gesetzliche Zurechnung des Verhaltens angestellter Ärzte untereinander in der Regel nicht stattfindet, bleibt die Frage zu beantworten, ob sich Gründe finden, die eine Schadensentstehung im Verantwortungsbereich eines anderen Arztes zur eigenen Pflichtverletzung werden lassen.

Hierfür gilt es zunächst einmal allgemein, die Grundregel des Vertretenmüssens in § 276 Abs. 1 S. 1 und Abs. 2 BGB näher zu bestimmen. Vorsatz kann dabei ausgeklammert bleiben, da vorsätzliches Handeln im Behandlungsfehlerbereich die absolute Ausnahme ist. Relevant wird dies allenfalls bei in der Regel nicht medizinisch indizierten Eingriffen, wie z.B. kosmetischen Operationen.

Der zivilrechtliche Fahrlässigkeitsschuldvorwurf gründet sich, da sich die Verhaltensprogramme von Vertrags- und Deliktsrecht gleichen, einheitlich auf eine Verletzung „der im Verkehr erforderlichen Sorgfalt" gem. § 276 Abs. 2 BGB. Dieser Sorgfaltsmaßstab ist objektiv typisierend auszufüllen.[436] Mit diesem Maßstab werden keine Höchstanforderungen zur Richtschnur des Verhaltens gemacht, sondern diejenigen der durch das Auftreten in einem bestimmten Verkehrskreis beanspruchten Stellung (Gruppenfahrlässigkeit). Wer z.B. als Gebietsarzt für Chirurgie im Rechtsverkehr auftritt, hat mindestens die Sorgfaltsanforderungen für Gebietsärzte der Chirurgie einzuhalten. Der Verkehr vertraut aufgrund der Zugehörigkeit zu einer Berufsgruppe auf die Einhaltung der für diese Berufsgruppe typischen Sorgfaltsanforderungen. Im Einzelnen gibt sich jede Berufsgruppe diese Sorgfaltsanforderungen selbst vor; sie sind ggf. durch Sachverständigengutachten festzustellen.

Dieser Sorgfaltsmaßstab dient aber nicht nur der Bestimmung des Verschuldens, sondern ist auch Leitlinie für die Entwicklung der Verkehrspflichten selbst. Besonders augenfällig ist dieser Zusammenhang gerade im Bereich der ärztlichen Berufshaftung, wo man von „Kunstfehlern" spricht, wenn die Behandlung nicht „lege artis" war. Die ärztliche Behandlung ist nur dann rechtswidrig, wenn sie nicht entsprechend den Regeln der ärztlichen Kunst vorgenommen wurde, d.h. die ärztlichen Berufspflichten sind Verkehrspflichten; die Berufshaftung ist somit eine konsolidierte Fallgruppe der Verkehrspflichten.[437]

---

[435] *Weyers*, Gutachten zum 52. DJT, A 64 Rz. 3.

[436] statt aller Soergel- *Wolf*, § 276 Rz. 75.

[437] Erman- *Schiemann*, § 823 Rz. 126; *v. Bar*, Verkehrspflichten, S. 49 ff.

Nach diesen allgemeinen Ausführungen zur Bestimmung der Sorgfaltsanforderungen an das Handeln von Ärzten ist auf die spezielle Frage des Vertrauensgrundsatzes zurückzukommen. In der Literatur wird der in Frage stehende Vertrauensgrundsatz gewöhnlich als Problem der Erkennbarkeit bzw. der Vermeidbarkeit im Rahmen des Verschuldens verortet.[438] Die Gefahr muss, solange die Verwirklichung des Tatbestandes noch vermieden werden konnte und musste, erkennbar sein.[439] Unterscheidet sich, wie bei Verkehrspflichten, der Erfolg von der Handlung bzw. Unterlassung, so gehört zur Fahrlässigkeit auch die Vorhersehbarkeit dieses Erfolges.[440] Diese Vorhersehbarkeit wird durch den Vertrauensgrundsatz auf ebenfalls normgemäßes Verhalten anderer beschränkt. Um zur Anwendung gelangen zu können bedarf der Vertrauensgrundsatz aber einer normativ zu bestimmenden Basis, die geeignet ist, den Vertrauensschutz aller Verkehrsteilnehmer zu gewährleisten[441]. Grund hierfür ist, dass die einzuhaltenden Verkehrspflichten dazu geeignet sein sollen, Schäden, bei sorgfältigem Verhalten aller zu vermeiden. Der Vertrauensgrundsatz beschreibt also nicht nur die Zweierbeziehung zwischen den behandelnden Ärzten, sondern er muss darüber hinaus das Vertrauen im gesamten Rechtsverkehr abbilden. Der Vertrauensgrundsatz muss nämlich auch den Verkehrserwartungen des zu behandelnden Patienten in die berufliche Stellung aller beteiligter Ärzte gerecht werden können, damit die Verkehrserwartungen aller Verkehrsteilnehmer entsprechend zum Ausgleich gebracht sind.

Wenn bei den nachfolgenden Erörterungen von Vertrauensgrundsatz die Rede ist, so ist damit speziell der oben erläuterte Ansatz in Literatur und Rechtsprechung gemeint, der zur Abgrenzung der Handlungsverantwortlichkeit mehrerer an einem Geschehen mit Schadensfolge Beteiligter dient. Daneben existieren aber noch weitere Beziehungen, in denen berechtigtes Vertrauen in die Abwesenheit von Gefahren eine Rolle spielt: Bei ärztlichen Behandlungsmaßnahmen handelt es sich zumeist eine Dreierbeziehung zwischen zwei oder mehreren behandelnden Ärzten, z.B. Chirurg und Anästhesist, und dem Patienten. Das Vertrauen des Patienten in die berufliche Stellung der Ärzte wird im Folgenden auch als Entstehungsgrund von Verkehrspflichten von Bedeutung sein.

---

[438] Soergel- *Wolf,* § 276, Rz. 109, 119; Münch- Komm- *Grundmann,* § 276, Rz. 71; Staudinger- *Löwisch,* § 276, Rz. 23 ff: für das Strafrecht *Wilhelm,* Verantwortung und Vertrauen, S. 61 m. w. N; im Strafrecht werden daneben auch andere Ansätze vertreten.

[439] MünchKomm- *Grundmann* § 276, Rz. 68.

[440] MünchKomm- *Grundmann,* § 276 Rz. 68,70.

[441] MünchKomm- *Grundmann,* § 276 Rz. 139,140.

2. Steuerbarkeit durch Schaffung von Pflichten

Vorhersehbarkeit und Verkehrspflichten stehen in einer engen Verbindung zueinander, und sind schwer voneinander abgrenzbar. Bei beiden Begriffen spielt Vertrauen eine Rolle. Die Vorhersehbarkeit soll durch den Vertrauensgrundsatz begrenzt sein. Als ein Entstehungsgrund der Verkehrspflichten wird das Vertrauen in den Rechtsverkehr genannt. Offenbar wird Vertrauen in verschiedensten rechtlich relevanten Beziehungen mit durchaus unterschiedlicher Zielrichtung als Steuerungserwägung eingesetzt.

a) Notwendigkeit einer Vertrauensbasis

Der Geschehensablauf und der Erfolg werden als vorhersehbar angesehen, wenn unter diversen Umständen die Vertrauensbasis wegfällt. Die Kasuistik, wann eine solche Vertrauensbasis nicht vorliegt ist naturgemäß umfangreicher als die Antworten auf die Frage, wann eine solche positiv vorliegt. Die Rechtsprechung hat es durch das Aufstellen von zusätzlichen Verkehrspflichten, z.b. Prüfungs- und Überwachungspflichten, auch in der Hand den Umfang des Vorhersehbaren zu steuern.[442] Es erscheint daher einerseits zweifelhaft, ob es im Bereich mittelbarer Rechtsgutsverletzungen überhaupt auf eine normative Vertrauensbasis ankommt oder ob nicht vielmehr auf die Entstehungsgründe der Verkehrspflichten abzustellen ist. Andererseits führte es zu einer Durchregulierung sämtlicher Lebenssachverhalte, schaffte man immer neue Verhaltenspflichten für die Verkehrsteilnehmer. Es muss hier also eine Grenze für die Fortentwicklung von Verhaltenspflichten existieren.
§ 831 BGB wird häufig als kodifizierte Verkehrspflicht angesehen.[443]
§ 831 Abs. 1 S. 2 BGB verlangt, dass der Geschäftsherr den zunächst sorgfältig ausgewählten Verrichtungsgehilfen weiterhin regelmäßig überwacht und, sofern erforderlich, auch bei der Verrichtung der ihm übertragenen Tätigkeiten anleitet. Auch im Fall horizontaler Arbeitsteilung formuliert der BGH: „eine gegenseitige Überwachungspflicht besteht insoweit (als der Arzt sich auf seinen Kollegen verlassen darf) nicht"[444]. Dies drängt das zu der Überlegung, dass in beiden Fällen der Arbeitsteilung mit den Verkehrspflichten dasselbe haftungslimitierende Prinzip vorliegen könnte.

Vor dem Hintergrund dieser allgemeinen Überlegungen sollen nun die verschiedenen Ansichten in der Literatur daraufhin untersucht werden, wie sie den Inhalt des Vertrauensgrundsatzes konkret bestimmen.

---

[442] ebenso MünchKomm- *Grundmann* § 276, Rz. 69.
[443] v. *Bar*, Verkehrspflichten, S. 21, 241 ff.
[444] BGH Urt. v. 26.2.1991, NJW 1991, S. 1539.

Die von *Wilhelm* vertretene Ansicht zur Bestimmung des Vertrauensgrundsatzes ist auf die Beziehung der kooperierenden Ärzte fixiert. Sie erfasst daher nicht alle Umstände, die aus dem Verhältnis der beteiligten Ärzte zum Patienten resultieren. Es genügt nicht, sich auf eine Vertrauensbasis zwischen den Ärzten zurückzuziehen, wenn sich aus dem Arzt/Patienten-Verhältnis besondere Gründe für eine gesteigerte Pflicht zur Aufmerksamkeit ergeben, wie etwa, wenn die Patientin einen außenstehenden Arzt zur Beobachtung der Operation hinzugezogen hat[445].
Darüber hinaus blendet sie bei der Beschränkung auf die im Verhältnis der Ärzte untereinander maßgeblichen Umstände die Gefahren, die aus der Arbeitsteilung an sich entstehen, aus. Sachverhalte wie derjenige zur Ketanest- Narkose[446] würden schon gar nicht dem Anwendungsbereich des Vertrauensgrundsatzes unterfallen, da in diesen Fällen originäre Pflichten zur Organisation der Zusammenarbeit bestehen.[447]
Im Rahmen der vertikalen Arbeitsteilung benutzt *Wilhelm* selbst die Verkehrspflichten des § 831 BGB als Richtschnur der von ihr verlangten normativen Vertrauensbasis. Dadurch kommt zum Ausdruck, dass es letztlich die Sorgfaltspflichten sind, bei deren Einhaltung ein berechtigtes Vertrauen möglich wird. Bei sorgfältigem Verhalten aller werden Gefahren weitestgehend vermieden. Das Vertrauen spielt daher nicht als eigenständige rechtliche Kategorie eine Rolle; es liefert vielmehr, wie *Picker* formuliert, „eine anschauliche Beschreibung der Aufgabe, die das Recht durch die Formierung von Einstandspflichten zu lösen hat".[448] Die Konsequenz daraus ist, dass es letztlich nur auf die Entstehung der Verkehrspflichten ankommt. Der Vertrauensgrundsatz beinhaltet lediglich die Aussage, ob weitere Verhaltenspflichten bestehen und zu beachten sind.

Umbreits Ansatzpunkt liegt bei der Vorhersehbarkeit. Die Möglichkeit, diese durch berechtigtes Vertrauen zu beschränken, besteht dann nicht, wenn sich der Vertrauende selbst nicht normgemäß verhält. Um das erforderliche normgemäße Verhalten zu bestimmen, entwickelt *Umbreit* eine umfangreiche Kasuistik von Kontroll- und Überwachungspflichten bei horizontaler Arbeitsteilung. Auch bei vertikaler Arbeitsteilung stellt er auf Umstände ab, die eine Pflicht zum Eingreifen begründen. Im Grunde fragt also auch er nach dem Vorliegen von Pflichten und nicht nach dem Inhalt einer Vertrauensbasis. Vielmehr stellt die normgemäße Einhaltung der Verkehrspflichten dann die Vertrauensbasis dar. Im Strafrecht mag das

---

[445] OLG Hamm Urt. v. 15. 1. 1990, AHRS 0922/30 - Laminektomie.
[446] BGH Urt. v. 26. 1. 1999, VersR 1999, 579.
[447] so auch bereits der Einwand von *Umbreit*, Die Verantwortung des Arztes, S. 200, gegen die Ansicht von *Wilhelm,* Verantwortung und Vertrauen.
[448] *Picker*, AcP 183 (1983), S. 367, 429.

noch unter dem Aspekt der Vorhersehbarkeit zu fassen sein, da kein Tatbestandswechsel stattfindet, sondern die Sorgfaltspflichten im Fahrlässigkeitsschuldvorwurf angesiedelt sind. Im Zivilrecht dagegen kann ein Wechsel der Verkehrspflicht Konsequenzen für die Darlegungs- und Beweislast haben. Deshalb ist exakt festzustellen, welche Verkehrspflicht verletzt wurde.

Annuß nimmt keine klare Trennung zwischen Vorhersehbarkeit und Vertrauensbasis vor. Im Ergebnis stellt er auf die einzelnen drittbezogenen Pflichten ab.

b) Ergebnis

Es konnte also gezeigt werden, dass es in der Literatur nicht wirklich auf eine Vertrauensbasis ankommt, um den Vorwurf eines Behandlungsfehlers zu verneinen. Vielmehr besteht der Inhalt des Vertrauensgrundsatzes auch nach den in der Literatur vertretenen Ansichten darin, zu bestätigen, dass keine Kontroll-, Überwachungs- oder Abstimmungspflichten verletzt wurden. Auch die Rechtsprechung setzt sich mit den Entstehungsgründen der Verkehrspflichten auseinander, um die Beschränkung der Haftung durch den Vertrauensgrundsatz bejahen zu können. Der BGH stellt in dem Ketanest- Narkose- Urteil[449] deutlicher als in denjenigen Urteilen, die die Anwendbarkeit des Vertrauensgrundsatzes bejahen, klar, dass der Vertrauensgrundsatz keine reine Billigkeitserwägung ist, um Arbeitsteilung überhaupt rechtlich handhabbar zu gestalten. Der BGH betont, dass der Vertrauensgrundsatz gerade bei Bestehen eines Pflichttatbestandes nicht greift. Vielmehr erschöpft sich der Vertrauensgrundsatz in der Feststellung, dass kein haftungsbegründender Tatbestand vorliegt. Dies ist eine, für ein klageabweisendes Urteil notwendige Feststellung.

Auch die übrigen zitierten Entscheidungen zeigen, in welchem Maße Erwägungen zur Entstehung von Verkehrspflichten angestellt wurden. Es ist eine Folge des Urteilsstils, bei klageabweisenden Urteilen jeweils nur den entscheidungserheblichen Punkt herauszugreifen, so dass Erwägungen zur Entstehung von Pflichten nur selten in Reinform anzutreffen sind. Bezeichnend für die Stellung des Vertrauensgrundsatzes ist es auch, wenn das OLG Zweibrücken vom Kläger verlangt, er habe eine Risikoerhöhung durch die Arbeitsteilung zu behaupten.[450] Käme es auf eine normative Vertrauensbasis an, so müsste der beklagte Arzt deren Vorliegen als Einwendung darlegen und beweisen. Stellt man auf das Nichtvorliegen drittbezogener Verkehrspflichten ab, genügt es, wenn der Arzt bestreitet, dass der Behandlungsfehler aus seinem Verantwortungsbereich stammt. Daraus wird deut-

---

[449] BGH Urt. v. 26. 1. 1999, VersR 1999, 579.
[450] Urt. v. 17. 3. 1998, Az. 5 U 9/97.

lich, dass die Rechtsprechung in ihren Urteilsbegründungen nicht nach einer Basis für berechtigtes Vertrauen sucht, sondern dieses voraussetzt und Abweichungen, bei denen ein Arzt aufgrund bestehender Verkehrspflichten nicht auf die Ordnungsmäßigkeit des Verhaltens eines anderen Arztes, der an der Behandlung beteiligt ist, vertrauen darf, ausschließt.

Im Ergebnis ist die zutreffende Vorgehensweise zur Abgrenzung der Verantwortlichkeiten also die Prüfung, ob drittbezogene Verkehrspflichten bestehen oder im Einzelfall zu verneinen sind. Die Bezeichnung des Ergebnisses dieser Prüfung als „Vertrauensgrundsatz" hat aber auch ihre Berechtigung. Das Vertrauen im Rechtsverkehr hat zunächst einen tatsächlichen Charakter. Das Recht hat die Frage zu lösen, wann ein Vertrauen berechtigt war und welche Schlussfolgerungen daraus zu ziehen. Vertrauen ist daher „gleichermaßen als Element des Schutzgrundes wie des Schutzziels bei der Formierung rechtlicher Bindungen von Bedeutung."[451] Der Vertrauensgedanke bedarf also keiner weiteren Ausfüllung durch zusätzliche tatsächliche Umstände, sondern er erfordert die Entscheidung des Rechts über die Verhaltensweisen, „auf deren Einhaltung der andere Teil sich einstellt und einstellen soll. Er verdeutlicht, löst aber nicht die eigentliche juristische Arbeit der Formierung von Einstandspflichten, die die „legitime Erwartung" immer zugleich voraussetzen und begründen."[452] Auch *Picker* sieht den Vertrauensgesichtspunkt in einer deskriptiven und nicht normativen Funktion.

3. Entstehung von Verkehrspflichten

a) Allgemein

Somit stellt sich bei der Beurteilung horizontaler wie auch vertikaler Arbeitsteilung nicht die Frage nach der Abgrenzung der Verantwortungsbereiche anhand eines positiv zu bestimmenden Vertrauensgrundsatzes. Es besteht vielmehr das Problem der Herausbildung sachgerechter Einstandspflichten bei medizinischer Arbeitsteilung.
Allgemein werden als Entstehungsgründe der Verkehrspflichten neben dem bereits erwähnten Vertrauensschutz die Schaffung oder Unterhaltung einer Gefahr sowie die Beherrschung eines Gefahrenbereichs genannt.[453]
Die Begründung der Verkehrspflichten hat ihren ursprünglichen Ausgangspunkt, der Begründung einer Haftung für Unterlassen, verlassen und ist ne-

---

[451] *Picker*, AcP 183 (1983), 369,429.

[452] *Picker*, AcP 183 (1983), 369,429.

[453] vgl. *von Bar*, Verkehrspflichten, § 5 II, er zählt darüber hinaus noch das Interesseprinzip zu den Entstehungsgründen; ähnlich RGRK- *Steffen*, § 823 Rz. 151 ff.

ben der Gefährdungshaftung zu einer Methode der Risikoverteilung im modernen Wirtschaftsverkehr geworden.[454] Nicht nur diese Zielsetzung haben die Verkehrspflichten mit der Gefährdungshaftung gemein, auch die Entstehungsgründe von Verkehrspflichten und Gefährdungshaftung sind weitgehend dieselben. Gemeinsamer Grundgedanke ist es auch, dass bestimmte Gefahren hingenommen werden müssen, um die Vorgänge des täglichen Lebens nicht vollständig durch Ge- und Verbote zum Erliegen zu bringen.

Der neben dem Vertrauensschutz als zweiter Entstehungsgrund genannte ist die Gefahrerhöhung durch Schaffung bzw. Einwirkung auf einen bestehenden Verkehr, also die Pflicht, den selbst eröffneten bzw. in die eigene Sphäre geholten Verkehr vor Gefahren in diesem Bereich zu bewahren. Durch die Verkehrspflichten werden abstrakte Gefahren des spezifischen Gefahrenbereichs gesteuert. Die Verkehrspflichten geben auch ihre eigene Intensität an.

Als frühes Beispiel für die gemeinsamen Wurzeln der Gefährdungshaftung und der Verkehrspflichten kann die Funkenflug-Entscheidung des Oberarbeitsgerichts München vom 16. 4. 1861[455] dienen, in der es um den Ersatz eines durch technisch unvermeidbaren Funkenflug aus einer Lokomotive entstandenen Sachschadens ging. Das Oberarbeitsgericht München hatte die Haftung mit der Begründung bejaht, „die Concession zum Betrieb der Eisenbahn, wodurch erfahrungsgemäß täglich und stündlich das Eigentum der Einwohner mit Feuersgefahr bedroht wird, welches aber dessen ungeachtet aus höheren staatsökonomischen Rücksichten und im Hinblick auf den Weltverkehr unumgänglich geboten erscheint, nur unter der Voraussetzung der Schadloshaltung der Einwohner geschehen" kann; „jede Concessionierung einer Eisenbahn überbürdet daher der betreffenden Eisenbahngesellschaft [...] stillschweigend und selbstverständlich die Verpflichtung zum Ersatze des etwa durch den Betrieb entstehenden Brandschadens, auch wenn dieser Betrieb ein regelrechter und den übrigen Concessionsbedingungen entsprechender ist." „Die voraussehbar schädigende Handlung müsse vom rein civilrechtlichen Gesichtspunkt aus als eine unerlaubte qualificiert werden. Der Betrieb einer Eisenbahn durch Locomotiven führt (also) nothwendig und unzertrennlich eine culpose Handlungsweise mit sich". Diese viel kritisierte Entscheidung weist bereits den Gedankengang auf, der sich später bei der Beschreibung von Verkehrspflichten wiederfindet. Andererseits aber sah zum Zeitpunkt der Entscheidung bereits § 25 des preußischen Gesetzes über Eisenbahnunternehmen vom 3. 11. 1838[456] eine Ge-

---

[454] *von Bar*, Verkehrspflichten, S. 102.
[455] SeuffArch. Bd. 14 Nr. 208.
[456] GS 505.

fährdungshaftung für den Betrieb von Eisenbahnen vor, wie sie später für das gesamte Deutsche Reich gelten sollte.

Der zweite wesentliche Entstehungsgrund für Verkehrspflichten ist der Vertrauensschutz. Wie bereits oben dargestellt, ist es kein Widerspruch einerseits einen Vertrauensgedanken als normative Kategorie abzulehnen und andererseits Vertrauen zur Begründung von Verkehrspflichten heranzuziehen. Das Vertrauen im Rechtsverkehr ist als tatsächlicher Umstand zugleich Ursache und Wirkung. Vorhandenes Vertrauen zwingt zur Schaffung von Verkehrspflichten um Gefahren von dem Vertrauenden abzuwenden. Andererseits ermöglicht eine bestehende Verkehrspflicht aber auch das Vertrauendürfen und erleichtert somit den Umgang der am Rechtsverkehr Beteiligten.[457]

Der Gedanke, dass das Hervorrufen von Erwartungshaltungen bei Dritten Einfluss auf die Herausbildung von Pflichten hat, ist im Grundsatz schon in der Verkehrseröffnung enthalten, z.b. beim Skifahren und Rodeln, im Straßenverkehr, bei Bankauskünften und in der Berufshaftung. Das zurechenbare Schaffen eines Vertrauenstatbestandes, also das Hervorrufen eines Eindrucks von Abwesenheit von Gefahren, hindert den einzelnen an eigenen Sicherheitsvorkehrungen und nimmt so denjenigen, der die Sphäre beherrscht, in die Pflicht. Bei Vertrauensschutzerwägungen zur Begründung von Verkehrspflichten geht es um die Frage, wann jemanden aufgrund berechtigten Vertrauens anderer Verkehrspflichten treffen. Kehrt man die Fragestellung um - wann darf in mehrdimensionalen Verhältnissen auf Schutzvorkehrungen anderer vertraut werden und eigene unterlassen werden - tritt der Zusammenhang der Begründung von Verkehrspflichten mit dem Vertrauensgrundsatz, wie er für die horizontale und vertikale Arbeitsteilung Verwendung findet, klar zu Tage. Es erscheint mehr als fraglich, ob überhaupt eine unterschiedliche Behandlung der beiden Blickrichtungen auf letztlich dieselbe Fragestellung geboten ist. Eine weitere Funktion des Vertrauensgedankens ist die Bestimmung von Inhalt, Umfang und Art der Verkehrspflicht. Die Einstandpflicht des jeweils Handelnden kann anhand des Vertrauensgedankens vor der Gefahr einer zu weiten Haftung für enttäuschtes Vertrauen bewahrt werden.[458]

Dritter Ansatzpunkt für die Begründung der Verkehrspflichten ist die Beherrschbarkeit eines Gefahrenbereichs. Seine Zusatzfunktion ist vor allem auch die Bestimmung des Pflichtenträgers und des Umfangs erforderlicher Maßnahmen.

---

[457] *Picker*, AcP 183 (1983), 369,428.
[458] *Picker*, AcP 183 (1983), S. 429.

Die heute durchweg anerkannte Begründung von Verkehrspflichten durch Beherrschung einer Gefahrensphäre[459] geht auf die Rechtsprechung des Reichsgerichts zurück, das aus §§ 836, 832 BGB einen allgemeinen Rechtsgedanken ableitete, wonach jeder für eine Beschädigung durch seine Sachen insoweit aufkommen müsse, als er dieselbe bei billiger Rücksichtnahme auf die Interessen des anderen hätte verhüten müssen[460]. Anknüpfungspunkt für die Bestimmung des Pflichtenträgers ist die tatsächliche Herrschaftsmacht.[461] Diese Auslegung kann durchaus an §§ 836, 832 BGB angelehnt werden, dort geht es auch nicht um die besondere Befähigung zur Gefahrenabwehr, sondern um eine Machtstellung im Verhältnis zur Gefahrenquelle, sei es aufgrund einer Besitzposition, §§ 836, 833 BGB, oder aufgrund Sorgerechts, § 832 BGB. Eine besondere Befähigung wird aber bei anderen pflichtbegründenden Tatbeständen relevant.

b) Bei Arbeitnehmern

Neben der Frage nach den allgemeinen Entstehungsgründen von Verkehrspflichten ist für das arbeitsteilige Zusammenwirken von Arbeitnehmern, insbesondere angestellter Ärzte noch entscheidend, wie und ob Verkehrspflichten bei Arbeitnehmern entstehen können.
Betrachtet man die Rechtsprechung und Literatur zur Haftung angestellter Ärzte, so verwundert, dass an dieser Stelle überhaupt die Frage aufgeworfen wird, wie und ob Verkehrspflichten bei Arbeitnehmern entstehen können. Rechtsprechung und Literatur sind sich, was Ärzte angeht, völlig einig, einem angestellten Arzt dieselben Berufspflichten aufzuerlegen wie auch einem selbständig tätigen Arzt[462].

Ganz anders sieht das Meinungsbild allerdings hinsichtlich anderer Berufsgruppen, bei denen sog. Berufspflichten, wie sie neben den Ärzten auch Architekten, Rechtsanwälten, Steuerberatern etc. obliegen, nicht bereits als gesicherte Fallgruppe der Haftung für Verkehrspflichten gelten, aus. Die Frage der Haftung von Arbeitnehmern für die Verletzung von Verkehrspflichten im Rahmen ihrer Arbeitsverhältnisse wird unter zwei Stichworten abgehandelt: Das ist zum einen die Berufshaftung und zum anderen die Übernahmehaftung. Der Begriff der Berufshaftung knüpft an die Haftung der freien Berufe, Ärzte, Architekten etc. an. Gefahren, die bei Ausübung eines betreffenden Berufes oder in - Erweiterung - Gewerbes auftreten, sind durch die einem verständigen und gewissenhaften Angehörigen dieser Be-

---

[459] *Christensen*, Verkehrspflichten in arbeitsteiligen Prozessen, Fn. 466.
[460] RG Urt. v. 23.2.1903, RGZ 54, 53, 58 f.
[461] *von Bar*, Verkehrspflichten, S. 122 f.
[462] st. Rspr. vgl. nur. BGH Urt. v. 11.04.1951, BGHZ 1, 383, 386 - Novocain; statt aller Erman- *Schiemann*, § 823 Rz. 129.

rufsgruppe obliegenden Sicherheitsmaßnahmen zu verhüten.[463] Allerdings verlangte der BGH und vor ihm bereits seit den Entscheidungen RGZ 102, 38 und 372, die einen Rollfuhrunternehmer und einen Tierarzt betrafen, das RG immer wieder nach „einer gewissen selbständigen Stellung im beruflichen oder gewerblichen Leben". Das hinderte ihn aber nicht, den hier besonders interessierenden Ärzten und daneben auch z.b. Kindergärtnerinnen, Krankenschwestern, Bademeistern, Tankbefüllern und Schuhverkäufern berufliche Pflichten aufzuerlegen.[464] Bei den letztgenannten Berufsgruppen erscheint es höchst fraglich, ob der BGH die von ihm selbst entwickelten Kriterien konsequent zur Anwendung bringt.
Verneint wurden berufliche Pflichten - und hierin liegt die einzig nachvollziehbare Tendenz der Rechtsprechung - zumeist bei Sachgefahren, sei es dass sie von diesen ausgingen oder auf sie einwirkten, so z.b. im Fall eines Wachmannes, der durch seine Nachlässigkeit den Diebstahl der ihm anvertrauten Gegenstände ermöglichte.[465]

Die andere immer wieder bei der Haftung von Arbeitnehmern auftauchende Fallgruppe ist die Übernahme einer Verkehrspflicht. Wurde die Haftung für übernommene Verkehrspflichten früher noch zum Teil auf das Vorliegen eines Vertrages gestützt[466], so ist heute anerkannt, dass eine faktische Übernahme des Gefahrenbereiches genügt[467]. Damit rücken auch in diesen Bereich wieder die eigentlichen Entstehungsgründe mit den ihnen zugrunde liegenden Gerechtigkeitserwägungen in den Vordergrund. Die Haftung eines Arbeitnehmers für die Verletzung einer Verkehrspflicht setzt also voraus, dass in seiner Person durch die Übernahme der Aufgabe Entstehungsgründe für Verkehrspflichten zu finden sind. Es kann nur die Erfüllung der Aufgabe übernommen werden[468] und nicht die Verkehrspflicht selbst, wie aber häufig formuliert wird, da es sich bei den Verkehrspflichten um ein System von Zurechnungsgründen handelt, deren Verteilung nicht der Disposition zugänglich sein kann.
Bei der Übernahmehaftung treffen je nach Lage des Einzelfalles alle Entstehungsgründe für Verkehrspflichten zusammen: Wichtig ist hierbei unter den Entstehungsgründen vor allem die Schaffung einer Gefahr. Wer es übernimmt, eine konkrete Gefahr zu verhüten, hindert den ursprünglich Zuständigen, sei es der Bedrohte selbst oder ein Erstgarant, Maßnahmen zur

---

[463] BGH Urt. v. 25.2.1988, BGHZ 103, 298, 304.
[464] Nachweise bei *Christensen,* Verkehrspflichten in arbeitsteiligen Prozessen, S. 61/62.
[465] BGH Urt. v. 16. 6. 1987, NJW 1987, 2510.
[466] RG v. 24. 11. 1910, RG Gruchot 55, S. 970.
[467] BGH NJW- RR 1989, 394, 395.
[468] ebenso *Larenz/Canaris,* SchR BT 2.Hb., § 76 III 5c; a. A: *v. Bar,* Verkehrspflichten, S. 274.

Gefahrenabwehr zu treffen.[469] Dadurch entsteht, begründet durch die Möglichkeit von Missverständnissen, eine latente Risikoerhöhung. Der Arbeitnehmer ist in dieser Situation dann auch der einzige der in der Lage ist das Geschehen zu beherrschen.
Auch der Vertrauensgedanke als Entstehungsgrund für Verkehrspflichten wirkt mit den anderen Entstehungsgründen im Fall der Übernahmehaftung zusammen. In den Arbeitnehmerfällen vertraut der Arbeitgeber bzw. sein Organisationsgehilfe auf die ordnungsgemäße Erfüllung der Aufgabe, die nach außen den Schutz fremder, dritter Rechtsgüter beinhaltet. Unter Umständen nimmt der Arbeitnehmer, und dies wird bei angestellten Freiberuflern insbesondere Ärzten die Regel sein, auch selbst das Vertrauen des Dritten in Anspruch. Bei horizontaler Arbeitsteilung tritt auch noch das Vertrauen der Berufskollegen hinzu, dass der jeweils andere Arzt die ihm zugewiesenen Aufgaben ordnungsgemäß erfüllt.[470]
Die ausgewählten Beispiele zeigen, dass die Entstehungsgründe der Pflichten in Berufs- und Übernahmehaftung dieselben sind. Die Haftung für Berufspflichten ist im Grunde nichts anderes als eine Übernahmehaftung.[471] Allerdings ist zutreffend, dass die Inanspruchnahme einer Expertenstellung sowohl hinsichtlich des Vertrauens verstärkend wirkt, als auch die Beherrschung des betreffenden Gefahrenbereichs abverlangt.[472]

Allerdings darf man bei Arbeitnehmern nicht einfach an die ihnen im Rahmen ihrer Berufsausübung übertragenene Aufgabe anknüpfen und eine Verkehrspflicht damit begründen, dass sie die dort bestehenden Gefahrenquellen zu beherrschen haben und ihnen ihr Arbeitgeber vertraut.
Das Ergebnis wäre, dass Arbeitnehmer grundsätzlich deliktisch für die ordnungsgemäße Erfüllung ihrer Arbeitsleistung hafteten. Das hat auch der BGH in seinem Wachmann- Urteil abgelehnt. Ein angestellter Wachmann haftet danach einem Dritten nicht auf Grund der Verletzung einer Verkehrspflicht, wenn der Diebstahl von ihm zu bewachender Gegenstände durch seine Nachlässigkeit möglich wird. Verkehrspflichten knüpften an die selbständige Stellung im Berufsleben an und könnten Arbeitnehmern nicht im Hinblick auf ihre Berufsausübung auferlegt werden.[473]
Diese Begründung hat allerdings eine fragwürdige Anwendung auf unterschiedlichste Berufsgruppen erfahren. Eine selbständige Stellung im Be-

---

[469] *Otto/Schwarze*, Die Haftung des Arbeitnehmers, Rz. 468.
[470] allgemein ebenso *Larenz/Canaris,* SchR BT 2. Hb., § 76 III 3b; *Christensen*, Verkehrspflichten in arbeitsteiligen Prozessen, S. 153.
[471] ebenso *Larenz/Canaris* a.a.O.; a. A. *Otto/Schwarze*, Die Haftung des Arbeitnehmers, Rz. 469.
[472] *Larenz/Canaris*, SchR BT 2. Hb., § 76 III 3 b.
[473] BGH Urt. v. 16. 6. 1987, NJW 1987, 2510.

rufsleben ist im Fall eines Schuhverkäufers oder Tankbefüllers ebenso wenig begründbar wie für einen Wachmann.

Daher sind die Entstehungsgründe der Verkehrspflichten bei Arbeitnehmern näher zu betrachten. Überträgt der Arbeitgeber dem Arbeitnehmer eine Aufgabe, so kommt es nur dann zum Übergang der deliktischen Verantwortlichkeit auf den Arbeitnehmer, wenn, mit Ausnahme des Vertrauens des Arbeitgebers in die ordnungsgemäße Aufgabenerfüllung, eigenständige Entstehungsgründe in der Person des Arbeitnehmers vorliegen. Allein durch sein Tätigwerden für den Arbeitgeber ruft der in die betriebliche Organisation eingebundene Arbeitnehmer keine ihn betreffende Verkehrserwartung Dritter hervor. Er wird von Dritten in der Regel als Hilfsperson seines Arbeitgebers wahrgenommen werden, in dessen Organisation sie vertrauen. Auf das Vertrauen des Arbeitgebers kommt es deswegen nicht an, da dieser anders als bei selbständigen Übernehmern einer Aufgabe von seinen Arbeitnehmern nicht erwarten kann, dass diese fehlerfrei arbeiten werden.[474] Der Arbeitgeber weiß, dass er letztverantwortlich für die Organisation des Betriebs ist.

Anders kann das aber bei Arbeitnehmern mit weitem eigenen Handlungs- und Entscheidungsspielraum sein. Dort, wo die Einflussmöglichkeiten des Arbeitgebers auf das Verhalten des Arbeitnehmers sehr gering sind, entsteht eine berechtigte Verkehrserwartung des Arbeitgebers in die ordnungsgemäße Pflichterfüllung des Arbeitnehmers, ansonsten könnte er ihnen einen solchen Spielraum nicht zubilligen. Typischerweise handelt es sich um Mitarbeiter mit Leitungs- und Kontrollfunktion und solche, die der Arbeitgeber aufgrund ihrer besonderen fachlichen Qualifikation eigenständig arbeiten lassen muss.[475] So trifft z.B. einen Laborleiter die Verkehrspflicht, die Verbraucher des Produkts zur richtigen Nutzung des Produkts anzuweisen.[476]

4. Ergebnis und Folgerungen für die Arbeitsteilung

Die Entstehung von Verkehrspflichten folgt keinem starren „Wenn - Dann"- Schema. Vielmehr stehen die Entstehungsgründe in einem „beweglichen" System und wirken je nach ihrem Auftreten und ihrer Intensität zur Pflichtentstehung zusammen[477]. Durch Abwägung der einzelnen Kriterien

---

[474] *Otto/Schwarze*, Die Haftung des Arbeitnehmers, Rz. 468.
[475] *Otto/Schwarze*, Die Haftung de Arbeitnehmers, Rz. 469.
[476] BGH Urt. v. 7. 10. 1986, VersR 1987, 102.
[477] *Larenz/Canaris*, SchR BT 2. Hb., § 76 III 3.

mit der Höhe des drohenden Schadens und der Höhe der Gefahr entstehen Verkehrspflichten in Form von Gefahrvermeidungspflichten.

a) Horizontale Arbeitsteilung

Wie die Analyse der Rechtsprechung gezeigt hat, war es in keiner Weise entscheidungserheblich, eine „Vertrauensbasis" positiv festzustellen. Vielmehr veränderte sich der dem Arzt vorgeworfene Tatbestand in einen Verkehrspflichttatbestand, wenn das fehlerhafte Verhalten nicht in seinen Verantwortungsbereich fiel. Das Gericht hatte dann, den Urteilsgrundsätzen folgend, festzustellen, dass auch ein solcher nicht verwirklicht wurde. Auf eine positive Vertrauensbasis kann es daher gar nicht ankommen. Der Grund liegt in der prinzipiellen Zulässigkeit der Arbeitsteilung.

Auch in der Literatur wird, um den Vertrauensgrundsatz auszufüllen, zwar nach einer normativen Vertrauensbasis für einen Haftungsausschluss gesucht, tatsächlich aber besteht die gefundene Basis immer nur in der Verneinung drittbezogener Sorgfaltspflichten. Diese werden systematisiert, um eine Vertrauensbasis darstellen zu können. Im Ergebnis stellt der Vertrauensgrundsatz als Begriff nichts weiter als eine Leerformel dar. Richtigerweise ist deshalb danach zu fragen, ob Umstände vorliegen, die eine Verkehrspflicht eines an einem arbeitsteiligen Prozess Beteiligten auslösen können, der nicht selbst die Handlungsverantwortung trägt. Hierbei spielt auch berechtigtes Vertrauen eine Rolle. Allerdings ist das Vertrauen als Entstehungsgrund von Verkehrspflichten maßgeblich, nicht als noch näher zu definierendes Kriterium der Vorhersehbarkeit von Pflichtverletzung und Schaden.

Die Umstände, die eine Pflicht auslösen können, werden in der Regel aus dem Blickwinkel der beruflichen Stellung des beklagten Arztes im Verhältnis zu seinem Patienten bestimmt. Zur Handhabung der Risiken der horizontalen Arbeitsteilung muss aber eine weitere Beziehung des mehrdimensionalen Rechtsverhältnisses, es sind in diesen Fällen mindestens drei Personen beteiligt, beachtet werden: die Beziehung zwischen den beteiligten Ärzten. Zwar fehlt es in diesem Verhältnis an einer Haftungsbeziehung, aber in dieser Beziehung liegt das grundlegende Risiko der Arbeitsteilung. Durch das Auftreten im Verkehrskreis garantiert jeder Arzt die Einhaltung der berufsfachlich gebotenen Sorgfalt nicht nur den Patienten, sondern auch allen anderen Verkehrsteilnehmern, also auch allen anderen Ärzten. Das gegenseitige Vertrauen führt zu einer latenten Risikoerhöhung in der gesamten Arbeitsteilung. Der oft gedachte Satz, „der andere wird schon...", provoziert Abstimmungs- und Koordinationsfehler, die zur gesamtschuldnerischen Haftung ohne Exkulpationsmöglichkeit führen[478]. Auch wenn das gegenseitig in Anspruch genommene Vertrauen grundsätzlich zur Begrenzung der Verantwortungsbereiche berechtigt, darf dadurch das Verkehrsvertrauen der Patienten nicht beschnitten werden. Aus diesem Grund wird auch ein sehr strenger Haftungsmaßstab für Koordinationsmängel angelegt.

b) Vertikale Arbeitsteilung

Bei der Untersuchung der Rechtsprechung und der Literatur zur vertikalen Arbeitsteilung war festzustellen, dass im Verhältnis Vorgesetzter zu nachgeordnetem Arzt tatsächlich mit den in § 831 BGB gesetzlich verankerten Verkehrspflichten operiert wird. Die zur Ausfüllung eines Vertrauensgrundsatzes in der Literatur geforderte Vertrauensbasis hatte hier also nie einen über die Feststellung von Verkehrspflichten hinausgehenden Inhalt. Es ist daher nicht erforderlich, nach einer normativen Ausfüllung des Vertrauensgrundsatzes zu suchen. Entscheidend und ausreichend zur Klärung der Haftungsfragen innerhalb einer arbeitsteiligen Organisation ist allein das Entstehen von Verkehrspflichten durch die spezifischen Gefahren dieses Prozesses bzw. das Bestehen von Verkehrspflichten aufgrund besonderer Umstände in der Person der Beteiligten.

Um eine Tätigkeit weitgehend haftungsbefreiend delegieren zu können, muss der vorgesetzte Arzt den Mitarbeiter im konkreten Fall sorgfältig ausgewählt und überwacht haben. Völlig haftungsbefreiend kann eine Delegation aufgrund parallel bestehender Organisationspflichten nie erfolgen. Der vorgesetzte Arzt ist zwar nicht selbst Geschäftsherr, so dass § 831 BGB nicht direkt anwendbar ist, jedoch enthält er nur kodifizierte Verkehrspflichten, die auch ohne Niederlegung in der entsprechenden Situation entstehen können, und das ist durch die Kodifikation auch nicht ausgeschlossen. Die Entstehungsgründe der Überwachungs- und Auswahlpflicht sind bekannt. Auch für sie gilt, dass eine abschließende Zusammenstellung von Fallkonstellationen nach dem „Wenn-Dann-Schema" nicht möglich ist.

Drittbezogene Verkehrspflichten bestehen aber nicht nur für vorgesetzte Ärzte, auch in der Blickrichtung von unten nach oben können sich aus dem arbeitsteiligen Zusammenwirken Pflichten für die nachgeordneten Ärzte ergeben.

In zwei Konstellationen wird ein fehlerhaftes Vorgehen des vorgesetzten Arztes zum Problem für den nachgeordneten Arzt. Kann oder muss er je nach Ausbildungsstand die Fehlerhaftigkeit erkennen, stellt sich für ihn die

---

[478] BGH Urt. v. 24.1.1984, NJW 1984, 1403, 1404; *Steffen*, Entwicklungslinien, S. 86; *Giesen*, Arzthaftungsrecht, Rz. 153.

Frage, ob er an der Behandlung mitwirken muss und ob er seinen Vorgesetzten auf den drohenden Behandlungsfehler hinweisen muss. Zu Recht hat die Rechtsprechung nachgeordnete Ärzte verpflichtet, Vorgesetzte auf Fehler aufmerksam zu machen.[479] Jeder approbierte Arzt nimmt gegenüber den Patienten das Vertrauen in seinen Berufsstand selbst in Anspruch. Kann er einen Fehler erkennen, so beherrscht er auch insoweit den Behandlungsverlauf, als er mit seinem Hinweis einen Schaden vermeiden oder abmildern kann. So zählt auch eine Remonstration zu den Berufspflichten nachgeordneter Ärzte.[480]

Die Frage, ob sie fehlerhafte Weisungen befolgen müssen, betrifft die eigene Behandlungstätigkeit der nachgeordneten Ärzte und ist mithin nicht drittgerichtet. Dass Ärzte, anders als andere Arbeitnehmer, stets Dritten gegenüber deliktisch für Behandlungsfehler haften, kann sie in ein Dilemma zwischen arbeits- und haftungsrechtlichen Konsequenzen bringen, wenn auch für sie fehlerhafte Weisungen verpflichtend wären.[481]

C. Verhältnis der im Rahmen der vertikalen Arbeitsteilung nötigen Anweisungen zum arbeitsrechtlichen Direktionsrecht

I. Das Direktionsrecht

Gem. § 1 Abs. 1 Satz 3 BOÄ ist der Beruf des Arztes ein „seiner Natur nach freier Beruf". Der Arztberuf wird aber mittlerweile am häufigsten in Form eines Anstellungsverhältnisses ausgeübt. Im Jahr 1997 waren 114.955 niedergelassene Ärzte, 134.673 in Krankenhäusern beschäftigte und 33.145 anderweitig beschäftigte Ärzte registriert.[482] Ein Charakteristikum des Arbeitsvertrages ist die Weisungsgebundenheit des Arbeitnehmers. Mittels seiner arbeitsrechtlichen Leitungsmacht konkretisiert der Arbeitgeber die Leistungspflicht des Arbeitnehmers immer wieder neu: Er steuert die Durchführung der Arbeit wie auch die Organisation des Betriebes. Für alle angestellten Ärzte stellt sich daher die Frage, wie es um die Freiheit ihres Berufes angesichts des grundsätzlich bestehenden Weisungsrechts des Arbeitgebers bestellt ist, und darüber hinaus, welche Auswirkungen die Ausgestaltung des Weisungsrechts auf ihre persönliche Haftung hat.

---

[479] dazu oben § 5 B IV 2 c.
[480] ebenso *Annuß*, Die Haftung des Arbeitnehmers, S. 162; nochmals unten § 5 C III 4 e.
[481] so Staudinger- *Richardi*, vor § 611 Rz. 1288.
[482] Statistisches Jahrbuch 1998.

Kehrseite der Freiheit des ärztlichen Berufes ist, dass der BGH Ärzten aufgrund ihrer „gewissen selbständigen Stellung" im Berufsleben eigene Berufspflichten auferlegt. Diese eigenen Berufspflichten stehen in einem Spannungsverhältnis zu Weisungen des Arbeitgebers, die die Berufsausübung steuern. Der angestellte Arzt kann dadurch bei Ausübung seiner Tätigkeit unter Umständen in einen Konflikt zwischen arbeits- und haftungsrechtlichen Sanktionen geraten.

1. Rechtsgrundlage

Das Arbeitsverhältnis ist durch die Eingliederung des Arbeitnehmers in einen fremdbestimmten arbeitsteiligen Prozess gekennzeichnet, dessen Organisation vom Arbeitgeber mittels Weisungen verwirklicht wird. Für das Arbeitsverhältnis, wie auch für viele andere Dauerschuldverhältnisse, z.B. Auftrag, Sukzessivlieferungsvertrag, ist weiter typisch, dass die Leistungspflicht des Arbeitnehmers nicht bis in die Einzelheiten im voraus genau vertraglich vereinbart werden kann, sondern im Arbeitsvertrag nur rahmenmäßig, z.B. mit einer Berufsbezeichnung, umschrieben wird.
Die Berechtigung zur einseitigen Leistungsbestimmung, mit der im Einzelfall eine Konkretisierung der Leistungspflicht durch den Arbeitgeber erfolgen kann, setzt das Bestehen eines Vertrages voraus.[483] Wäre die Bestimmung der Leistungspflichten der Willkür der Parteien überlassen, fehlte es an den für den Vertragsschluss erforderlichen essentialia negotii. Folge davon ist, dass das Weisungsrecht des Arbeitgebers der schwächste Gestaltungsfaktor des Arbeitsvertrages ist.

2. Inhalt

Die Arbeitsleistung selbst ist vom Arbeitgeber noch hinsichtlich Art, Ort und Zeit zu konkretisieren, sofern nicht bereits eine kollektiv- oder einzelvertragliche Regelung besteht. Letztere kann auch häufig mittels Vertragsauslegung zu gewinnen sein.
Den organisatorischen Bedürfnissen eines Arbeitsprozesses entsprechend lassen sich dabei arbeitsbezogenen Weisungen, durch die Art und Methode der Arbeitserbringung näher bestimmt werden, arbeitsbegleitende Weisungen, mit deren Hilfe der Arbeitgeber Verhaltensregeln für die Durchführung der Arbeit aufstellt, und organisationsgebundene Weisungen, die die Ordnung im Betrieb regeln, unterscheiden.[484]

---

[483] MünchKomm-*Gottwald*, § 315 Rz. 1.
[484] *Schaub*, ArbRHdB, § 31 VI 1 a.

3. Grenzen des Direktionsrechts

Die wichtigste Grenze des Direktionsrechts ist der Arbeitsvertrag, da er es ist, in dem der Arbeitnehmer die einseitige Leistungsbestimmung durch den Arbeitgeber gestattet. Raum für Weisungen ist nur dort, wo er von Gesetzen, kollektiv- und einzelvertraglichen Regelungen eröffnet wird. Je genauer der Arbeitsvertrag die Tätigkeit des Arbeitnehmers beschreibt, desto eingeschränkter ist das Weisungsrecht. Ist die Tätigkeit jedoch nur mit einer Berufsbezeichnung benannt, so besteht für den Arbeitgeber eine sehr weitgehende Ausgestaltungsmöglichkeit. In diesem Fall müssen die vertraglichen Grenzen des Weisungsrechts durch Auslegung ermittelt werden. Hierzu können gefestigte Berufsbilder, Tarifgruppen oder bestehende Dienstanweisungen herangezogen werden.

Die Grenze der Ausübung des vertraglich eingeräumten Weisungsrechts bilden die Grundsätze des billigen Ermessens, § 106 GewO. Eine Leistungsbestimmung wahrt die Grundsätze billigen Ermessens, sofern die wesentlichen Umstände des Falles abgewogen und die beiderseitigen Interessen angemessen berücksichtigt wurden.[485] Das Weisungsrecht ist nach überwiegender Ansicht als Gestaltungsrecht einzuordnen, das durch einseitige empfangsbedürftige Willenserklärung ausgeübt wird.[486] Dies gilt, egal wie einfach der Inhalt der erteilten Weisung war, und sei es auch nur „Hau-Ruck".

II. Die Tätigkeit des Arztes im Spannungsfeld zwischen freiem Beruf und Arbeitsverhältnis

Der Beruf des Arztes wird traditionell zu den freien Berufen gezählt. § 1 Abs. 1 S. 2 und 3 BOÄ bestimmen: „Der ärztliche Beruf ist kein Gewerbe. Er ist seiner Natur nach ein freier Beruf". Für abhängig beschäftigte Ärzte liegt in dieser Aussage zum einen die Feststellung, dass die Berufsausübung überhaupt in einem Anstellungs- bzw. Beamtenverhältnis möglich ist. Das war bei der vergleichbaren Berufsgruppe der Rechtsanwälte durchaus angezweifelt worden.[487] Letztlich ist es aber nur die Anerkennung der Realität, in der immer mehr Angehörige der „freien Berufe" als Angestellte tätig werden.[488] Bestätigt wird dieses Ergebnis auch durch § 23 BOÄ, der

---

[485] BAG Urt. v. 27.3.1980, 20.12.1984, AP Nr. 26, 27 zu § 611 BGB Direktionsrecht.
[486] MünchKomm-*Gottwald*, § 315 Rz. 33; Palandt-*Heinrichs*, § 315 Rz. 11.
[487] vgl. nur *Fuhrmann*, Rechtsstellung, S. 79 ff.
[488] *Lücke*, Die Hierarchie des ärztlichen Dienstes, S. 76.

klarstellt, dass die Berufsordnung auch für angestellte und beamtete Ärzte gilt.
Die zweite grundsätzliche Aussage des § 1 BOÄ ist eine Bekräftigung des ärztlichen Freiheitsraumes im medizinischen Bereich, auch für den Fall der Berufsausübung unter rechtlichen Vorgaben, sei es als Kassenarzt, sei es in einem Anstellungsverhältnis. Dem ärztlichen Beruf hat danach immer ein Kernbestand an Freiheit zu verbleiben, ohne den das Berufsbild des Arztes nicht mehr zuträfe.[489] Der Regelung des § 1 BOÄ kann allerdings keine unmittelbare gesetzliche Sperrwirkung bei der Ausübung des Weisungsrechts zukommen, da die Berufsausübung der Ärzte im Gegensatz zur Zulassung zum Arztberuf der Gesetzgebungskompetenz der Länder unterfällt. Zumeist wird in den Landeskammergesetzen nach Bestimmung eines Mindestinhaltes die Regelung der Berufsausübung im Einzelnen einer durch die Landesärztekammer zu erlassenden Berufsordnung übertragen, vgl. z.B. Art. 17 bis 20 BayHeilberufeKammerG. Auch aus den Kammergesetzen folgt somit keine gesetzliche Einschränkung des Direktionsrechts.
Die Inhalte der einzelnen Landesberufsordnungen entsprechen im wesentlichen der vom Deutschen Ärztetag verabschiedeten Musterberufsordnung für Ärzte, MBO.[490] Sollte aus § 1 Abs. 1 S. 3 MBO eine Weisungsfreiheit des angestellten Arztes abzuleiten sein, so handelte es sich um eine einzelvertragliche Beschränkung des Direktionsrechts, da das Berufsbild „Arzt" durch die entsprechende Berufsordnung näher ausgestaltet ist.[491]

Im Folgenden sollen Rechtsgrundlage und Grenzen des Direktionsrechts herausgearbeitet werden, um klären zu können, ob und in welchem Umfang die ärztliche Berufsfreiheit in der Lage ist, das Direktionsrecht des Arbeitgebers einzugrenzen.
Vertritt man die Ansicht, Weisungen seien generell unzulässig, so ist mit einer Weisung im medizinisch-fachlichen Bereich bereits die Grenze des Arbeitsvertrages überschritten. Hält man aber Weisungen für generell zulässig, so stellt sich gerade bei den einfachsten Weisungen, z.B. Schnittanordnungen bei einer Operation, mit denen der angewiesene Arzt nicht einverstanden ist, die Frage nach der Möglichkeit einer gerichtlichen Kontrolle, wenn auch zumeist ex-post bei der Beurteilung einer Arbeitsverweigerung.

---

[489] *Narr*, Ärztliches Berufsrecht, Band 1, 80.3 Rz. 37.

[490] *Ratzel/Lippert*, Kommentar zur MBO, § 1 Rz. 4.

[491] *Lücke*, Die Hierarchie des ärztlichen Dienstes, S. 27 m.w.N.

III. Einfluss der Freiheit des ärztlichen Berufes auf das Direktionsrecht

1. Vorab: hierarchische Gliederung des ärztlichen Dienstes

Die Organisationsstruktur des ärztlichen Dienstes ist ein Musterbeispiel streng hierarchischer Gliederung. Diese soll kurz dargestellt werden, um zu verdeutlichen, wo sich die Reibungspunkte zwischen Weisungsrecht und ärztlichem Freiraum ergeben können.

Der „Chefarzt" ist Leiter einer Fachabteilung oder eines Funktionsbereiches im Krankenhaus. Er führt seinen Bereich eigenverantwortlich, was die ärztliche Versorgung und Pflege der Patienten betrifft.

„Oberärzte" sind zumeist Ärzte mit Gebietsbezeichnung und mehrjähriger Erfahrung, deren Aufgabe in der Aufsicht und Anleitung der in ihrem Bereich tätigen nachgeordneten Ärzte liegt. Sie sind ständige Vertreter des Chefarztes.

Der „Assistenzarzt" ist in der Regel zu seiner eigenen Weiterbildung, d.h. zum Erwerb einer Gebietsbezeichnung, ohne besondere Entscheidungskompetenz beschäftigt. Sofern sich eine Fachabteilung in mehrere Stationen unterteilt, kann er als Stationsarzt eine besondere Funktion zugeteilt bekommen. Zumeist erfolgt dies aber erst nach Erwerb der Gebietsbezeichnung.

Als wesentlich ist für die so genannten „Ärzte im Praktikum" (AiP) festzustellen, dass diese bereits voll ausgebildete Ärzte sind. Ihnen wird nach Abschluss des Studiums eine zeitlich befristete, vorübergehende Erlaubnis zur Ausübung des ärztlichen Berufes erteilt, §§ 10 oder 14 BÄO. Die 18-monatige Phase dient dem Erwerb von Praxiserfahrungen im Anschluss an ein als zu theoretisch empfundenes Studium. ÄiP werden zu ihrer Ausbildung meist nur im Bereich der ärztlichen Grundversorgung und ohne eigenen Verantwortungsbereich eingesetzt. Allerdings haben sie bei ihrer Tätigkeit die gleichen Rechte und Pflichten und in der Regel auch Haftungsrisiken wie approbierte Ärzte.[492]

2. Fragestellung

Zwischen den verschiedenen Hierarchieebenen des ärztlichen Dienstes sowie den Pflegekräften findet im Interesse einer effizienten Patientenversorgung vertikale Arbeitsteilung statt, die einer organisatorischen Steuerung, sowohl hinsichtlich begleitender Arbeitsabläufe als auch in medizinisch-fachlicher Hinsicht bedarf. Das zuvor beschriebene hierarchische System hat dabei zum einen in der Ausbildung des ärztlichen Nachwuchses, zum

---

[492] § 10 Abs. 6 BÄO; MünchArbR-*Richardi*, § 204 Rz.17.

anderen im Sinne einer möglichst effizienten Patientenversorgung seine Bedeutung. Das zu bewältigende Arbeitspensum kann je nach Ausbildungsstand in der Hierarchie durch klare Kompetenzzuweisung von oben nach unten aufgeteilt werden. Die horizontale Arbeitsteilung ist nicht Gegenstand dieses Abschnitts, da sie durch eine Gleichordnung der behandelnden Ärzte ohne gegenseitige Weisungsbefugnis gekennzeichnet ist. Das arbeitsrechtliche Instrument zur Gestaltung der Organisation eines Betriebes ist das Weisungsrecht. Ginge man also von völliger Weisungsfreiheit aller angestellten Ärzte auch im fachlich-medizinischen Bereich aus, würde sich die Frage stellen, wie die betriebliche Organisation eines Krankenhauses gesteuert werden soll. Gleichzeitig stellt sich die vertikale Arbeitsteilung, wie oben ausführlich dargelegt, als komplexes Geflecht ärztlicher Berufspflichten im Interesse der Behandlung der Patienten auf Facharztniveau dar. Für die vorgesetzten Ärzte bedeutet das, dass sie hinsichtlich der Delegation von Aufgaben zur selbständigen Erledigung, die Pflicht haben, zu prüfen, ob der jeweilige Arzt diese Aufgabe schon auf Facharztniveau beherrscht. Weiter treffen sie Aufsichts- und Kontrollpflichten. Kommen sie diesen Pflichten nicht nach, trifft sie unter Umständen selbst die Haftung für den Behandlungsfehler eines anderen. Als Mittel, aktiv den Behandlungsablauf zu steuern, steht wiederum als arbeitsrechtliches Instrument nur das Weisungsrecht zur Verfügung.

Die Lösung des Konfliktes zwischen der Freiheit des ärztlichen Berufes und der Notwendigkeit einer betrieblichen Organisation ist Gegenstand der folgenden Ausführungen.

3. Das Direktionsrecht gegenüber Chefärzten

Chefärzte sind, wie oben beschrieben, die oberste ärztliche Hierarchiestufe. Neben ihnen finden sich nur noch nicht-ärztliche Mitarbeiter, der ärztliche Direktor und der Verwaltungsdirektor in vergleichbarer Rangstufe.

Der ärztliche Direktor ist zwar selbst Chefarzt und in dieser Eigenschaft nicht anders zu behandeln als andere Chefärzte auch, in der Funktion als ärztlicher Direktor ist er aber der Verwaltung des Krankenhauses zuzurechnen. Er ist zuständig für z.B. die Koordination des ärztlichen Dienstes, medizinisch-technische Fragen, Dokumentation und ähnliche übergeordnete Organisationsaufgaben aus dem medizinischen Bereich.[493]

Chefärzte werden überwiegend aufgrund eines privatrechtlichen Anstellungsvertrages für den Krankenhausträger tätig. Die Position als Chefarzt steht einer Einordnung des Anstellungsvertrages als Arbeitsvertrag nicht

---

[493] *Hoffmann* in: Müller, Führungsaufgaben, S. 151 ff.

entgegen.[494] Wesentliches Merkmal eines Arbeitsvertrages ist gerade die Weisungsgebundenheit, so dass auch gegenüber den Chefärzten grundsätzlich Weisungen im medizinisch-fachlichen Bereich zulässig wären. In der Regel wird aber das Direktionsrecht gegenüber Chefärzten im medizinisch- fachlichen Bereich bereits einzelvertraglich begrenzt. Die üblicherweise verwendeten Musterverträge bzw. Vertragsrichtlinien enthalten eine Ausschlussklausel für Diagnostik und Therapie, also die Behandlung des Patienten.[495] Ohne diese ausdrückliche Regelung führt jedoch auch eine Vertragsauslegung zum selben Ergebnis. Die ärztliche Berufsordnung, die das Berufsbild „Arzt" näher beschreibt, ist zur Vertragsauslegung heranzuziehen. Die MBO sieht in § 2 Abs. 4 vor, dass ein Arzt hinsichtlich seiner Entscheidungen keine Weisungen von Nichtärzten entgegennehmen dürfe. Da die übliche hierarchische Krankenhausorganisation dem Chefarzt die Leitung seiner Abteilung in eigener Verantwortung überträgt, ist in der Hierarchie kein Arzt vorhanden, der dem Chefarzt medizinisch-fachliche Weisungen erteilen könnte. Der Ärztliche Direktor ist bei ihm zugewiesenen allgemeinen Fragen der betrieblichen Organisation zuständig und damit nur in diesen Punkten gegenüber anderen Chefärzten weisungsbefugt. Somit ist jeder Chefarzt auch ohne ausdrückliche vertragliche Klarstellung im Behandlungsbereich weisungsfrei.

Die Verteilung der Haftung bei Behandlungsfehlern eines Chefarztes ist vergleichsweise klar bestimmbar: Hinsichtlich etwaiger eigener Behandlungsfehler ist der Chefarzt der persönlich Verantwortliche, weil er dafür die Handlungsverantwortung trägt. Er ist aber auch dann der persönlich Letztverantwortliche, wenn er ihm obliegende Überwachungs- oder Organisationspflichten verletzt hat und damit die (Mit)Verantwortung für Behandlungsfehler ihm nachgeordneter Ärzte trägt. Dem Krankenhausträger werden die Behandlungsfehler immer zugerechnet. Da für den Chefarzt im medizinischen Bereich ein weisungsfreier Raum besteht, ist er als Organ i.S.v. § 31 BGB anzusehen.[496]

Für beamtete Chefärzte gilt nichts anderes: Sofern nicht in den ergänzend abgeschlossenen Chefarztverträgen zur Regelung von Einzelheiten des Dienstverhältnisses, die den Charakter beamtenrechtlicher Zusicherungen haben, bereits die Weisungsfreiheit im medizinischen Bereich ausdrücklich vertraglich geregelt wird[497] oder sich diese wiederum durch Auslegung

---

[494] BAG Urt.v.27.7.1961, AP Nr.24 zu §611 BGB Ärzte, Gehaltsansprüche; Staudinger-*Richardi* Vorbem. zu §§ 611 ff., Rz. 1281ff.
[495] *Lücke*, Die Hierarchie des ärztlichen Dienstes, Fn. 113- 117.
[496] BGH Urt. v. 30.06.1987, BGHZ 101, 215, 218.
[497] *Lücke*, Die Hierarchie des ärztlichen Dienstes, S. 75.

anhand der Berufsordnung ergibt, wird sie in den Beamtengesetzen festgeschrieben, vgl. §§ 37 S. 3 BRRG, 56 S. 2 BBG, LBG.

4. Nachgeordneter ärztlicher Dienst

Für den nachgeordneten ärztlichen Dienst ist die Frage des Bestehens eines Weisungsrechts und nach dessen Reichweite nicht so klar zu beantworten. In den üblichen Vertragsmustern findet sich jedenfalls keine Klausel, die eine Weisungsfreiheit im medizinischen Bereich ausdrücklich zugesteht. Im Gegenteil wird bei Assistenzarzt- und AiP-Verträgen sogar regelmäßig eine Verpflichtung zum Befolgen von Weisungen Vorgesetzter aufgenommen.[498] Fraglich ist also, ob sich aus den Grundsätzen der Berufsordnung oder aus anderen allgemeinen Grundsätzen des ärztlichen Berufes eine Weisungsfreiheit oder zumindest eine Einschränkung der völligen Weisungsgebundenheit auch für den nachgeordneten ärztlichen Dienst ergeben kann.

a) Ansichten der Literatur

In der Literatur wird zum Teil vertreten, dass nachgeordnete Ärzte, wie alle anderen Arbeitnehmer auch, weisungsgebunden seien. Zur Begründung wird angeführt, die Weisung sei neben Aufsicht und Kontrolle das Instrument des vorgesetzten Arztes, seine Entscheidungs- und Leitungskompetenz auszuüben, da er für die gesamte ärztliche Versorgung in seinem Aufgabenbereich verantwortlich ist.[499] Eine Auseinandersetzung mit der in der Berufsordnung niedergelegten Freiheit des ärztlichen Berufes findet bei den Vertretern dieser Ansicht nicht statt.

Daneben wird zurückgehend auf ein Urteil des LAG Baden-Württemberg[500] vertreten, das Direktionsrecht finde dort seine Grenzen, wo das Befolgen einer Weisung dem Arbeitnehmer nach der Billigkeit nicht mehr zugemutet werden könne. Der angestellte Arzt könne sich in einem Interessenkonflikt zwischen arbeitsvertraglicher Verpflichtung und dem Wohl des ihm anvertrauten Patienten zugunsten des Patienten entscheiden, ohne eine Arbeitsvertragsverletzung zu begehen, wenn er mehrfach erfolglos bei seinem Arbeitgeber um Abhilfe nachgesucht hatte.[501]

---

[498] *Schaub*, Formularhandbuch, S. 77 ff.
[499] Laufs/Uhlenbruck-*Genzel*, Handbuch, § 88 Rz. 12, 21; *drs.* § 89, Rz. 23; *Hoffmann*, in: Müller, Führungsaufgaben, S. 149; *Schaub*, ArbRHdB, § 16 VII 2.
[500] LAG BW Urt. v. 25. 7. 1973, BB 1974, 369.
[501] Laufs/Uhlenbruck-*Laufs*, Handbuch, § 3 Rz. 11, 12; *Narr*, Ärztliches Berufsrecht, Bd. 1, Rz. 36, 39, 40.

Für die Frage der Wirksamkeit der Weisung bedeutet das, da in dem zugrunde liegenden Fall über eine fristlose Kündigung wegen einer Entscheidung für das Wohl des Patienten zu befinden war, dass das Gericht die Weisung grundsätzlich als wirksam angesehen hat, ansonsten hätte es schon gar keinen Interessenkonflikt annehmen können. Es hätte dann keine arbeitsvertragliche Verpflichtung zum Befolgen der Weisung bestanden. Allerdings gewährt die dem ärztlichen Beruf immanente Freiheit im medizinischen Bereich dem Arzt das Recht die arbeitsvertragliche Leistung aus Gründen des Wohls des Patienten zu verweigern.[502]

In den praktischen Konsequenzen liegt die Ansicht von *Richardi*[503] nicht weit entfernt hiervon. Allerdings steht sie hinsichtlich ihrer Begründung unter genau umgekehrten Vorzeichen. *Richardi* geht davon aus, dass wenn der Krankenhausträger gegenüber dem Chefarzt kein Weisungsrecht besitze, letzterer auch kein abgeleitetes gegenüber dem nachgeordneten ärztlichen Dienst ausüben könne. Die Leitungskompetenz des Chefarztes erschöpfe sich in der Delegation von Aufgaben. Allerdings dürfe sich der nachgeordnete Arzt auch nicht in Widerspruch zu Weisungen des leitenden Arztes setzen.

Einige Autoren sind darüber hinaus der Ansicht, ein angestellter Arzt unterliege im medizinisch fachlichen Bereich keinerlei Weisungen. Auch für andere Berufsgruppen, etwa für Künstler, Rechtsanwälte, Architekten wird im Übrigen ein Ausführungsspielraum vertreten.[504]

Wenn *Michalski* vertritt, angestellte Freiberufler müssten prinzipiell keine fachbezogenen Weisungen ihres Arbeitgebers befolgen und könnten zudem auch ihre Ansicht diesem gegenüber durchsetzen,[505] so mag man das unter dem Aspekt des Wegfalls des Kriteriums der Freiberuflichkeit diskutieren, in arbeits- und haftungsrechtlicher Hinsicht kann diese Ansicht keine Geltung beanspruchen. *Michalski* prophezeit selbst den Wegfall der Freiberuflichkeit für Angestellte, da mit den genannten Erfordernissen des freien Berufes sich das Bild des Vertrages vom Arbeits- zum freien Dienstverhältnis

---

[502] a. A. bei der Beurteilung dieser Ansicht *Lücke*, Die Hierarchie des ärztlichen Dienstes, S. 13, 87, der sie als Vertreter der Weisungsfreiheit unter Einschränkungen begreift.

[503] Staudinger-*Richardi*, 12. Aufl., vor § 611 Rz. 1640, 1641; MünchArbR-*Richardi*, § 204 Rz. 26; Staudinger-*Richardi*, 13. Aufl., vor § 611 Rz. 1288. Das Fehlen der zuletzt erwähnten Einschränkung in MünchArbR-*Richardi*, a.a.O. hatte *Lücke*, Die Hierarchie des ärztlichen Dienstes, S. 89, veranlasst, anzunehmen *Richardi* habe diese Einschränkung aufgegeben und vertrete nunmehr eine vollumfängliche Weisungsfreiheit. Allerdings wurde diese Einschränkung inzwischen in der 13. Auflage des Staudinger bekräftigt.

[504] MünchArbR- *Blomeyer*, § 48 Rz. 6.

[505] *Michalski*, Das Gesellschafts- und Kartellrecht, S. 239, 286 ff.

wandeln und damit die Funktion der Arbeitsteilung in Frage gestellt würde.[506]

Eine differenzierte Lösung zu der hier diskutierten Problematik vertritt *Lücke*. Er leitet aus dem Merkmal des „freien Berufes", das über die Berufsordnungen Bestandteil des Arbeitsvertrages wird, eine völlige Weisungsfreiheit im medizinisch-fachlichen Bereich ärztlichen Handelns ab. Ein freier Beruf ist nach seiner Definition eine Tätigkeit, die aufgrund verfassungsrechtlicher Wertungen eine besondere Sozialrelevanz aufweist und zu deren Berufsträgern typischerweise ein personenbezogenes gesteigertes Vertrauensverhältnis besteht.[507] Aus beiden Merkmalen ergäbe sich die zwingende Folge der fachlichen Weisungsunabhängigkeit auch und gerade im Angestelltenverhältnis.[508]
Doch gilt auch nach *Lücke* die fachliche Weisungsunabhängigkeit nicht uneingeschränkt.
Er unterteilt zunächst arbeitsbezogene Weisungen in Weisungen zur Delegation von Aufgaben, sog. Zielanweisungen, und Weisungen zur Methode des Vorgehens, sog. Verfahrensanweisungen.[509] Die Zulässigkeit von Zielanweisungen im Rahmen des Vertrages und des billigen Ermessens wird grundsätzlich nicht in Frage gestellt.[510] Die Erteilung von Weisungen in den Fällen der Delegation von Aufgaben ist ein organisatorischer Akt und gerade Voraussetzung der Arbeitsteilung. Auch bei Verfahrensanordnungen sei eine weitere Differenzierung nach den ärztlichen Hierarchiestufen vorzunehmen. Bei Ärzten mit Gebietsbezeichnung, früher Fachärzte genannt, ist die Weisungsfreiheit die Regel. Ausnahmen bestehen nur bei medizinisch- indizierter Chefarztbehandlung und in der Notfallmedizin, wo die Versorgung des Patienten absoluten Vorrang gegenüber den Rechten des nachgeordneten Arztes genießt.[511]
Der Führungsverantwortung des Chefarztes glaubt *Lücke* mit seinem Delegationsmodell zu genügen. Überschreitet ein Gebietsarzt, die durch die Sorgfaltsanforderungen gezogenen Grenzen der Therapiefreiheit, so kommt die Aufhebung der Delegation als ultima ratio in Betracht.[512] Die von der Rechtsprechung aufgestellten Aufsichts- und Kontrollpflichten des Chefarztes bei vertikaler Arbeitsteilung ordnet er hauptsächlich der Erteilung der Delegation und ihrem Entzug zu. Eine stichprobenartige Überwachung

---

[506] *Michalski*, a.a.O.; ähnlich *Fuhrmann*, Rechtstellung, S. 138.
[507] *Lücke*, Die Hierarchie des ärztlichen Dienstes, S. 53 ff., 57 ff., 72.
[508] *Lücke,* a.a.O., S. 68.
[509] *Lücke,* a.a.O., S. 79.
[510] vgl. nur *Lücke*, a.a.O., S. 80 ff.
[511] *Lücke*, a.a.O., S. 94.
[512] *Lücke*, a.a.O., S. 97 f.

dient ebenfalls der ordnungsgemäßen Delegation oder einer Beratung und ggf. einem korrigierenden Eingriff.[513]
Bei Ärzten in Weiterbildung wächst gleichsam der ärztliche Freiraum mit den Tätigkeiten, die der Arzt bereits auf Facharztniveau beherrscht und im Gegenzug verringert sich das Weisungsrecht. Rechtfertigen die Kenntnisse eine Delegation zur eigenverantwortlichen Erledigung, so sei der Arzt insoweit weisungsfrei, ansonsten aber auch an Verfahrensanweisungen gebunden.[514]
Für ÄiP gelten im Grundsatz das zu Ärzten in Weiterbildung Gesagte mit der Modifikation, dass sich die von ihnen eigenverantwortlich zu erledigenden Aufgaben auf niedrigerem ärztlichen Niveau bewegen und an Aufsicht und Kontrolle erhöhte Anforderungen zu stellen seien.[515]

b) Bedeutung der Freiheit des ärztlichen Berufes

Zur Auseinandersetzung mit den genannten Ansichten bedarf es zunächst einer näheren Betrachtung der behaupteten Freiheit des ärztlichen Berufes. Es fragt sich, welche Aussagekraft diesem Begriff tatsächlich zukommt. Dass die Berufsfreiheit der angestellten Ärzte allenfalls über die Auslegung des Vertrages Geltung beanspruchen kann, wurde oben bereits erläutert.[516] Zieht man die Berufsordnung als Auslegungshilfe zur Bestimmung des Berufsbildes „Arzt" heran, so ist die Frage nach der Reichweite des Begriffes des freien Berufes auch daraus nicht eindeutig zu entnehmen. Während § 1 Abs. 1 S. 3 MBO den Arztberuf als einen seiner Natur nach freien Beruf bezeichnet, sieht § 2 Abs. 4 MBO vor, dass ein Arzt hinsichtlich seiner ärztlichen Entscheidungen keine Weisungen von Nichtärzten entgegennehmen darf. Man könnte also im Umkehrschluss annehmen, Weisungen von Ärzten seien durchaus zulässig. Die Lösung des Problems muss also im Verhältnis der Regelung des § 1 Abs. 1 S. 3 MBO zu der Regelung des § 2 Abs. 4 MBO zu finden sein.

§ 2 Abs. 4 MBO, der das Bestehen eines Weisungsrechtes gegenüber nachgeordneten Ärzten voraussetzt, steht im Widerspruch zu der von *Richardi* gegebenen Begründung für die Weisungsfreiheit der nachgeordneten Ärzte. *Richardi* leitet aus dem Fehlen eines arbeitgeberseitigen Weisungsrechts gegenüber leitenden Ärzten ab, dass damit auch gegenüber diesen nachgeordneten Ärzten kein Weisungsrecht bestehen könne; die Delegationsmöglichkeit einer Weisungsbefugnis sei ausgeschlossen.

---

[513] *Lücke*, a.a.O., S. 97 f.
[514] *Lücke*, a.a.O., S. 116 ff.
[515] *Lücke*, a.a.O., S. 122 f.
[516] Dazu oben § 5 C II; so auch *Lücke*, Die Hierarchie des ärztlichen Dienstes, S. 68.

Der Arbeitgeber kann nur in den wenigsten Arbeitsverhältnissen die Weisungsbefugnis hinsichtlich Ort und Zeit der Erbringung der Arbeitsleistung aber auch in fachlichen Angelegenheiten selbst ausüben, sei es, da er sich als juristische Person zur Ausübung seiner Rechte eines Organs bedienen muss, sei es, dass sein Unternehmen zu viele Mitarbeiter beschäftigt, um alle Weisungen in Person erteilen zu können. Der Arbeitgeber wird daher in aller Regel eine betriebliche Organisation errichten, in der er die Ausübung seines Weisungsrechts ganz oder in Teilen auf Hilfspersonen überträgt. Diese Übertragung erfolgt im Wege der Erteilung einer rechtsgeschäftlichen Vollmacht nach den §§ 166 ff. BGB, da die Ausübung des Weisungsrechts nach h.M. als einseitige gestaltende Willenserklärung angesehen wird.[517]

Es ist dabei entgegen *Richardi* nicht ausgeschlossen, dass der Arbeitgeber sein grundsätzlich bestehendes Weisungsrecht aufgrund des Fehlens persönlicher Qualifikationen selbst nicht ausüben darf, er aber einen Dritten dazu bevollmächtigt oder sogar bevollmächtigen muss, um überhaupt ein bestimmtes Gewerbe betreiben zu dürfen. Dafür können folgende Beispiele angeführt werden:

Nach § 7 der Handwerksordnung setzt die Eintragung einer juristischen Person und von Personengesellschaften in die Handwerksrolle und die damit verbundene Gewerbeerlaubnis voraus, dass ein Betriebsleiter vorhanden ist, der in seiner Person die handwerksrechtlichen Voraussetzungen, d.h. eine einschlägige Meisterprüfung, aufweist. Erfüllen die Gesellschafter die Voraussetzungen nicht selbst, können sie diese durch einen angestellten Meister nachweisen. Er ist für den Betrieb in fachlicher Hinsicht und im technischen Ablauf verantwortlich.[518] Die verantwortliche Leitung erfordert, dass der angestellte Betriebsleiter jederzeit lenkend und korrigierend eingreifen kann.[519] In arbeitsrechtlicher Hinsicht hat das zur Folge, dass auch der angestellte Handwerksmeister, sofern er mit der Leitung des Betriebes betraut ist, im fachlichen Bereich weisungsfrei handelt. Zudem wird verlangt, dass er die rechtliche und tatsächliche Durchsetzungsmacht, also das Weisungsrecht gegenüber den Mitarbeitern besitzt.[520] Der angestellte Betriebsleiter ist somit ein Beispiel dafür, dass der Arbeitgeber sich zur Betriebsführung eines Angestellten bedienen muss, den er mit dem notwendigen Weisungsrecht ausstattet; es selbst dieses insoweit aber nicht ausüben kann.

Eine weitere Parallele findet sich für den Betrieb einer Apotheke: Dem Träger eines Krankenhauses ist nach § 14 Abs. 1 Nr. 1 Apothekengesetz

---

[517] Dazu oben C I 3.
[518] *Honig*, § 7, Rz. 20.
[519] BVerwG Urt.v. 16.04.1991, NVwZ 1991, 1189; *Honig*, § 7, Rz. 22.
[520] *Honig*, § 7, Rz. 22 mit Nachweisen aus der Rechtsprechung der Verwaltungsgerichte.

die Erlaubnis zum Betrieb einer Krankenhausapotheke zu erteilen, wenn er die Anstellung eines Apothekers nachweist, der in seiner Person die Voraussetzungen zum Betrieb einer Apotheke erfüllt. Gem. § 7 des Apothekengesetzes obliegt die persönliche Leitung, zu der das Apothekengesetz verpflichtet, dem angestellten Apotheker. Auch der Betrieb einer Krankenhausapotheke verlangt also vom Krankenhausträger, der an sich die Arbeitgeberstellung inne hat, das volle fachliche Weisungsrecht bei angestellten Apothekern und deren Hilfskräften einem angestellten Apothekenleiter zu übertragen, ohne es selbst ausüben zu können.
Mit der Führung eines Krankenhausbetriebes verhält es sich nicht anders. Der Arbeitgeber, der nicht selbst in seiner Person die Voraussetzungen für die Ausübung des ärztlichen Berufes erfüllt, muss sich zur Ausübung seines Weisungsrechtes in fachlicher Hinsicht angestellter (Chef-)Ärzte bedienen. Diesen ist er aber mangels Qualifikation selbst fachlich nicht weisungsbefugt.
In Anerkennung der Tatsache, dass Chefärzten und anderen leitenden Ärzten, Weisungsfreiheit von ihrem Arbeitgeber gewährt wird, werden sie von der Rechtsprechung haftungsrechtlich als Organe i.S.v. § 31 BGB angesehen.[521] Der Arbeitgeber darf sich, so die Rechtsprechung, seiner Haftung nicht dadurch entziehen, dass er Arbeitnehmern Weisungsfreiheit einräumt. Die Ausübung des fachlichen Direktionsrechts durch den Chefarzt, den angestellten Apothekenleiter oder den angestellten Handwerksmeister ist mit der Stellung eines besonderen Organs in der betrieblichen Organisation vergleichbar. *Richardi* nimmt im Übrigen auch selbst eine Führungskompetenz des leitenden Arztes an, die sich aus der hierarchischen Leitungsstruktur eines Krankenhauses ergeben soll. Selbst die Berufsordnung geht in § 2 Abs. 4 davon aus, dass Weisungen von Ärzten an Ärzte üblich und notwendig sind. Somit hängt allenfalls der Umfang des Weisungsrechtes bzw. ein verbleibender Freiraum von Weisungen für nachgeordnete angestellte Ärzte noch von der im Anschluss zu erörternden Begriffsbestimmung der Freiheit des ärztlichen Berufes ab.

Es muss also die Bedeutung des Begriffs der ärztlichen Berufsfreiheit, wie sie die Musterberufsordnung auch im Arbeitsverhältnis vorsieht, bestimmt werden. Man könnte schließlich mit *Michalski*[522] einfach annehmen, freie Berufe müssten eben auch selbständig ausgeübt werden. Die Musterberufsordnung geht aber selbstverständlich von einer Berufsausübung auch im Anstellungsverhältnis aus. In der Diskussion um die Definition des freien Berufes werden zahlreiche kennzeichnende Begriffsmerkmale aufgeführt. Zu nennen sind die Merkmale Gewerbe, besonderes Vertrauensverhältnis,

---

[521] dazu unten § 6 B III.
[522] dazu oben, § 5 C III 4 a.

die Verkammerung, die wirtschaftliche Selbständigkeit, der Gemeinwohlbezug, Berufsrecht, geistige und persönliche Leistung, Weisungsunabhängigkeit und Berufszulassungs- und -ausübungsbeschränkungen.[523]

Nicht alle der genannten Merkmale lassen überhaupt Schlüsse zur Beantwortung der Frage nach der Weisungs-(un)abhängigkeit eines angestellten Arztes zu.[524] Zum Teil betreffen sie die ursprünglich selbständige Tätigkeit, zum Teil nur das Innenverhältnis der ständischen Organisation allein. Unmittelbaren Bezug zu Dritten, Arbeitgeber oder Patienten, haben von den genannten Merkmalen das besondere Vertrauensverhältnis, die persönliche Leistung, Berufsausübungsbeschränkungen und der Gemeinwohlbezug. Gemeinsamer Nenner dieser Merkmale ist, dass sie das besondere Bemühen um den Schutz des Patienten zum Ausdruck bringen und nicht Selbstzweck eines besonderen Standes sind. Daraus lässt sich nun auch ableiten, in welcher Weise das Direktionsrecht beeinflusst sein kann: nur zum Wohl des Patienten, aber nicht um der Stellung des Arztes selbst wegen. Dem Arzt wird ein Entscheidungsfreiraum gewährt, um ihn vor der Beeinflussung durch Dritte zu Lasten des Patienten zu schützen. Einer Einflussnahmeabsicht liegen häufig wirtschaftliche Erwägungen zugrunde. Der Arzt soll aber unbeeinflusst von wirtschaftlichen Zwängen das zum Wohl des Patienten erforderliche unternehmen können.[525] Die Stellung des Arztes selbst wird erst maßgeblich, wenn in seinen eigenen grundrechtlich geschützten Bereich eingegriffen wird.

c) Gleichlauf haftungsrechtlicher Anforderungen und des arbeitsrechtlichen Weisungsrechts

Sowohl die Haftung wegen der Verletzung vertraglicher Pflichten als auch die deliktische Haftung wegen der Beeinträchtigung geschützter Rechtsgüter setzt ein schuldhaftes Handeln voraus. Ein schuldhaftes Handeln liegt nach § 276 BGB im Fall der Verletzung „der im Verkehr erforderlichen Sorgfalt" vor. Gemeint ist damit, dass die Teilnahme am Rechtsverkehr zum Schutz der übrigen Teilnehmer, hier insbesondere der Patienten, eine nach dem Maßstab des jeweiligen Verkehrskreises zu bestimmende Sorgfalt erfordert. Die haftungsrechtlichen Sorgfaltsanforderungen geben letztlich vor, woran sich Krankenhausträger und Ärzte im Interesse des Patienten sowohl bei dessen individueller Behandlung als auch bei der Organisa-

---

523 vgl. hierzu näher *Lücke*, Die Hierarchie des ärztlichen Dienstes, S. 50 m.w.N.

524 Die Diskussion um die Definition des Begriffs des freien Berufes an sich kann nach der hier vertretenen Ansicht außer Betracht bleiben. Dazu ausführlich *Lücke*, Die Hierarchie des ärztlichen Dienstes, S. 38 ff.

525 Laufs/Uhlenbruck – *Uhlenbruck - Laufs*, Handbuch, § 44 Rz. 7 zum Verhältnis zum sozialversicherungsrechtlichen Wirtschaftlichkeitsgebot, § 12 Abs.1 Satz 1 SGB V.

tion des gesamten Krankenhausbetriebes als Mindeststandard zu orientieren haben. Mit den haftungsrechtlichen Anforderungen sind die arbeitsrechtlichen Gegebenheiten abzugleichen, da die Anforderungen an Behandlung und Organisation in einem arbeitsteiligen Prozess der Umsetzung bedürfen; diese erfolgt jedoch mit den Mitteln des Arbeitsrechts.

Leitlinie sollte hierbei der Grundsatz des Gleichlaufs von Handlung und Haftung sein. Dieser Grundsatz gilt zwar im Zivilrecht nicht durchgängig.[526] Jedenfalls bei der Ausgestaltung der betrieblichen Strukturen im Wege seines Weisungsrechts, hat der Arbeitgeber die Grenzen des billigen Ermessens, § 106 GewO, zu beachten. Es ist ein Gebot der Gerechtigkeit, die arbeitsrechtlichen Möglichkeiten und Grenzen des einzelnen Angestellten in der Betriebshierarchie parallel zu den haftungsrechtlichen Anforderungen an sein Handeln auszugestalten. Der Empfänger der Delegation könnte in eine Zwickmühle zwischen arbeits- und haftungsrechtlichen Konsequenzen seines Handelns geraten, wenn er einerseits fürchten muss, für sein aktives Tun oder Unterlassen nach außen zu haften, andererseits aber aufgrund eines weisungswidrigen Verhaltens abgemahnt oder im Wiederholungsfall gekündigt zu werden. Eine Weisungsstruktur, die diesen Konflikt nicht ausgleicht, wird billigem Ermessen nicht entsprechen können. Dem Delegierenden entstünde ohne entsprechende Weisungsbefugnisse ein Haftungsrisiko, ohne dass er es kontrollieren und steuern könnte. Hier liegt die Annahme nahe, dass der Arbeitgeber an einem aufgrund dieses Umstandes entstandenen Schadens ein erhebliches Mitverschulden trägt.

Das bedeutet, dass die haftungsrechtlichen Anforderungen an die Organisation des Krankenhausbetriebes und an die Behandlung der Patienten auch einen maßgeblichen Faktor für die Bestimmung der Reichweite von Direktionsrecht und Berufsfreiheit bilden.

d) Haftungsrechtliche Anforderungen

Es zählt sowohl zu den vertraglich geschuldeten als auch zu den deliktsrechtlich geforderten Sorgfaltspflichten des vorgesetzten Arztes, seinen Verantwortungsbereich zu organisieren und nachgeordnete Ärzte einzuweisen und zu überwachen. Dass der vorgesetzte Arzt die entsprechenden Befugnisse auch hat, wird stillschweigend vorausgesetzt. Die gesamte Organisation des ärztlichen Dienstes im Krankenhaus mit ihrer hierarchischen Struktur basiert auf abgestuften Weisungs-, Kontroll- und Eingriffsbefugnissen.[527] Diese praktischen und rechtlichen Erfordernisse müssen bei der

---

[526] *Fuhrmann*, Rechtsstellung, S. 137.
[527] MünchArbR-*Richardi*, § 27 Rz. 36, 37.

Beurteilung des Umfangs des Direktionsrechts des Arbeitgebers berücksichtigt werden.

Zunächst sind die Fälle der Delegation zu behandeln. Die Erteilung der Delegation selbst mittels Weisung ist ein organisatorischer Akt und gerade Voraussetzung der Arbeitsteilung. Begleitend bestehen für den vorgesetzten Arzt die Pflicht zur ordnungsgemäßen Auswahl des Delegationsempfängers sowie die Pflicht zur Eignungsüberwachung. Die Zulässigkeit von Weisungen zur Delegation im Rahmen des Vertrages und des billigen Ermessens wird auch grundsätzlich nicht in Frage gestellt.[528] Hierbei kann es auch nicht zu einer Kollision der haftungsrechtlichen Position des Vorgesetzten und des Freiraumes des nachgeordneten Arztes kommen. Einerseits delegiert der vorgesetzte Arzt die Aufgabe zur vollständig selbständigen Erledigung mit der Folge, dass er für die Auswahl des Delegationsempfängers einzustehen hat. Andererseits erledigt der Delegationsempfänger seine Aufgabe ohne Beteiligung seines Vorgesetzten, so dass er mit dessen Einzelweisungen nicht in Konflikt geraten kann. Sofern einem Arzt zu wenige Aufgaben seiner Qualifikationsstufe oder zu wenig anspruchsvolle Tätigkeiten zur Erledigung übertragen werden, entspricht die Ausübung des Weisungsrechts hinsichtlich der Art der Tätigkeit zwar ebenfalls nicht billigem Ermessen. Der betroffene Arzt wird in diesem Fall nicht vertragsgemäß beschäftigt (Einstellung als Vertragsarzt, Stationsarzt, etc.); dies hat aber keine haftungsrechtlichen sondern allein arbeitsvertragliche Folgen, z.B. durch Ausübung des Zurückbehaltungsrechtes an der Arbeitsleistung oder Klage auf vertragsgemäße Beschäftigung.

Problematisch ist also eine Weisung bzgl. der Tätigkeit als solcher, eine Verfahrensanweisung nach *Lücke*. Die haftungsrechtliche Parallele der Verfahrensanweisung ist die Leitungspflicht des vorgesetzten Arztes für den Behandlungsablauf. Die allgemeine Leitungspflicht ist, wie diejenige aus § 831 Abs. 1, S. 2, Alt. 3 BGB, eine Verkehrspflicht, die auf gefahrsteigernden Momenten fußt.[529] Da an und für sich bereits die Auswahl zur selbständigen Verrichtung sorgfältig erfolgt sein müsste und sie fehlerhaft wäre, beherrschte der nachgeordnete Arzt seine Tätigkeit nicht, bedarf das Entstehen der Leitungspflicht eines weiteren risikoerhöhenden Umstandes. In § 831 Abs. 1, S. 2, Alt. 3 BGB ist auch das genau so niedergelegt, wenn das Gesetz formuliert „sofern er die Ausführung der Verrichtung zu leiten hat". Ob also eine Leitungspflicht besteht, richtet sich nach allgemeinen Grundsätzen; risikoerhöhende Umstände können Art und Gefahrintensität der Aufgabe sowie die Qualifikation, auch in praktischer Hinsicht, des Ge-

---

[528] vgl. nur *Lücke*, Die Hierarchie des ärztlichen Dienstes, S. 80 ff.
[529] *Schmitz*, Die deliktische Haftung, S. 23.

hilfen sein.[530] Eine andere Frage ist jedoch diejenige, nach der Wirksamkeit der Weisung, falls sie erteilt wird. Diese steht unmittelbar im Spannungsfeld von Führungsverantwortung des Vorgesetzten und Handlungsverantwortung des nachgeordneten Arztes. Praktisch ist die Frage zu beantworten, wer seine Ansicht über die „richtige" Vorgehensweise durchzusetzen vermag.

e) Überprüfung der Positionen

Zur Überprüfung der in der Literatur vertretenen Positionen ist der Blick nun auf die Stellung der angestellten Ärzte zu richten.
Jeden behandelnden Arzt trifft aufgrund eigener Berufspflichten die Handlungsverantwortung für sein Tun. Auch Weisungen Vorgesetzter ändern an den grundlegenden Entstehungsvoraussetzungen ihn treffender Verkehrspflichten nichts. Nur bei Anfängern kann das anders sein, wenn sie nicht erkennen konnten, dass die von ihnen übernommene Aufgabe sie überfordern würde.[531]
Zudem trifft Ärzte sogar unter Umständen die Pflicht, aktiv die Behandlung eines Kollegen zu überprüfen und ggf. auf deren Fehler hinzuweisen, auch wenn es sich um einen Vorgesetzten handelt.[532]
Da die Hinweispflicht eine eigene Verkehrspflicht des nachgeordneten Arztes ist, sind ihr Umfang und auch bereits ihre Entstehung von Risikoerwägungen abhängig. Es handelt sich dabei nicht um eine Debatte über verschiedene, jeweils für sich betrachtet, fachgerechte Therapieansätze, sondern um die Vermeidung von Risiken für den Patienten. Die Hinweispflicht bemisst sich also nach Art und Schwere des drohenden Behandlungsfehlers und der eigenen Qualifikation des nachgeordneten Arztes, einen solchen erkennen und beurteilen zu können.[533]
Das arbeitsrechtliche Instrumentarium muss also um ein Remonstrationsrecht des nachgeordneten Arztes ergänzt werden, da ihm eine korrespondierende Hinweispflicht bereits auferlegt wird. Mit dem Recht auf Fehler hinzuweisen, steht aber nur fest, dass ein angestellter Arzt nicht zum unkritischen Befolgen von Weisungen verpflichtet ist. Zu klären ist aber die Frage der Wirksamkeit einer durch den nachgeordneten Arzt nicht als fachlich zutreffend erachteten Weisung an sich.

Träfe die Annahme, Weisungen an nachgeordnete Ärzte wären unzulässig, zu, so wären sie wirkungslos und der nachgeordnete Arzt könnte weiter

---

[530] RGRK-*Steffen*, § 831 Rz. 51.
[531] dazu oben § 5 B V 3 b.
[532] zu Beispielen aus der Rechtsprechung, vgl. oben § 5 C V 4 b.
[533] ebenso *Wilhelm*, Verantwortung und Vertrauen, S. 124 ff.

nach seiner Auffassung vorgehen. Diese Konsequenz kollidiert in jeder Hinsicht mit den haftungsrechtlichen Anforderungen an den vorgesetzten Arzt, weil es seine Aufgabe ist, den Arbeitsablauf effizient zu organisieren, die Arbeit zu delegieren und zu überwachen. Für die Erfüllung seiner arbeitsvertraglichen Pflichten haftet er auch nach außen, da er in seiner gehobenen Position besonderes Vertrauen der Patienten in seine Fachkunde in Anspruch nimmt und aufgrund dessen auch die Arbeitsabläufe beherrschen können muss. Nimmt man ihm sein Steuerungsinstrument, das Weisungsrecht auch bzgl. der Verfahrensanweisungen, so entfällt nicht etwa seine Haftung aufgrund der Führungsverantwortung. Die Umstände, die die Entstehung seiner Verkehrspflichten begründeten, bleiben weiterhin bestehen. In der Konsequenz müsste er jede Behandlung selbst vornehmen, wenn er sich nicht durch eine mittels Weisungen organisierte Arbeitsteilung tatsächlich entlasten kann. Die Frage nach dem Bestehen eines Vertrauensgrundsatzes, wie sie oben gestellt wurde, wäre somit hinfällig. Sollte die Weisungsfreiheit also als zwingende arbeitsvertragliche Grenze angesehen werden, würde man die Zulässigkeit eines arbeitsteiligen Prozesses generell in Frage stellen, da er ohne geeignete Kontrollmechanismen nicht zu rechtfertigen ist. Entstehende Kompetenzkonflikte fallen dem vorgesetzten Arzt zudem als Organisationsverschulden zur Last.

Diese Konsequenzen haben *Richardi* und *Lücke* zwar gesehen, glauben aber dennoch ihre Auffassungen von der Weisungsfreiheit mit den haftungsrechtlichen Anforderungen in Einklang bringen zu können.

Richardi sieht die Lösung darin, dass der nachgeordnete Arzt sich nicht zu Weisungen seines Vorgesetzten in Widerspruch setzen dürfe.[534] Bei dieser Einschränkung ist aber fraglich, wo dann der weisungsfreie Raum tatsächlich ist.[535] Die Forderung, sich nicht in Widerspruch zu Anordnungen des Vorgesetzten setzen zu dürfen, bedeutet nichts anders als eine Bindung an dessen Weisungen mit der Einschränkung, sie nicht immer selbst befolgen zu müssen. Offen bleibt auch, worauf *Richardi* die Pflicht, sich nicht in Widerspruch setzen zu dürfen, stützt. Die Führungsverantwortung selbst ist keine Begründung für die Verpflichtung des nachgeordneten Arztes sondern der Ausgangspunkt der Annahme, dass Haftung und Weisung, also Verantwortung und Befugnisse, parallel laufen müssten. Sicherlich reicht hierfür die berufsrechtliche Verpflichtung zur kollegialen Zusammenarbeit, § 29 Abs. 1 S. 1 MBO, nicht aus, wie *Lücke* zu dieser Frage meint,[536] da

---

[534] Staudinger-*Richardi*, 12. Aufl., vor § 611 Rz. 1640, 1641; MünchArbR-*Richardi*, § 204 Rz. 26; Staudinger-*Richardi*, 13. Aufl., vor § 611 Rz. 1288.
[535] ebenso *Lücke*, Die Hierarchie des ärztlichen Dienstes, S. 89 und Fn. 425.
[536] *Lücke*, Die Hierarchie des ärztlichen Dienstes, S. 89.

sie keine arbeitsrechtliche Pflicht zwischen Arbeitgeber und Arbeitnehmer zu schaffen und keine solche Sanktion zu stützen vermag. Die MBO dient nur zur Definition des Berufsbildes des Arztes und damit zur Auslegung des Arbeitsvertrages. Die Verpflichtung zur kollegialen Zusammenarbeit ist eine standesrechtliche Verhaltenspflicht der Ärzte untereinander. Sie begründet aber keine arbeitsrechtliche Verhaltenspflicht, da das Verhältnis von Arbeitgeber und Arbeitnehmer von ihr unberührt bleibt. Die Annahme, der nachgeordnete Arzt dürfe sich nicht zu den Weisungen seines Vorgesetzten in Widerspruch setzen, lässt im Ergebnis zum einen Zweifel aufkommen, ob tatsächlich im Grundsatz auch für den nachgeordneten ärztlichen Dienst völlige Weisungsfreiheit besteht. Zum anderen fehlt es an einer Begründung der Einschränkung, die diese Zweifel ausräumen könnte.

Lücke hat, um Führungsverantwortung und Handlungsverantwortung mit der Freiheit des ärztlichen Berufes vereinbaren zu können, ein „Delegationsmodell" entwickelt. Um Geltung beanspruchen zu können, müsste das „Delegationsmodell" haftungsrechtlich risikofrei sein. Es ist so konstruiert, dass abgesehen von medizinisch indizierter Chefarztbehandlung und Notfallmedizin, mit dem Entzug der Delegation zu reagieren ist, wenn offensichtliche Fehlleistungen drohen oder der Auffassung der Schulmedizin oder des Vorgesetzten zuwider gehandelt wird.[537] Die hier aufgestellten Kriterien zeigen aber schon, dass die Position des nachgeordneten Arztes in Wirklichkeit sehr schwach ist, auch wenn der Entzug der Delegation erst als ultima ratio in Betracht kommen soll. *Lücke* knüpft selbst bei den Gründen für den Delegationsentzug an die Rechtsprechung zu den Berufspflichten der vorgesetzten Ärzte an.[538] In der Praxis wird sich oft kaum unterscheiden lassen, ob die im Moment erteilte Verfahrensanweisung den Entzug der Delegation beinhaltet oder nur eine Einmischung in einen fremden Aufgabenbereich ist. Im Zweifel, wenn der Vorgesetzte auf seiner Ansicht beharrt, wird man immer einen Delegationsentzug anzunehmen haben. Anders als bei einer Arbeitsverweigerung durch den Arbeitnehmer hat ein ggf. unberechtigter Delegationsentzug zwar keine Konsequenzen. Der leitende Arzt muss sich aber immer vergegenwärtigen, dass nur ein kollegiales Klima die Gewähr dafür ist, dass er auch in wirklich schwierigen Situationen, oder wenn ein Fehler bereits unterlaufen ist, zu Rate gezogen wird.
Hinzu kommt noch ein weiterer Punkt. Wird die Delegation entzogen, so kommt es unter Umständen zu der Situation, dass der gleiche nachgeordnete Arzt dann weisungsgebunden an der Chefarztbehandlung mitzuwirken hat. Es stellt sich also erneut die Frage der Zurückweisbarkeit und der Leistungsverweigerung sowie eines Zuwiderhandelns gegen die Weisungen des

---

[537] *Lücke*, Die Hierarchie des ärztlichen Dienstes, S. 94
[538] *drs.*, Die Hierarchie des ärztlichen Dienstes, S. 96.

Vorgesetzten. Sie beantwortet *Lücke* mit seinem Delegationsmodell nicht. Ein autokratischer Führungsstil ist eine Frage der Persönlichkeit. Bei Ärzten in Ausbildung hat *Lücke* das Delegationsmodell ohnehin völlig den haftungsrechtlichen Anforderungen angepasst, d.h. ein Freiraum besteht nur, wenn und solange er gewährt wird.

5. Ergebnis

Die Auflösung des Spannungsverhältnisses zwischen dem grundsätzlich bestehenden Freiraum bei der Ausübung des ärztlichen Berufes und den Anforderungen des Arbeitsverhältnisses erfolgt, indem die Anforderungen an die Berufsausübung des vorgesetzten und der nachgeordneten Ärzte anhand der Leitlinie des Wohls des Patienten zum Ausgleich gebracht werden. Eine Freiheit des ärztlichen Dienstes von Weisungen besteht nur insoweit, als es das Wohl des Patienten erfordert. Der Vorgesetzte hat grundsätzlich die Möglichkeit, das Geschehen zu steuern. Der nachgeordnete Arzt muss aber gleichwohl die von ihm vorgenommene Behandlung beherrschen können.

Die Schlussfolgerung aus diesen Vorgaben muss zum einen lauten, dass auch Verfahrensanweisungen wirksam sind. Andernfalls könnte der nachgeordnete Arzt seine Auffassung durchzusetzen versuchen, ohne arbeitsrechtlichen Konsequenzen ausgesetzt zu sein. Zudem hätte der Vorgesetzte keinen wirksamen Einfluss auf die Behandlung. Jedoch gibt die eigene Berufspflicht im Interesse des Patienten dem angestellten Arzt im Gegensatz zu anderen Arbeitnehmern das Recht, eine Behandlung, die er nach dem Stand der medizinischen Wissenschaft glaubt, nicht vertreten zu können, zu verweigern. Die Grenze des Direktionsrechts im Hinblick auf Verfahrensanweisungen ist dort erreicht, wo der behandelnde Arzt berechtigt der Ansicht ist, die Entscheidung seines Vorgesetzten nicht mehr vertreten zu können, weil das Wohl des Patienten eine andere, bessere oder schonendere Therapie erfordert. Solange die Ansicht des vorgesetzten Arztes jedoch zu keiner Schädigung des Patienten führen kann, mithin kein Behandlungsfehler im Raum steht, ist eine Weisung prinzipiell zulässig und wirksam. Auch soweit der nachgeordnete Arzt haftungsrechtlich verpflichtet ist, das Vorgehen des Vorgesetzten zu rügen, wäre es unbillig, wenn er die Mitwirkung nicht berechtigt verweigern könnte, wenn sich sein Vorgesetzter über die zutreffenden Bedenken hinweg setzt. Die Einschätzung des behandelnden Arztes muss nach dem Stand der medizinischen Wissenschaft vertretbar sein. Die Frage, ob die Arbeitsleistung berechtigt oder unberechtigt verweigert wurde, wird in einem arbeitsgerichtlichen Verfahren geklärt werden, das in der Regel eine Abmahnung oder Kündigung aus Anlass der Leistungsverweigerung zum Inhalt haben wird. Wird darin festgestellt, dass die Weisung des vorgesetzten Arztes berechtigt war oder jedenfalls nicht zu einem Schaden für den Patienten führen konnte, so war die Leistungsverweigerung unberechtigt. Eine unberechtigte Weigerung bleibt dennoch zumeist aber ohne arbeitsrechtliche Konsequenz. Bei einer nachträglichen Kontrolle der Zulässigkeit der Weisung nach § 106 GewO entlastet den Arzt in der Regel ein unverschuldeter Rechtsirrtum. Für den nachgeordneten Arzt liegt die Schwelle einer berechtigten Leistungsverweigerung deutlich unter derjenigen, die für eine Leistungsverweigerung aus Gewissensgründen erforderlich ist.[539]

Er darf also im Ergebnis bei Verfahrensanweisungen die Arbeitsleistung unter den genannten Voraussetzungen verweigern.[540]

Rein tatsächlich wird ein nachgeordneter Arzt ohnehin meist den Anordnungen des Vorgesetzten folgen[541] und dieser wird seinen Untergebenen ausreichend Freiraum gewähren müssen, um überhaupt die Arbeitsbelastung bewältigen zu können. Wie die Rechtsprechung zur Arbeitsteilung zeigt, ist das Problem auch eher die Zurückdrängung der Gefahren als ein zu geringer Freiraum.

---

[539] *Lücke*, Die Hierarchie des ärztlichen Dienstes, S. 86 neigt zur Vermischung der Ansätze, vgl. Hinweis auf BVerwG Urt. v. 18.7.1967, BVerwGE 27, 303 ff.

[540] ebenso im Ergebnis *Fuhrmann*, Rechtsstellung, S. 138 für angestellte Rechtsanwälte; oben Laufs/Uhlenbruck - *Laufs,* Handbuch, § 3 Rz. 11,12; *Narr*, Ärztliches Berufsrecht, Bd. 1, Rz. 36, 39, 40.

[541] *Michalski*, Das Gesellschafts- und Kartellrecht, Fn. 431.

§ 6 Haftungsstreuung und Haftungsbegrenzung

Das vorangehende Kapitel hat gezeigt, dass angestellte Ärzte grundsätzlich selbst für die Verletzung der absolut geschützten Rechtsgüter Leben oder körperliche Unversehrtheit aufgrund Deliktsrechts nach außen haften, sei es aufgrund eines eigenen Behandlungsfehlers oder aufgrund der Verletzung drittbezogener Sorgfaltspflichten. Damit nehmen sie unter den Arbeitnehmern eine Sonderstellung ein. Nur wenigen Arbeitnehmern obliegen eigene Verkehrspflichten, für deren Verletzung sie nach außen haften müssten. Zudem gibt es kaum eine andere Berufsgruppe, bei der jegliche Handlung zunächst einen Eingriff in absolut geschützte Rechte darstellt und nur unter weiteren Voraussetzungen nicht zu einer Haftung führt. Im Verhältnis zu den Betriebsmittelgebern des Krankenhausträgers, z.B. dem Verleiher eines medizinischen Gerätes zu Zwecken der klinischen Erprobung, nehmen aber auch Ärzte keine andere Position als andere Arbeitnehmer ein, da diese nicht in ihr besonderes fachliches Können vertrauen. Angestellte Ärzte sind in dieser Beziehung also auch nur Angestellte des Vertragspartners des Verleihers, die nur dann nach außen haften, wenn sie absolut geschützte Rechte Dritter verletzen.

Die Außenhaftung von Arbeitnehmern stellt jedoch bei allen Arbeitnehmern den „wunden" Punkt im Recht des innerbetrieblichen Schadensausgleichs dar. Bereits die bloße Inanspruchnahme durch den Geschädigten stellt eine erhebliche Belastung des Arbeitnehmers in finanzieller Hinsicht, wenn nicht der Arbeitgeber oder eine Versicherung die Kosten der Rechtsverteidigung übernimmt, wie auch in persönlicher Hinsicht dar. Auch wenn der Arbeitnehmer im Innenverhältnis für einen Teil oder die ganze Forderung Rückgriff nehmen könnte, misslingt dies im Fall einer Insolvenz des Arbeitgebers. Gerade kleinere, oft kapitalarme Betriebe des Dienstleistungsgewerbes sind bei größeren Schadensfällen schnell von einer Insolvenz bedroht. Der Arbeitnehmer ist dann ebenfalls einer unter Umständen existenzbedrohenden Forderung ausgesetzt.

Nicht zuletzt besteht, und das gilt auch für die Angestellten des Öffentlichen Dienstes, die prinzipiell keine Insolvenz ihres Arbeitgebers befürchten müssen, eine tatsächlich enge Verbindung zwischen der Verursachung eines Schadens durch einen Arbeitnehmer und der Beendigung seines Arbeitsverhältnisses durch eine Arbeitgeberkündigung. Nach einer Untersuchung von *Kothe* sind Haftungsfälle von Arbeitnehmern zumeist neben einer Kündigungsschutzklage Streitgegenstand in arbeitsgerichtlichen Verfahren. Sie werden von den Arbeitgebern benutzt, um Gegenpositionen gegen die Annahmeverzugslohnforderungen der Arbeitnehmer aufzubauen. Im „gesunden" Arbeitsverhältnis werden Haftungsfälle eher selten, wenn überhaupt nur bei grober Fahrlässigkeit oder Vorsatz des Arbeitnehmers, Gegenstand eines gerichtlichen Verfahrens.[542]

Das Außenhaftungsrisiko des Arbeitnehmers ist jedoch nicht so groß, wie es die rechtlichen Anspruchsgrundlagen vermuten lassen. In vielfältiger Weise kommt es zu Einschränkungen zugunsten der Arbeitnehmer. Eine Darstellung dieser Wege zu einer Haftungsbeschränkung und Streuung soll aufzeigen, wie groß das Außenhaftungsrisiko tatsächlich ist. Eine besonders ungleichmäßige Verteilung des Risikos unter verschiedenen Arbeitnehmergruppen legt unter Umständen die Notwendigkeit einer gesetzlichen Regelung nahe. Außerdem können sich aus den Strukturen der Außenhaftungsstreuung Argumente für die Handhabung des innerbetrieblichen Schadensausgleichs ergeben, da es in beiden Fällen um Fragen der Risikozuweisung geht.

A. Rechtliche Streuung der Haftung

Verschiedentlich sieht bereits das Gesetz eine Begrenzung der Außenhaftung des Arbeitnehmers vor. Es handelt sich durchweg um Vorschriften, die einen über das Arbeitsverhältnis hinausgehenden Zweck verfolgen.

I. Arbeits- und Dienstunfall

1. Arbeitsunfall

Gem. § 105 Abs. 1 S. 1 SGB VII haften Arbeitnehmer nicht für Personenschäden, die sie durch eine betriebliche Tätigkeit einem Versicherten desselben Betriebes zufügen, sofern sie nicht den Versicherungsfall vorsätzlich herbeigeführt haben. Der in dieser Regelung enthaltene Verlust der Privilegierung bei einem Wegeunfall kann hier gänzlich außer Betracht bleiben, da der Arbeitnehmer zum einen unter dem Schutz der gesetzlich vorgeschriebenen Kfz- Haftpflicht steht, zum anderen dieser Fall für die Haftung angestellter Ärzte nicht von besonderem Interesse ist. Ein Personenschaden unter arbeitsteilig zusammenarbeitenden Ärzten wird verhältnismäßig selten auftreten, zu denken wäre etwa an eine durch den Kollegen verursachte Infektion, so dass der Arbeits- und Dienstunfall nur kurz behandelt wird.

§ 105 SGB VII bewirkt eine Haftungsbeschränkung des Arbeitnehmers. Für fahrlässige im Rahmen einer betrieblichen Tätigkeit verursachte Perso-

---

[542] *Kohte*, Arbeitnehmerhaftung, vgl. Anhang.

nenschäden, einschließlich eines Schmerzensgeldanspruchs, obwohl dieser nicht zu den Leistungen der Unfallversicherung gehört, haftet der Arbeitnehmer nicht.[543] Ob das Abschneiden von Schmerzensgeldansprüchen selbst bei grober Fahrlässigkeit des Schädigers noch dem Betriebsfrieden dient, ist mehr als zweifelhaft.[544] Allerdings hat das BAG den Ausschluss von Schmerzensgeldansprüchen erst in jüngerer Zeit unter Berufung auf den Beschluss des BVerfG vom 07.11.1972 wiederholt bestätigt.[545] Nach Inkrafttreten des Zweiten Schadensrechtsänderungsgesetzes[546] wird nun zudem bezweifelt, dass der Ausschluss von Schmerzensgeldansprüchen noch mit dem Gleichheitssatz des Art. 3 Abs. 1 GG vereinbar ist, nachdem der Schmerzensgeldanspruch nun nicht mehr allein dem Deliktsrecht vorbehalten ist, sondern allgemein in § 253 Abs. 2 BGB verankert ist.[547] Da das BVerfG sich bei der Beurteilung der Verfassungsmäßigkeit auf die Wesensunterschiede zwischen den rechtlichen Ordnungssystemen des Unfallversicherungsrechts und des BGB, insbesondere des Deliktsrechts gestützt hat,[548] bleibt abzuwarten, ob das BVerfG nach der Änderung des Schadensrechts des BGB seine Rechtsprechung ebenfalls abändern wird.[549] Dagegen hat der Arbeitnehmer für Sachschäden, vorsätzliche Herbeiführung des Versicherungsfalles und Wegeunfälle selbst ein zustehen. Für letztere deshalb, da diese Unfälle weniger Bezug zu einer betrieblichen Tätigkeit haben, sondern vielmehr der Teilnahme am „allgemeinen Verkehr" näher stehen.[550]

Normzweck des § 105 SGB VII ist es, wegen der Friedensfunktion der Haftungsbefreiung des Unternehmers in § 104 SGB VII, die Haftungsbefreiung auch auf Mitarbeiter des Unternehmers auszudehnen: Zwischen den Mitarbeitern eines Betriebes soll es nicht zu Streitigkeiten um den Schadensersatz nach einem Betriebsunfall kommen.[551] Die Haftungsbefreiung des § 104 SGB VII für Unternehmer wurde auch auf Betriebsangehörige

---

[543] nach BVerfG Bschl. v. 07.11.1972, BVerfGE 34, 118 ist diese Konsequenz verfassungsgemäß.

[544] so auch *Denck*, Der Schutz des Arbeitnehmers, S. 91.

[545] BAG Urt. v. 14.12.2000, NJW 2001, 2039; Urt. .v. 12.12.2002, NJW 2003, 1891.

[546] Zweites Gesetz zur Änderung schadensersatzrechtlicher Vorschriften vom 19.07.2002, BGBl. I, S.2674

[547] *Richardi*, NZA 2002, 1004, 1009.

[548] BVerfG Bschl.v. 07.11.1972, a.a.O.

[549] Ausführlich zur Rechtfertigung des Ausschlusses von Schmerzensgeldansprüchen durch die zahlreichen, unternehmerfinanzierten Vorteile des Unfallversicherungsrechts *Krasney*, NZS 2004, 7, 8.

[550] KassKomm- *Ricke,* § 104 SGB VII Rz. 13.

[551] KassKomm- *Ricke,* § 105 SGB VII Rz. 2.

erstreckt, da das arbeitsteilige Zusammenwirken häufig zu gegenseitigen Schädigungen führen kann, deren Ersatz den Schädiger unbillig belastet.[552] Hierzu sei angemerkt, dass es sich bei diesem Argument um das „klassische" Argument im innerbetrieblichen Schadensausgleich handelt. Die Verbindungslinien treten hier offen zu Tage.

Die Unfallversicherung wird gem. §§ 150 SGB VII ff., abweichend von anderen Sozialversicherungszweigen, allein durch Beiträge des Arbeitgebers finanziert. Die alleinige Beitragspflicht des Unternehmers hat ihre Ursache in dem Vorteil, den der Arbeitgeber durch die Ablösung seiner Haftung durch § 104 SGB VII gewinnt (so genanntes Finanzierungsargument).[553]
Diese Ablösung geht inhaltlich über die Verschuldens- und bereits gesetzlich normierte Gefährdungshaftung hinaus, wie z.B. bei der Haftung für vom Versicherten allein verursachte Verkehrsunfälle. Zusammen mit der Erweiterung der Haftungsprivilegierung in § 105 SGB VII auf Betriebsangehörige ist im Ergebnis eine Gefährdungshaftung des Arbeitgebers für alle Personenschäden unter Betriebsangehörigen entstanden, die durch eine Art gesetzliche Haftpflichtversicherung aufgefangen wird. In diesem Teilbereich findet also mit Ausnahme der Haftungsausschlüsse eine umfassende Haftungskanalisierung auf den Arbeitgeber statt.

Die inhaltlich und vom Zweck her verwandte, private Betriebshaftpflichtversicherung sieht aufgrund der Gleichartigkeit der Leistungsvoraussetzungen eine so genannte „Arbeitsunfallklausel" vor; danach sind Haftpflichtansprüche aus Arbeitsunfällen i. S. d. SGB VII von der Leistungspflicht der Versicherung ausgeschlossen. Die Versicherer vermeiden mit Hilfe der Arbeitsunfallklausel, dass die Berufsgenossenschaften sich durch ihren Ermessensrückgriff gem. § 110 Abs. 1 S. 1 SGB VII bei grober Fahrlässigkeit stets auf Kosten der privaten Versicherer entlasten, da aufgrund des Bestehens einer Betriebshaftpflichtversicherung der Schädiger immer als leistungsfähig im Sinne des Ermessensrückgriffs anzusehen wäre.[554]
Leitende Angestellte sind von der Arbeitsunfallklausel ausgenommen, da sie auch für das Handeln ihrer Untergebenen die Verantwortung tragen.[555] Daher besteht ein Versicherungsbedürfnis.

---

[552] KassKomm- *Ricke,* § 105 SGB VII Rz. 2.
[553] KassKomm- *Ricke,* § 104 SGB VII Rz. 2.
[554] *Denck,* Der Schutz des Arbeitnehmers, S. 236 m. w. N.
[555] *Späte,* AHB, § 4 Anm. 23.

2. Dienstunfall

Schädigt ein Beamter einen Arbeitnehmer richtet sich der Haftungsausschluss nach § 105 SGB VII, schädigt er einen anderen Beamten, nach § 46 Abs. 2 BeamtVersG.
Kommt ein Beamter durch einen Arbeitnehmer zu Schaden, richtet sich der Haftungsausschluss nach § 105 Abs. 1 S. 2 SGB VII, wenn beide im selben Unternehmen tätig waren bzw. nach § 46 Abs. 2 BeamtVersG, wenn sie für unterschiedliche Unternehmen tätig wurden.

II. Amtshaftung

Gem. § 839 BGB haftet der Beamte, egal ob er hoheitlich oder fiskalisch handelte, persönlich. Erst die Zurechnungsnorm des Art. 34 S. 1 GG leitet die Haftung im Bereich hoheitlichen Handelns auf den Staat über.
Als Zweck dieser Überleitung werden genannt, dass dem Geschädigten ein solventer Schuldner zur Verfügung gestellt werden soll und dass die Entschlussfreudigkeit des Beamten nicht durch die ständige Furcht vor Haftung auch bei leichter Fahrlässigkeit behindert werden soll.[556]
Trotz aller Kritik an dieser Konstruktion[557] bewirkt sie die Überleitung sämtlicher Haftung für hoheitliches Handeln auf den Dienstherrn und damit die Enthaftung des Beamten im Außenverhältnis.

Allerdings greift die Überleitungsnorm des Art. 34 S. 1 GG beim Handeln angestellter bzw. verbeamteter Ärzte nur in den wenigsten Fällen ein, da mittlerweile die ärztliche Tätigkeit nur mehr dann als hoheitlich angesehen wird, wenn es sich um Zwangsbehandlung und/oder einen Eingewiesenen handelt, die Heilbehandlung im Rahmen freier Heilfürsorge, im öffentlichen Gesundheitsdienst oder in Erfüllung der Aufgaben der Sozialversicherungsträger gewährt wird.[558]

§ 839 Abs. 1 S. 2 BGB gesteht dem Beamten im staatsrechtlichen Sinn[559] das so genannte „Verweisungsprivileg" zu. Aufgrund seiner Stellung im

---

[556] RG Urt. v. 27.05.1919, RGZ 96, 143, 148; RG Urt. v. 06.03.1940, RGZ 163, 87, 89.
[557] *Ossenbühl*, Staatshaftungsrecht, S. 6 bezeichnet sie als „staatstheoretisch wie auch verfassungsrechtlich untragbar"; *Hofacker*, zit. nach Ossenbühl a. a. O., sagt ihr nach, sie hätte den Ruf als schlechtest konstruierte, dazu für das Volk unverständlichste aller Rechtsgrundsätze.
[558] *Rieger*, Lexikon, Rz. 785.
[559] Art. 34 GG gilt dagegen für die Beamten im „haftungsrechtlichen" Sinn, d.h. es sind alle hoheitlich Tätigen unabhängig von einer Ernennung, also auch Angestellte, erfasst; allgemein dazu *Ossenbühl*, Staatshaftungsrecht, S. 13 f.

Deliktsrecht gilt es aber nur für die deliktische, nicht auch für die vertragliche Haftung. Danach kann der Geschädigte den Beamten nur dann in Anspruch nehmen, wenn eine anderweitige Ersatzmöglichkeit keine Aussicht auf Erfolg verspricht.[560] Eine Amtshaftungsklage ist, wie der Tatbestand vorgibt, erst dann schlüssig, wenn der Geschädigte darlegt und beweist, dass gegen Dritte kein Anspruch mit Erfolg erhoben werden kann. Damit zählt das Verweisungsprivileg eigentlich nicht zu den rechtlichen Streuungsmöglichkeiten, sondern zu den tatsächlichen,[561] da die Haftung nicht zwingend auf den Dienstherrn übergeleitet wird, sondern vielmehr diese Erschwerung den Geschädigten von einer Inanspruchnahme des Beamten abhalten wird. Vor der Einführung der Haftungsüberleitung in Art. 34 S. 1 GG war genau dieser Effekt beabsichtigt, um durch die faktische Haftungsverlagerung auf den Dienstherrn die Entschlussfreudigkeit des Beamten zu stärken.[562]

Es bestehen aber nach der Rechtsprechung zunehmend Einschränkungen des Verweisungsprivilegs. Davon ist auch und gerade das Arzthaftungsrecht betroffen.

So ist für die ärztliche Tätigkeit die Unanwendbarkeit des Verweisungsprivilegs auf Leistungen von Sozialversicherungsträgern und privaten Versicherungen bedeutsam, da die eigenen Prämienzahlungen des Versicherten den Schädiger nicht entlasten sollen.[563] Des Weiteren ist die Verweisung auf ebenfalls subsidiär haftende Kollegen ausgeschlossen, da insoweit ein Gesamtschuldverhältnis besteht.

Aus der Bindung der Privilegierung an die Erfüllung dienstlicher Aufgaben (Amtspflicht) hat der BGH gefolgert, dass ein beamteter Arzt bei ambulanter Behandlung ohne Verweisungsmöglichkeit nach § 823 BGB haftet, da diese für ihn Nebentätigkeit ist. Das Betreiben einer Ambulanz zählt nicht zu den, den Krankenhäusern zugewiesenen Versorgungsaufgaben. Daher behandeln Ärzte in einer Krankenhausambulanz in aller Regel aufgrund eigner kassenärztlicher Zulassung und damit als Nebentätigkeit. Anders ist es nur, wenn ausnahmsweise das Krankenhaus gem. § 117 SGB V zum Betrieb der Ambulanz ermächtigt ist und der Arzt damit eine Dienstaufgabe erfüllt.[564]

Der nachgeordnete ärztliche Dienst wirkt in der Ambulanz in der Regel „nur im Rahmen seiner Dienstaufgaben" mit.[565] Die enge Verzahnung der

---

[560] BGH Urt. v. 15.12.1977, VersR 1978, 252.
[561] dazu eingehend unten § 6 B.
[562] *Ossenbühl*, Staatshaftungsrecht, S. 64.
[563] BGH Urt. v. 20.11.1980, BGHZ 79, 26 zur gesetzlichen Krankenversicherung; BGH Urt. v. 20.11.1980, BGHZ 79, 35 zur privaten Krankenversicherung.
[564] BGH Urt. v. 08.12.1992, BGHZ 120, 376, 381.
[565] BGH a. a. O., 376, 386.

Nebentätigkeit mit der Dienstaufgabe zur Krankenversorgung ist es, die auch bei liquidationsberechtigten Ärzten sowohl bei gespaltenem als auch beim Krankenhausaufnahmevertrag mit Arztzusatzvertrag im Gegensatz zur reinen Nebentätigkeit das Verweisungsprivileg anwendbar macht,[566] da der liquidationsberechtigte Arzt und die nicht zur Liquidation berechtigten Kollegen untrennbar an ein und derselben Krankenversorgungsaufgabe zusammenarbeiten.

III. Wirkung von Haftungsbeschränkungen und -ausschlüssen

Den gleichen Effekt wie die rechtliche Zuweisung der Haftung an den Arbeitgeber bzw. Dienstherrn könnten zwischen diesen und Dritten vereinbarte Haftungsausschlüsse bzw. -beschränkungen und gesetzliche Haftungserleichterungen haben, die für das Vertragsverhältnis zwischen Arbeitgeber und Drittem vorgesehen sind.
In diesem Fall erreichen sie zwar nicht einen vollständigen Schutz des Arbeitnehmers davor, in Anspruch genommen zu werden, und sei es allein, um ihn als Zeugen auszuschalten, aber in ihrer Wirkung kommen sie einer rechtlichen Zuweisung gleich, da die Außenhaftung im vereinbarten Umfang ausgeschlossen ist. Es stellt sich also die Frage, ob Haftungsausschlüsse bzw. -beschränkungen, die zwischen Dritten und dem Arbeitgeber vereinbart werden, sich auch auf die Haftung des Arbeitnehmers erstrecken.

1. Vertragliche Abänderung der Haftungsbeziehungen

Für die Haftungsverteilung ist weiter bedeutsam, inwieweit es dem Krankenhausträger möglich ist, seine Haftung und die Haftung seiner Organe und Hilfspersonen vertraglich anderweitig zu regeln.
Eine Modifizierung der Haftungsverteilung ist durch die Vereinbarung eines „gespaltenen Krankenhausaufnahmevertrages"[567] zu erreichen. Danach ist der selbstliquidierende Arzt alleiniger Schuldner der ärztlichen Leistungen. Sein Fehlverhalten ist weder über §§ 31, 89 BGB noch über §§ 278, 831 BGB dem Krankenhausträger zuzurechnen. Der nachgeordnete ärztliche Dienst ist allerdings sowohl Hilfsperson des selbstliquidierenden Arztes als auch des Krankenhausträgers. Durch diese Konstruktion tritt eine Haftungsverschiebung auf den selbstliquidierenden Arzt ein. Verstärkt wird der Effekt noch dadurch, dass das Verweisungsprivileg gem. § 839 Abs. 1 S. 2 BGB mangels anderweitiger Ersatzmöglichkeit beim Krankenhausträ-

---

[566] BGH Urt. v. 30. 11. 1982, BGHZ 85, 393, 398.
[567] dazu oben unter § 4 B I.

ger entfällt. Da diese Auswirkungen auf die Haftungslage für den Patienten ungewöhnlich und überraschend erscheinen müssen, wenn er einen „Krankenhausaufnahmevertrag" abschließt, verneint der BGH die Wirksamkeit einer solchen Klausel nach § 305c BGB, wenn nicht dem Patienten etwa durch einen Hinweis im Vertragstext verdeutlicht wurde, dass der Arzt und nicht auch der Krankenhausträger sein alleiniger Haftungsschuldner sein wird.[568] Praktisch relevant wird diese Frage aber nach der Änderung der BPflV nur mehr für Belegärzte.[569]

2. Vertragliche Haftungsbeschränkungen

Für die ärztliche Tätigkeit werden Haftungsausschlüsse bzw.-beschränkungen, sofern sie die Arbeitnehmer miteinbezögen, im Behandlungsbereich kaum relevant.
Der Krankenhausträger vermag weder für sich selbst noch für seine angestellten Ärzte eine formularmäßige Haftungsfreizeichnung vorzunehmen. Eine entsprechende Klausel wäre gem. §§ 307 Abs. 2, 309 Nr.7 und 8 BGB unwirksam, da sie, soweit die für die Erhaltung von Leben und Gesundheit erforderlichen Behandlungs- und Aufklärungspflichten betroffen sind, mit der Natur des Behandlungsvertrages nicht vereinbar ist.[570] Allenfalls bei der Haftung für eingebrachte Sachen kommt im Rahmen des Krankenhausaufnahmevertrages ein Haftungsausschluss für leichte Fahrlässigkeit in Betracht,[571] nicht aber bei den Behandlungspflichten.

Auch wenn damit Haftungsbeschränkungen im Behandlungsbereich und somit gegenüber dem Patienten kaum möglich sind, stehen Ärzte in allen anderen Haftungsbeziehungen, in denen vertragliche Haftungsbeschränkungen möglich sind, anderen Arbeitnehmern gleich. Hierbei handelt es sich insbesondere um die vertraglichen Beziehungen zwischen dem Krankenhausträger und Betriebsmittelgebern. Die Wirkungen einer vertraglichen Haftungsbeschränkung stellen ein wesentliches Element der Haftungsstreuung zwischen Arbeitgeber und Arbeitnehmer dar und werden deshalb im Folgenden dargestellt.

---

[568] BGH Urt. v. 22. 12. 1992, NJW 1993, 779.

[569] dazu oben § 4 B I am Ende.

[570] OLG Stuttgart Urt. v. 07.12.1977, NJW 1979, 2355, 2356; Wolf/Horn/Lindacher- *Wolf*, AGBG, § 9 K29.

[571] BGH Urt. v. 09.11.1989, NJW 1990, 761, 764; Wolf/Horn/Lindacher- *Wolf*, AGBG, § 9 K29.

a) Individualvereinbarung

Ungeachtet der rechtstechnischen Konstruktion, es werden das pactum de non petendo, ein antizipierter Erlass und echte Drittwirkung diskutiert,[572] ist vom BGH anerkannt, dass der Arbeitgeber zugunsten seiner Arbeitnehmer eine ausdrückliche Freizeichnung vereinbaren kann.[573] In diesem Fall steht der Arbeitnehmer also haftungsmäßig dem Arbeitgeber gleich. Einzelvertraglich sind einer solchen Freizeichnung die Grenzen der §§ 276 Abs. 2, 138 Abs. 1 BGB gesetzt.

Schwieriger ist die Frage nach einer Beschränkung der Außenhaftung zu beantworten, wenn keine entsprechende Klausel vorhanden ist, also die Haftungsfreizeichnung sich, wie üblich, allein auf den Arbeitgeber bezieht. Von Bedeutung ist dieses Problem nicht nur aus Arbeitnehmerschutzerwägungen. Vielmehr droht die Freizeichnung des Arbeitgebers aufzubrechen, wenn der Vertragspartner sich den ergiebigeren Freistellungsanspruch des Arbeitnehmers aus dem innerbetrieblichen Schadensausgleich abtreten lässt oder ihn pfändet. Damit wäre das wirtschaftliche Ergebnis der von beiden Vertragsparteien gewollten Klausel unterlaufen.

Die Rechtsprechung nimmt auch ohne ausdrückliche Vereinbarung eine Erstreckung der Freizeichnung auf die Arbeitnehmer an.[574] Im Wege der ergänzenden Vertragsauslegung, § 157 BGB, bezieht die Rechtsprechung den Arbeitnehmer in den Schutzbereich des Vertrages zwischen Arbeitgeber und Dritten ein und damit auch in die Haftungsfreizeichnung. Sie begründet dies mit dem oben genannten anderweitigen Leerlaufen der Haftungsbeschränkung. Für den anderen Vertragsteil sei der Wille, die Haftungsfreizeichnung auch auf den Arbeitnehmer zu erstrecken, um das Ziel der Klausel zu erreichen, auch erkennbar geworden, da ein Vertragspartner, der sich auf eine Haftungsbeschränkung einlässt, nicht beabsichtigt, den solventen Vertragspartner zu entlasten, um sich an den wirtschaftlich schwächeren Angestellten zu halten.[575] Der Vertragspartner ist somit nicht schutzwürdig.

Daneben hat die Rechtsprechung auch die arbeitsvertragliche Fürsorgepflicht zur Begründung der Schutzwirkung herangezogen. Dem Arbeitgeber gebiete seine Fürsorgepflicht, eigene Haftungsbeschränkungen auf seine Arbeitnehmer zu erstrecken.[576]

---

[572] *Gernhuber*, Das Schuldverhältnis, § 22, 541 ff; *Haas*, Haftungsfreizeichnungsklauseln, S. 209; a. A. MünchKomm- *Gottwald*, § 328 Rz. 170 m. w. N.
[573] BGH Urt. v. 19. 09. 1989, EzA, § 611 Gefahrgeneigte Arbeit Nr. 24; *Schmidt- Salzer*, Freizeichnungsklauseln, Rz. 3.502.
[574] BGH Urt. v. 6. 7. 1995, BGHZ 130, 223, 228 f.
[575] BGH Urt. v. 07.12.1961, VersR 1962, 141- Wachmann.
[576] BGH a. a. O.

Allerdings kann die Erstreckung der Freizeichnung auf den Arbeitnehmer nur soweit reichen, als der Umfang der Haftungsfreizeichnung selbst reicht. Das bedeutet für den Arbeitnehmer z.b., wenn er grob fahrlässig einen Schaden verursachte, dass er einen Haftungsrest im Verhältnis zum Dritten zu tragen hat, wenn die Haftungsfreizeichnung seines Arbeitgebers auf normale Fahrlässigkeit beschränkt wurde. Insoweit kann die Haftungsbeschränkung nicht aufbrechen.[577] Eine weitere Haftungsfreistellung des Arbeitnehmers ist daher nicht geboten.

b) Allgemeine Geschäftsbedingungen

Da gerade bei dem Tätigwerden von Unternehmen in aller Regel Formularverträge verwendet werden, stellt sich die Frage, ob die vom BGH vorgenommene Vertragsauslegung auch bei der Verwendung von Allgemeinen Geschäftsbedingungen angenommen werden kann. Für die Auslegung von Allgemeinen Geschäftsbedingungen gelten grundsätzlich die Auslegungsregeln der §§ 133, 157 BGB. Eine Besonderheit besteht aber darin, dass es, soweit nicht gesetzliche Sonderregelungen bestehen, mangels einzelfallbezogener Umstände auf eine objektive Auslegung ankommt.[578]

Der BGH[579] und ihm folgend die h.M. in der Literatur[580] gehen auch hier davon aus, dass eine Freizeichnung nicht ausdrücklich vereinbart werden muss, sondern sich aus dem für den Vertragspartner erkennbaren Sinn und Zweck der Klausel und aufgrund der arbeitsvertraglichen Fürsorgepflicht stillschweigend ergibt. Eine Freizeichnung des Arbeitgebers ist nur sinnvoll, wenn sie sich auch auf dessen Arbeitnehmer erstreckt.[581] Das tatsächliche Bestehen eines Freistellungsanspruchs ist hierfür nicht erforderlich.[582]
Deshalb kommt es auf die Unklarheitenregelung in § 305c Abs. 2 BGB gar nicht an. Eine andere Beurteilung ist für die Fälle erforderlich, in denen der

---

[577] *Otto/Schwarze*, a. a. O.
[578] Palandt-*Heinrichs*, § 305 c Rz. 15
[579] BGH Urt. v. 7. 12. 1961, VersR 1962, 141; BGH Urt. v. 06.07.1995, BGHZ 130, 223, 228 f.
[580] Staudinger- *Richardi* § 611 Rz. 520; ErfK- *Preis* § 611 BGB Rz. 1055; MünchArbR- *Blomeyer*, § 60 Rz. 6 mit zahlreichen weiteren Nachweisen; Löwe/Westphalen- *Trinkner*, § 11 Nr. 7, Rz. 830; Ulmer/Brander/Hensen Rz. 12; Wolf/Horn/Lindacher Rz. 21; MünchKomm- *Gottwald* § 328 Rz. 169;*Otto/Schwarze*, Die Haftung des Arbeitnehmers, Rz. 503; im Ergebnis ebenso *Denck*, Der Schutz des Arbeitnehmers, S. 131 ff. ausführlich dazu *Blaurock*, ZHR 146 (1982), 239 ff.
[581] *Otto/Schwarze*, Die Haftung des Arbeitnehmers, Rz. 503.
[582] BGH Urt. v. 19.09.1973, BGHZ 61, 227, 232 f. bei Bestehen einer Schutzwirkung; MünchKomm- *Gottwald,* § 328 Rz. 169.

Vertragspartner nicht ohne weiteres erkennen konnte, dass Arbeitnehmer eines zwischengeschalteten Subunternehmers tätig werden würden, so z.b. wenn ein Haupt- und Zwischenspediteur sowie ein Frachtführer beteiligt sind.

Der BGH hat auch im Miet- und Leihvertragsrecht gesetzliche Haftungserleichterungen, wie die kurze Verjährung der §§ 558 und 606 BGB, auf Arbeitnehmer erstreckt.[583] Die Arbeitnehmer seien in den Schutzbereich des Vertrages miteinbezogen, um dem Verlust der gesetzlich intendierten Haftungserleichterung entgegenzuwirken. Auf andere Vertragstypen wurde diese Rechtsprechung bislang noch nicht ausgedehnt.

Ohne Bestehen einer vertraglichen Haftungsbeschränkungsabrede kann in die Vertragsbeziehung des Arbeitgebers mit dem außen stehenden Dritten in der Regel kein Haftungsausschluss zugunsten des Arbeitnehmers hineininterpretiert werden. Dafür fehlt es in aller Regel an einem feststellbaren Willen der Vertragsparteien.[584]

B. Tatsächliche Streuung der Haftung

Das nach obiger Betrachtung verbliebene Feld der Außenhaftung des Arbeitnehmers beschreibt zwar auch den Problembereich der Außenhaftung, in dem für den Arbeitnehmer die Risiken liegen, aber es bestehen zusätzlich verschiedene Mechanismen, die tatsächlich zu einer Konzentration der Haftung beim Arbeitgeber führen und so den Arbeitnehmer entlasten. Dabei darf jedoch nicht verkannt werden, dass eine rein tatsächlich Streuung der Haftung den Arbeitnehmer nicht entlastet, wenn der Arbeitgeber insolvent wird. In diesem Fall trägt der Arbeitnehmer das volle Risiko einer Fehlleistung.

I. § 278 BGB, Zurechnung des Verschuldens des Erfüllungsgehilfen an den Arbeitgeber

Nach § 278 BGB hat der Schuldner für das Verschulden „der Person deren er sich zur Erfüllung seiner Verbindlichkeit bedient", einzustehen, sofern

---

[583] BGH Urt. v. 02.02.1968, BGHZ 49, 278.
[584] BGH Urt.v.19.09.1989, NZA 1990, 100,103.

ein Schuldverhältnis oder eine Sonderverbindung besteht.[585] Während deliktisch, auch bei § 831 BGB und, wie oben gezeigt wurde, bei medizinischer Arbeitsteilung nur für eigenes Verschulden und nicht für das des Gehilfen gehaftet wird, begründet § 278 BGB eine Garantiehaftung für den Einsatz des Gehilfen. Für das vertragliche Schuldversprechen gilt damit der Satz, dass wer die Vorteile der Arbeitsteilung in Anspruch nimmt, auch deren Nachteile tragen muss, uneingeschränkt.[586]
Ein direkter Außenhaftungsschutz besteht für den Arbeitnehmer durch die Zurechnung der Haftung an den Arbeitgeber nicht. Allerdings kann es eine positive Nebenfolge der Zurechnung an den Arbeitgeber sein, die allein auf wirtschaftlichen Erwägungen des Geschädigten beruht, dass dieser seinen Schaden bei dem solventesten seiner Schuldner geltend macht. Das ist regelmäßig der Arbeitgeber und nicht der wirtschaftlich schwache Arbeitnehmer. Hinzu kommt, dass für den Dritten häufig gar nicht nachvollziehbar ist, welcher der zahlreichen Gehilfen den Schaden verursacht hat.[587]

Die wirtschaftliche Bedeutung der Haftung des Arbeitgebers wird sowohl für den Vertragspartner als auch den faktischen Schutz des Arbeitnehmers von der Reichweite der Zurechnungsnorm bestimmt. In dem Umfang, in dem das Verhalten des Arbeitnehmers dem Arbeitgeber zugerechnet wird, ist der Arbeitnehmer faktisch vor einem Haftungsrisiko geschützt. Die Reichweite wird aus dem Gegensatzpaar „in Erfüllung der Verbindlichkeit des Schuldners", so § 278 S. 1 BGB, und „gelegentlich der Erfüllung" ermittelt.
Zunächst muss das schuldhafte Handeln des Arbeitnehmers in den durch das Schuldverhältnis zum Dritten festgelegten Pflichtenkreis des Arbeitgebers fallen („in Erfüllung der Verbindlichkeit des Schuldners"). Dazu zählen nicht nur vertragliche Haupt- und Nebenpflichten, sondern auch die allgemeine Schutzpflicht, jedes Handeln zu unterlassen, das den Vertragspartner schädigen könnte.[588]
Zudem ist der arbeitsvertragliche Aufgabenkreis maßgeblich, den der Arbeitgeber dem Arbeitnehmer im Hinblick auf die Vertragserfüllung gegenüber dem Dritten zugewiesen hat. Dies ergibt sich aus der Tatbestandsvoraussetzung „...deren er sich bedient". Der sachliche Zusammenhang mit dem zugewiesenen Aufgabenbereich bildet zusätzlich die Abgrenzungslinie zwischen „in Erfüllung" und „bei Gelegenheit" der Erfüllung.[589] Auch der

---

[585] Zur Anwendung bei Sondverbindungen BGHZ 16, 262; *Larenz/Canaris*, SchR AT, § 20 VIII.
[586] BGH Urt. v. 27. 06. 1985, BGHZ 95, 128, 132; MünchKomm-*Grundmann*, § 278 Rz. 3.
[587] Das ist auch der Grund für die Beweislastumkehr in der deliktischen Produzentenhaftung.
[588] *Larenz/Canaris*, SchR AT § 20 VIII, S. 301.
[589] *Larenz/Canaris*, SchR AT § 20 VIII, S.302 f..

vertragliche Pflichtenkreis gegenüber dem Dritten dient dazu, festzustellen, ob es sich um ein vertragsspezifisches schuldhaftes Verhalten handelt, oder ob es ebenfalls bei Gelegenheit der Erfüllung geschah. Die Abgrenzung liegt darin, so stellen *Larenz/Canaris* klar, dass die Pflicht, mit den Sachen des Bestellers sorgsam umzugehen, eine vertragsspezifische Schutzpflicht des Schuldners ist, die Pflicht, Diebstähle zu unterlassen, dagegen für jeden und in jeder Lage besteht und nicht vertragsspezifisch ist.[590]

Handelt es sich bereits um keine für den Vertrag zwischen Arbeitgeber und Drittem spezifische Tätigkeit, haftet der Arbeitnehmer immer selbst. Bei der Frage nach dem Aufgabenbereich des Arbeitnehmers ist der Vertragsinhalt noch einmal zur Abgrenzung näher zu betrachten. Den Aufgabenbereich selbst und auch einzelne Tätigkeiten im Rahmen dieses Aufgabenbereichs weist der Arbeitgeber seinem Arbeitnehmer mittels Weisungsrecht zu. So kann und muss er unter Umständen genaue Vorgaben für die Tätigkeit machen. Handelt der Arbeitnehmer vorsätzlich oder fahrlässig abweichend, stellt sich die Frage, ob dies noch im sachlichen Zusammenhang mit seinem Aufgabenbereich steht. Einigkeit besteht hierüber, soweit fahrlässig weisungswidriges Verhalten zugerechnet werden soll.[591] Gerade auch weisungswidriges Verhalten zu erfassen, ist Sinn und Zweck der durch die Zuweisungsnorm garantierten Unternehmerhaftung.[592] Auch vorsätzliches oder strafbares Verhalten unterfällt der Zurechnungsnorm, wenn ihre Voraussetzungen erfüllt sind, also insbesondere eine vertragsspezifische Pflichtverletzung vorliegt, so z.B. wenn Lagerpersonal die eingelagerten Waren stiehlt.[593]
Ein Beispiel aus der medizinischen Forschung sind Heilversuche und Experimente, die ohne einem oder entgegen dem ausdrücklichen Votum der Ethik- Kommission durchgeführt werden. Die Dienstanweisungen der Kliniken verbieten üblicherweise ein solches Vorgehen, um ihrer eigenen Organisationspflicht gerecht zu werden. Entsteht aufgrund der Forschungsmaßnahme ein Schaden, so hat der Krankenhausträger dennoch dafür aufzukommen.

---

[590] *Larenz/Canaris*, SchR AT § 20 VIII, S.302.
[591] *Larenz/Canaris*, SchR AT § 20 VIII, S.303.
[592] *Larenz/Canaris*, SchR AT § 20 VIII, S.303; *Denck*, Der Schutz des Arbeitnehmers, S. 151.
[593] OLG Hamburg Urt. v. 9. 7. 1981,VersR 1983, 352; MünchKomm- *Grundmann*, § 278 Rz. 47 f.; a. A. Erman- *Westermann*, § 278 Rz. 41 für die Gleichbehandlung von bei Gelegenheit und in Erfüllung ohne die hier vertretene Einschränkung.

II. § 831 BGB, Haftung für Verrichtungsgehilfen

§ 831 BGB ist keine Zurechnungsnorm, sondern eine Anspruchsgrundlage für vermutetes eigenes Verschulden des Unternehmers. Beim Einsatz eines Verrichtungsgehilfen vermutet das Gesetz, dass, wenn ein Schaden entsteht, ein eigenes Verschulden des Geschäftsherrn bzgl. Auswahl, Überwachung und Leitung oder bei der Beschaffung des erforderlichen Arbeitsmaterials vorliegt. Weiter wird vermutet, dass zwischen diesem Verschulden und dem entstandenen Schaden ein ursächlicher Zusammenhang besteht.
§ 831 BGB basiert ebenfalls auf dem Gedanken des Einstehenmüssens für die arbeitsteilige Organisation eines Betriebes. Anders als im Schuldrecht haftet der Unternehmer deliktisch nur für sein konkretes Unternehmen, also seine weisungsgebundenen Arbeitnehmer, nicht aber für Selbständige, die er zur Erfüllung seiner Verpflichtungen heranzieht. Die Verkehrspflichten, die § 831 BGB dem Unternehmer auferlegt, bilden ein Modell für das gesamte arbeitsteilige Zusammenwirken.[594]
Auch die Haftung für den Verrichtungsgehilfen bedeutet für den Arbeitnehmer nur einen tatsächlichen Schutz dadurch, dass der Geschädigte in der Regel wirtschaftlich denkt und mit dem Geschäftsherrn den solventeren Schuldner heranzieht.

Grundsätzlich wäre die Zuweisung der Haftung an den Arbeitgeber und damit der Außenhaftungsschutz des Arbeitnehmers verglichen mit § 278 BGB effektiv angelegt: Ein Verschulden des Verrichtungsgehilfen braucht nicht vorzuliegen, das Verschulden des Geschäftsherrn wird vermutet. Der Gesetzgeber hat aber dieser (ursprünglichen) Fassung zum Schutz von Kleinbetrieben und der Landwirtschaft, deren übermäßige wirtschaftliche Belastung durch Ersatzansprüche befürchtet wurde,[595] den Entlastungsbeweis des § 831 Abs. 1 S. 2 BGB hinzugefügt. Mit dessen gesetzlicher Ausgestaltung und seiner Rechtsentwicklung durch die Gerichte steht und fällt die Bedeutung des § 831 BGB für den Außenhaftungsschutz des Arbeitnehmers.

Der Entlastungsbeweis des § 831 Abs. 1 S. 2 BGB ist nach dem Gesetzeswortlaut hinsichtlich der sorgfältigen Auswahl und der gegebenenfalls erforderlichen Leitung der Verrichtung zu führen. Darüber hinaus ist der Entlastungsbeweis von der Rechtsprechung noch auf eine fortlaufende Überwachung und entsprechende Instruktion des Gehilfen ausgedehnt worden. Diese Ausdehnung in Analogie zu § 831 Abs. 1 S. 2 BGB ist notwendig,

---

[594] dazu oben § 5 B II 2.
[595] dazu *Mugdan* II, S. 1094.

um die Pflichten des Geschäftsherrn mit dem Zeitpunkt des Schadensereignisses zusammenzuführen.[596] Entscheidend ist, dass der Verrichtungsgehilfe im Zeitpunkt des Schadensereignisses sorgfältig ausgewählt war. Eine unter Umständen Jahre zurückliegende sorgfältige Auswahl kann, wenn sich die Fähigkeiten des Mitarbeiters verändern, nicht als ausreichend betrachtet werden.[597] Die Pflicht zur Belehrung des Gehilfen knüpft die Rechtsprechung ebenfalls an die Auswahlpflicht an.[598] Zur sorgfältigen Auswahl eines Gehilfen genügt es nicht, sich auf dessen theoretische Formalqualifikation zu berufen, vielmehr muss er in die speziell aus der ihm aufgetragenen Verrichtung entstehenden Gefahren eingewiesen werden. Andernfalls kann er für diese Aufgabe nicht als sorgfältig ausgewählt gelten.[599] Die Rechtsprechung stellt für gewöhnlich strenge Anforderungen an die Erfüllung der Verkehrspflichten zur Führung des Entlastungsbeweises.[600] Allerdings bemisst sie ihre Anforderungen wie bei allen Verkehrspflichten nach der Größe der durch die Tätigkeit drohenden Gefahr, so dass die Maßstäbe bei Kleinbetrieben und weniger gefährlichen Tätigkeiten tatsächlich milder ausfallen.[601] Bei Großbetrieben oder besonders risikoreichen Unternehmungen neigt die Rechtsprechung aber gelegentlich zu einer Überspannung der Verkehrspflichten.[602]

Da der ursächliche Zusammenhang des Verschuldens und der Schadensentstehung vermutet wird, ist dem Unternehmer auch der Einwand zuzugestehen, auch bei verkehrsrichtigem Verhalten wäre ein Schaden entstanden.[603] Dieser Einwand schwächt die Stellung des Arbeitnehmers gerade da, wo es sich um die typischen Fälle handelt, für die u. a. auch der innerbetriebliche Schadensausgleich entwickelt wurde, die Fehlleistungen, „die jedem einmal passieren können". Es sind auch genau die Fälle leichter Fahrlässigkeit, wo gerade kein typisiertes Verschulden des § 831 BGB gegeben sein wird, und damit der Entlastungsbeweis immer gelingt, z.B. wenn einem Maurer die Kelle aus der Hand fällt und einen Passanten verletzt.[604]

---

[596] *Larenz/Canaris,* SchR BT, 2. Hb., § 79 III 3 a.
[597] RG Urt. v. 25.02.1915, RGZ 87, 1, 4; *Schmitz,* Die deliktische Haftung, S. 17 m. w. N.
[598] BGH Urt. v. 10.05.1957, BGHZ 24, 200, 214.
[599] ausführlich dazu *Schmitz,* Die deliktische Haftung, S. 14 ff.
[600] *von Bar,* Verkehrspflichten, S. 243 ff.; Palandt- *Sprau,* § 831 Rz. 12ff.
[601] *Schmitz,* Die deliktische Haftung, S. 18.
[602] *Larenz/Canaris,* SchR BT, 2.Hb., § 79 III 5 c, der den Streupflichtfall aus RGZ 113, 193 referiert.
[603] BGH Urt. v. 14.01.1954, BGHZ 12, 94, 96.
[604] Beispiel nach *Denck,* Der Schutz des Arbeitnehmers, S. 165.

Eine wesentliche Entkräftung des Außenhaftungsschutzes des § 831 BGB droht dem Arbeitnehmer durch die Rechtsprechung zum dezentralisierten Entlastungsbeweis.
Wie vom Gesetzgeber beabsichtigt, passt der Entlastungsbeweis für kleinere und mittlere für den Unternehmer überschaubare Betriebe. In Großbetrieben, zumeist juristischen Personen, mit ausdifferenzierter Arbeitsteilung werden Auswahl und Überwachung höhergestellten Angestellten überlassen, eine Kontrolle durch die Unternehmensleitung ist faktisch unmöglich. Aufgrund dieser Situation hat die Rechtsprechung den Wortlaut des § 831 Abs. 1 S. 2 BGB eng ausgelegt: Ein Verschulden des Unternehmers bzgl. weiterer Gehilfen als des direkt ihm unterstellten kann nicht vermutet werden. Daher ist der Entlastungsbeweis nur hinsichtlich des mit der Aufsicht betrauten höheren Angestellten zu führen.[605] Er wird in der Regel gelingen, da dem Geschädigten nur selten, z.B. bei groben Mängeln, Tatsachen bekannt werden dürften, um die Behauptungen zur Entlastung zu widerlegen.
Wie häufig kritisiert wird, führt diese Rechtsprechung zu einer ungerechtfertigten Privilegierung von Großunternehmen, da diese sich nur für ihren Personalleiter zu entlasten brauchen und damit zugleich von ihrer Haftung für eine Vielzahl von Hierarchieebenen entlastet sind.[606]
Die Rechtsprechung hat aufgrund des weitgehenden Ausschlusses von § 831 BGB selbst eine Kehrtwende vollzogen und verschiedene Umgehungsmöglichkeiten entwickelt.[607]
Zunächst hat sie die Anforderungen an den Entlastungsbeweis in einer Art Wechselwirkung mit ihrer eigenen Rechtsprechung zum dezentralisierten Entlastungsbeweis stark angezogen.[608] Des Weiteren dient die gesamte auf § 823 Abs. 1 BGB gestützte eigene Haftung des Unternehmers für Organisationsverschulden, wozu auch die Produkthaftung zählt, der Verlagerung der Haftung auf den Arbeitgeber. In ihrem Gefolge wurde auch der Organbegriff der §§ 30, 31 BGB stark ausgeweitet.[609]
Teilweise hat die Rechtsprechung aber auch den dezentralisierten Entlastungsbeweis ein Stück weit zurückgenommen und verlangt nun, die Entlastung für die Tätigkeit der konkret leitenden Zwischengehilfen zu erbringen. So hat sie z.B. den Entlastungsbeweis eines Krankenhausträgers hin-

---

[605] BGH Urt. v. 25.10.1951, BGHZ 4, 1.
[606] Erman- *Schiemann*, § 831 Rz. 21; *Larenz/Canaris*, Schr BT, 2. Hb., § 79 III 3 b; a.A. MünchKomm- *Wagner*, § 831 Rz. 39, der aufgrund der Ausweitung des Anwendungsbereichs von § 31 BGB kaum einen Anwendungsbereich für den dezentralisierten Entlastungsbeweis sieht.
[607] Erman- *Schiemann*, § 831 Rz. 21 sieht deshalb den dezentralisierten Entlastungsbeweis als überholt an; vorsichtiger MünchKomm- *Wagner*, Rz. 39.
[608] ebenso *Larenz/Canaris*, SchR BT, 2. Hb., § 79 III 3 a, b.
[609] Zu beiden Aspekten sogleich.

sichtlich des Chefarztes nicht genügen lassen. Vielmehr habe der Krankenhausträger sich für den betreffenden Oberarzt zu entlasten.[610]

Zusammenfassend lässt sich feststellen, dass der tatsächliche Außenhaftungsschutz des Arbeitnehmers durch § 831 BGB in Korrespondenz zur Größe und Gefährlichkeit des Betriebes steht. Je größer und/oder gefahrenträchtiger ein Betrieb ist, desto schwerer ist die Exculpation zu bewirken, trotz des grundsätzlich möglichen dezentralisierten Entlastungsbeweises. Auch hier taucht die Tendenz zur Steuerung erlaubter aber gefährlicher Tätigkeiten durch Verkehrspflichten auf.

III. Haftung für Organe und organähnliche Personen

Eine weitere Norm, die den Unternehmen in Form von juristischen Personen des privaten und öffentlichen Rechts und teilrechtsfähigen Personengesellschaften das Fehlverhalten ihrer Mitarbeiter ohne Exculpationsmöglichkeit zurechnet, ist § 31 BGB.[611] Der Außenhaftungsschutz der vom Anwendungsbereich erfassten Mitarbeiter wird hier ebenfalls rein tatsächlich durch die wirtschaftlichen Überlegungen des Geschädigten bewirkt. Grundsätzlich haftet nach dem Wortlaut des § 31 BGB das Unternehmen für den Vorstand, die Mitglieder des Vorstandes und andere verfassungsmäßig berufene Vertreter, d.h. die besonderen Vertreter nach § 30 BGB.[612] Die Stellung des Organs ist entweder durch Gesetz der juristischen Person vorgegeben oder von ihr durch Satzung bestimmt.

Anknüpfend an den Begriff des „anderen verfassungsmäßigen Vertreters" hat die Rechtsprechung den persönlichen Anwendungsbereich des § 31 BGB, nach ihrer Ansicht im Wege der Auslegung,[613] stark ausgedehnt. Danach ist dem Unternehmer derjenige seiner Mitarbeiter nach § 31 BGB zuzurechnen, dem „durch allgemeine Betriebsregelung und Handhabung bedeutsame, wesensmäßige Funktionen der juristischen Person zur selbständigen, eigenverantwortlichen Erfüllung zugewiesen sind, dass er also

---

[610] OLG Stuttgart Urt. v. 20.05.1976, AHRS 0495/6- Pseudo- Croup.
[611] vgl. nur BGH Urt. v. 13.01.1987, BGHZ 99, 298, 302: keine haftungsbegründende Norm.
[612] für Identität der verfassungsmäßigen Vertreter mit den besonderen Vertretern *Schmitz*, Die deliktische Haftung, S. 59; allgemein dazu BGH Urt. v. 30.10.1967, BGHZ 49, 21.
[613] Die Literatur schließt sich der Rechtsprechung im Ergebnis zumindest weitgehend an, wenn auch großteils mit anderer rechtsdogmatischer Begründung. Zu Recht plädiert die h. M. in der Literatur für eine Analogie, vgl. nur Palandt-*Heinrichs*, § 31 Rz. 6 m. w. N., MünchKomm-*Reuter*, § 31 Rz. 1,5 m. w. N.

die juristische Person auf diese Weise repräsentiert".[614] Der BGH begründet diese Ausweitung des Anwendungsbereichs damit, dass es bei einer solchen Betriebsorganisation unangemessen wäre, der juristischen Person den Entlastungsbeweis nach § 831 BGB zu eröffnen; wie oben erwähnt, wird also der dezentralisierte Entlastungsbeweis offen umgangen. Mit letzterem könnte sich die juristische Person der Haftung entziehen, wenn sie Angestellte mit Aufgaben von Organen betraut, ohne sie auch zu verfassungsmäßig berufenen Vertretern zu machen.

Mit der von der Rechtsprechung gewählten Abgrenzung von Angestellten i. S. v. § 31 und Verrichtungsgehilfen i. S. v. § 831 BGB rückt der BGH den Angestellten nach § 31 BGB in die Nähe der leitenden Angestellten i. S. d. Arbeitsrechts, vgl. etwa § 5 III Nr. 3 BetrVG. In der Tat liegt beiden Begriffen der Gedanke zugrunde, Angestellte, die ursprüngliche Verantwortungsbereiche des Unternehmers, die er im Kleinbetrieb selbst erfüllen würde, übernehmen, von Angestellten zu unterscheiden, die im Wesentlichen nur dem Betriebszweck dienen.[615]

Die Rechtsprechung verfolgt parallel zu dem durch Auslegung gewonnenen Begründungsansatz einen weiteren mit demselben Ziel: Sie sieht es als Organisationsmangel an, wenn eine juristische Person einem Angestellten in größerem Umfang Entscheidungsfreiheit einräumt, ohne hierfür einen besonderen Vertreter i. S. v. § 30 BGB zu bestellen, für den sie ohne weiteres haftet.[616] Diese Begründungsansätze stehen ohne ersichtliche Ursache nebeneinander.

Für das Problem der Arbeitnehmerhaftung hat die Ausdehnung des § 31 BGB einen zweifachen Verlagerungseffekt hin zum Arbeitgeber. Zunächst natürlich für den erweiterten Kreis der „leitenden" Angestellten selbst, denen mit dem Arbeitgeber ein weiterer Haftungsschuldner ohne Exculpationsmöglichkeit zur Seite steht, §§ 426, 840 BGB.
Eine zweite Verlagerungstendenz besteht zugunsten der nachgeordneten Mitarbeiter. Für einen Großteil ihrer Fehlleistungen haftet der vorgesetzte Mitarbeiter aus eigenem Verschulden durch die Verletzung eigener Verkehrspflichten oder aber sein Fehler bei Auswahl, Überwachung und Leitung ist im Falle eines Schadensersatzanspruchs des Arbeitgebers zugunsten des Arbeitnehmers als echtes Mitverschulden des Arbeitgebers gem. § 254 BGB zu berücksichtigen.[617] Die Zuweisung der Haftung für alle or-

---

[614] BGH Urt. v. 30.10.1967, BGHZ 49, 19, 21.
[615] ebenso MünchKomm- *Reuter*, § 31 Rz. 19.
[616] BGH Urt. v. 10.05.1957, BGHZ 24, 200, 213.
[617] MünchArbR- *Blomeyer*, § 59 Rz. 61.

ganisatorischen Tätigkeiten an den Arbeitgeber bei Einsatz von Zwischengehilfen führt zu einer faktischen teilweisen Entlastung der Arbeitnehmer für alle Schäden, in denen sich ein Organisationsrisiko verwirklicht hat.

Abschließend ist auf die Bedeutung der Ausdehnung von § 31 BGB für Haftung und Organisation im Krankenhaus einzugehen. Ungeachtet einer Bestimmung in der Satzung und anderer Versuche des Krankenhausträgers, seine Organisationspflichten etwa durch Dienstanweisungen zu erfüllen, ist nach ständiger Rechtsprechung des BGH der weisungsfreie Chefarzt als Organ i.S.v. § 31, 30 BGB zu behandeln.[618] Aber nicht nur der weisungsfreie Chefarzt sondern auch der ihn vertretende, dann ebenfalls weisungsfrei arbeitende, Oberarzt ist dem Krankenhausträger nach §§ 30, 31 BGB zuzurechnen.[619] Das kann auch für andere Ärzte gelten, sofern sie die gleiche Führungsposition zugewiesen bekommen. Diese Erstreckung steht ganz im Zeichen des von der Rechtsprechung verfolgten Ziels, die Haftung für betriebliche Organisationsmängel, die für den Unternehmer steuerbar sein müssen, ohne Exculpationsmöglichkeit dem Arbeitgeber zuzuweisen. Die Weisungsfreiheit der leitenden Ärzte ist berufsrechtlich erforderlich, zumeist vertraglich eingeräumt und in fachlicher Hinsicht faktisch unumgänglich. Der Einsatz von Personal mit weitreichenden Handlungsspielräumen ist dabei dem Arbeitgeber als ursprüngliches Unternehmerrisiko zugewiesen.

IV. Organisationsverschulden

Die gesetzliche Konzeption der Haftung des Geschäftsherrn für Personalrisiken wird weithin als unzulänglich angesehen, insbesondere in Verbindung mit der Rechtsprechung zum dezentralisierten Entlastungsbeweis.[620] Indem sich der Geschäftsherr die Möglichkeit der Arbeitsteilung zunutze macht, erreicht er eine Erweiterung seiner unternehmerischen Chancen. Die zusätzlichen Gewinnaussichten mit einer weitgehenden Haftungsentlastung durch den Entlastungsbeweis des § 831 Abs.1 S. 2 BGB zu verbinden, entspricht nicht dem Gedanken, dass derjenige der die Vorteile zieht auch deren haftungsrechtliche Nachteile zu tragen habe.[621]
Die Haftung des Unternehmers für die Verletzung von Organisationspflichten ist zum „Allheilmittel" der Rechtsprechung für die Probleme der Haf-

---

[618] Laufs/Uhlenbruck- *Laufs,* Handbuch, § 104 Rz. 2
[619] BGH Urt. v. 30. 06. 1987, BGHZ 101, 215, 218.
[620] *Larenz/Canaris,* SchR BT, 2. Hb., § 79 III 6; *Schmitz,* Die deliktische Haftung, S. 31 m. w. N.
[621] ebenso *Schmitz,* Die deliktische Haftung, S. 31.

tungsverteilung im Unternehmen avanciert.[622] Sie dient als Ausweg aus dem Dilemma des dezentralisierten Entlastungsbeweises, zur Lösung der Frage nach der Übertragbarkeit von Verkehrspflichten und als Angebot an den Geschädigten, anstelle des Arbeitnehmers einen solventen Schuldner in Anspruch nehmen zu können. Mit ihren zahlreichen Beweiserleichterungen leistet sie dem Außenhaftungsschutz des Arbeitnehmers gute Dienste. Der BGH gesteht an anderer Stelle diese Absicht ganz offen zu, wenn er im Fall der Konzentration der Haftung auf den Krankenhausträger durch die §§ 31, 89, 831 BGB und den totalen Krankenhausaufnahmevertrag annimmt, dass die Schadensregulierung beim Krankenhausträger dem Arzt- Patienten-Verhältnis zugute komme.[623] Dieses Verhältnis also von Haftungsstreitigkeiten freigestellt wird.

Als eigenständiges Feld der Haftung für Organisationsverschulden hat sich die Produzentenhaftung entwickelt, in der eine eigene Haftung des Arbeitnehmers inzwischen praktisch ausgeschlossen ist.

Aufgrund unterschiedlicher tatsächlicher Voraussetzungen ist das für den Krankenhaussektor noch nicht der Fall. Es würde zu weit gehen hier die umfassende Kasuistik der Organisationspflichten darzustellen,[624] für die vorliegende Arbeit interessieren aber zwei Punkte: Zum einen der Einfluss, den die Organisationspflichten auf die betriebliche Schadensverteilung nehmen und zum anderen, wie die Anforderungen an die betriebliche Organisation bei medizinischer Forschung zu bestimmen sind.

1. Organisationspflichten und Arbeitsteilung

a) Abgrenzung § 831/§ 823 BGB

Bereits § 831 BGB legt in der Sache eine Reihe von Organisationspflichten, Auswahl-, Leitungs- und Aufsichtspflichten, hinsichtlich der Beschäftigung von Verrichtungsgehilfen fest. Hinzu kommt noch eine auf die benannten Organisationspflichten bezogene Koordinationspflicht aus § 831 BGB und nicht aus § 823 Abs. 1 BGB. Sie verlangt vom Unternehmer die organisatorischen Voraussetzungen zu schaffen, damit im Einzelfall der Arbeitnehmer korrekt eingesetzt werden kann. D.h., dass er zum konkreten Arbeitseinsatz körperlich wie intellektuell in der Lage ist und sein Einsatz systematisch geplant und überwacht wird.[625] Bezugspunkt der Verkehrspflichten aus § 831 BGB ist die Risikoerhöhung durch den Einsatz eines

---

[622] zur Kritik vgl. *Medicus* in FS Deutsch S.291; *Larenz/Canaris* a. a. O.
[623] BGH Urt. v. 30. 11 1982; BGHZ 85, 393, 396.
[624] ausführlich etwa *Giesen*, Arzthaftungsrecht, Rz. 142 - 180; AHRS 3000- 3080.
[625] *Schmitz*, Die deliktische Haftung, S. 26.

bestimmten Gehilfen. Für die Erfüllung dieser Organisationspflichten kann der Geschäftsherr aber den Entlastungsbeweis führen.

Um den Geschäftsherrn nicht vollständig von der Haftung für die betriebliche Organisation zu befreien, wurde zunächst eine allgemeine Aufsichtspflicht unter § 823 BGB gefasst.[626] Sie trifft denjenigen der die notwendigen Maßnahmen zur Erfüllung von Verkehrspflichten auf Dritte überträgt[627] und besteht grundsätzlich in einer Einweisung der Verrichtungsgehilfen in ihre konkrete Tätigkeit und ihrer Überwachung.[628] Aus der Natur als sekundäre Verkehrspflicht folgt, dass ihr Inhalt kaum abstrakt bestimmbar ist. Während sich die primären Verkehrspflichten in Gefahrengruppen einteilen lassen, leiten sich Inhalt und Umfang der allgemeinen Aufsichtspflicht aus den Anforderungen an die Erfüllung der betreffenden primären Verkehrspflicht im Einzelfall ab.[629] Einen Anhaltspunkt für den Inhalt und Umfang der Aufsichtspflicht stellt die Größe der aus der Tätigkeit resultierenden Gefahr dar. Wie auch bei der primär zu erfüllenden Verkehrspflicht steigen die Anforderungen an die Aufsichtspflicht mit der Gefährlichkeit des Betriebes. So reicht das Spektrum der Aufsichtsmaßnahmen von allgemeinen Anweisungen an die Mitarbeiter, über stichprobenartige Kontrollen zu fortlaufender Überwachung der Verrichtungsgehilfen.[630]
Zusätzlich hat die Rechtsprechung eine Fallgruppe der Haftung für betriebliche Organisationsmängel gebildet.
Während die allgemeine Aufsichtspflicht der Rechtsprechung dazu dient, das Problem der Delegation von Aufgaben zur Erfüllung von Verkehrspflichten zu bewältigen, indem dem Dritten mit dem Arbeitgeber ein solventer und stets haftender Schuldner zur Verfügung gestellt wird, füllt die betriebliche Organisationspflicht die Haftungslücke, die auch bei Anwendung der allgemeinen Aufsichtspflicht noch verbleibt. Adressat der allgemeinen Aufsichtspflicht ist die Leitung des Unternehmens. Es ist in vielen Fällen tatsächlich unmöglich, von der Unternehmensleitung zu verlangen, diese solle die Aufsicht über alle Hierarchieebenen eines Unternehmens führen.[631] Selbst wenn man die Verkehrspflichten völlig überspannte, müsste man häufig den subjektiven Verschuldensvorwurf hinsichtlich der

---

[626] *Larenz/Canaris,* Schr BT, 2. Hb. § 76 III 3 a; Palandt- *Sprau,* § 823 Rz. 52; *Schmitz,* Die deliktische Haftung, S. 37 mit zahlreichen Nachweisen aus der frühen Rechtsprechung des RG.
[627] BGH Urt. v. 17.02.1987, DB 87, 1838.
[628] *Schmitz,* Die deliktische Haftung, S. 41.
[629] OLG Düsseldorf Urt. v. 21.10.1993, NJW- RR 1994, 1442.
[630] *Schmitz,* Die deliktische Haftung, S. 41 mit Nachweisen aus der Rechtsprechung.
[631] *Schmitz,* Die deliktische Haftung, S. 43 f.; im Ergebnis ebenso *Larenz/Canaris,* SchR BT, 2. Hb., § 76 III 5 d, allerdings ausdrücklich nur für die den Geschäftsführer einer GmbH selbst treffende Organisationshaftung.

konkret unterlassenen Aufsicht fallen lassen. Daher verlangt die Rechtsprechung, ein Unternehmen so zu strukturieren und zu organisieren, dass es durch das Verhalten von Verrichtungsgehilfen nicht zu Rechtsgutsverletzungen Dritter kommt.[632]

Der Organisationspflicht aus § 823 Abs. 1 BGB wird die allgemeine betriebliche Organisation des arbeitsteiligen Zusammenwirkens unterstellt, also die Gestaltung der horizontalen wie vertikalen Arbeitsabläufe und deren Koordination. Ihre Abgrenzung zu § 831 BGB ist ebenfalls aus ihrem Charakter als Verkehrspflicht zu gewinnen. Das risikoerhöhende Moment, das den Ausschlag für die Entstehung betrieblicher Organisationspflichten gibt, sind hier die durch den arbeitsteiligen Betrieb als solchen entstehenden Gefahren. Entsprechend lassen sich für alle Betriebe gleichermaßen zutreffend Anweisungs-, Kontroll-, Informations-, und Koordinationspflichten unterscheiden.[633] Ihr Inhalt und Umfang hängt, wie bei der allgemeinen Aufsichtspflicht, von den Verkehrspflichten ab, die das Unternehmen nach außen zu erfüllen hat.

Die Abgrenzung der Organisationspflichten nach § 831 BGB und nach § 823 Abs. 1 BGB lässt sich schlagwortartig wie folgt treffen: § 831 BGB sieht Rechtsfolgen für die Verletzung bestimmter gesetzlich festgelegter Organisationspflichten bei arbeitsteiligen Prozessen vor. Diese Organisationspflichten betreffen die Steuerung des arbeitsteiligen Prozesses an sich. Die Organisationspflichten des § 823 Abs. 1 BGB wurden geschaffen, um als sekundäre Pflichten die Risikoerhöhung, die durch die Arbeitsteilung entsteht, zu steuern. Sie sind übergeordnete Pflichten, die einer zu starken Kompetenzverteilung bei der Organisation des Betriebes entgegenwirken.

In diesen Anforderungen an die Organisation eines arbeitsteiligen Großbetriebes gleichen sich alle Unternehmen, egal ob produzierendes oder dienstleistendes Gewerbe. Die Produzentenhaftung bildete den Vorreiter darin, aus der Komplexität des Produktionsprozesses und den daraus resultierenden Beweisschwierigkeiten für den Geschädigten die Konsequenz zu ziehen und Beweiserleichterungen für die Fälle der Verletzung typischer Organisationspflichten des Geschäftsherrn (Konstruktion, Fabrikation, Instruktion und Produktbeobachtung) zu gewähren.

---

[632] *von Bar*, Verkehrspflichten, S. 96.
[633] ebenso *Schmitz*, Die deliktische Haftung, S. 37 ff., 48 ff.

b) Abgrenzung der Organisationspflichten von Arbeitgeber und Arbeitnehmer

Die betrieblichen Organisationspflichten richten sich an den Unternehmer. Dieser delegiert die Erfüllung seiner Pflichten auf leitende Mitarbeiter. Anders wäre auch die Führung eines ausdifferenzierten Betriebes nicht möglich. Wie bereits erläutert, verbleibt die Verantwortung für die allgemeine Betriebsorganisation aber bei ihm. Die Delegation von Führungsaufgaben führt jedoch zu einer Verantwortungsvervielfachung: Für die übernommenen Organisationspflichten müssen die Zwischengehilfen dann selbst haften, sofern entsprechend ihrer Stellung die Voraussetzungen der Entstehung einer Verkehrspflicht auch in ihrer Person vorliegen.

Bei Ärzten ist dies die Regel, da sie kraft ihrer beruflichen Stellung immer eine Schutzpflicht für Leben und Gesundheit der Patienten übernehmen.

Mit der Verteilung der Leitungsaufgaben in der ärztlichen Hierarchie korrespondiert also auch eine Verteilung der Haftung für Organisationspflichten.

2. Organisationspflichten eines Krankenhausträgers

Die Organisationspflichten des Krankenhausträgers zielen auf die ordnungsgemäße arbeitsteilige Erfüllung der primären Verkehrspflichten aus der Durchführung der ärztlichen Behandlungsmaßnahmen unter Vermeidung von Risiken für den Patienten.

Da die gesamte stationäre Versorgung der Bevölkerung in Krankenhäusern unterschiedlicher Versorgungsstufen stattfindet, deren unterschiedlicher Standard, solange er nicht unter den Stand der Wissenschaft rutscht, nicht zu beanstanden ist, richten sich auch die Anforderungen an die Organisation am jeweiligen Standard des Betriebes aus. Es kann nur wiederholt werden, dass es für die Entstehung deliktischer Gefahrvermeidungspflichten kein Patentrezept gibt, sondern diese aus einer Gesamtabwägung der gegebenen Umstände ermittelt werden müssen.

Hochspezialisierte Kliniken, insbesondere Universitätskliniken, mit einem hohen Grad an Arbeitsteilung müssen auch hinsichtlich ihrer Organisation höheren Ansprüchen gerecht werden. Zum Beispiel entstehen an diesen Kliniken aufgrund des häufigen Personalwechsels besondere Gefahrenpotentiale. Typischerweise werden auch in diesen Häusern verstärkt Forschungsvorhaben durchgeführt, die besondere organisatorische Vorkehrungen zur Gefahrvermeidung erfordern. So zählt die Bildung von eigenen Ethik- Kommissionen und/oder, bei kleineren Krankenhäusern, der Erlass einer Dienstanweisung, dass jedes Forschungsvorhaben am Menschen zunächst einer Ethik- Kommission zur Prüfung vorgelegt werden muss, zu den Organisationspflichten des Krankenhausträgers. In kleineren Häusern mit niedrigerer Versorgungsstufe bestehen unter Umständen höhere Anforderungen an die Organisation bzgl. der Wahrung des Standes der medizinischen Wissenschaft. D.h., eine entsprechende Aus- und Fortbildung des ärztlichen wie nichtärztlichen Personals ist zu gewährleisten, der technische Standard zu beobachten und anzupassen und die Einführung neuer, inzwischen gesicherter Behandlungsmethoden abzusichern.[634]

Bei der Behandlung von Patienten im engeren Sinn korrespondiert mit jeder Verkehrspflicht von Ärzten und Pflegepersonal hinsichtlich Behandlung, Aufklärung und Dokumentation eine Organisationspflicht des Krankenhausträgers. D.h. nicht, dass der Krankenhausträger deliktisch für jeden konkreten Behandlungsfehler aus eigenem Verschulden haften würde. Diesbzgl. kann ihm das Fehlverhalten nur zugerechnet werden. Vielmehr ist ihm eigenes Verschulden dann vorwerfbar, wenn er allgemein nicht die Voraussetzungen für eine fehlerfreie Behandlung sicherstellt. Besteht Klarheit über die Behandlungspflichten, können die Organisationspflichten abgeleitet werden. Derselbe Mechanismus gilt für alle ausdifferenziert arbeitenden Betriebe; zugrunde zu legen sind ihre jeweiligen Gefahrvermeidungsgebote.[635] So gehört es zu den Organisationspflichten des Krankenhausträgers, den Dienstplan so zu gestalten, dass einem Berufsanfänger immer ein erfahrener Facharzt zur Seite steht[636] und dass kein völlig übermüdeter Arzt zu einer Operation eingeteilt wird.[637] Die Ausdehnung des Begriffs des verfassungsmäßig berufenen Vertreters i. S. v. § 31 BGB wurde oben bereits angesprochen. Parallel dazu sieht es die Rechtsprechung als Organisationsmangel an, wenn kein entsprechender Vertreter bestellt ist, aber den leitenden Angestellten weitgehende Weisungsfreiheit gewährt wird.[638] Auch die Anweisung zur zeitnahen Dokumentation von Behandlungsmaßnahmen zählt zu den Organisationspflichten.[639]

---

[634] *Giesen*, Arzthaftungsrecht, Rz. 145; Laufs/Uhlenbruck- *Laufs,* Handbuch, § 99 Rz. 9 f.
[635] ähnlich *Schmitz*, Die deliktische Haftung, S. 45.
[636] „Facharztrechtsprechung", vgl. z.B. BGH Urt. v. 10. 3. 1992, MedR 1992, 307 m. Anm. von *Opderbecke/Weißauer*, MedR 1993, 2; BGH Urt. v. 15. 6. 1993, VI ZR 175/92, m. Anm. von *Weißauer/Opderbecke*, MedR 1993, 447.
[637] BGH Urt. v. 29.10.1985, NJW 1986, 776; RGRK- *Nüßgens,* § 823 Anh. II Rz. 212.
[638] *Brandes*, Organisationspflichtverletzung, S. 64.
[639] OLG Koblenz Urt. v. 13.11.1990, NJW- RR 1992, 417.

Typische Organisationspflichten sind auch die Wahrung der Krankenhaushygiene,[640] die Sicherheit von Blutspenden und Transfusionen und allgemein die Vermeidung von Ansteckungen,[641] sowie die Einhaltung der gewöhnlichen Verkehrssicherungspflichten hinsichtlich der Gebäudesicherheit.

Die arbeitsteilige Erfüllung der primären Verkehrspflichten generiert eine Reihe weiterer Organisationspflichten, die die Sicherheit der Arbeitsteilung an sich zu gewährleisten haben.
Wie die Verkehrspflichten der Ärzte bei medizinischer Arbeitsteilung entstehen, wurde oben[642] bereits ausführlich erläutert. Aus diesen lassen sich wiederum diejenigen ableiten, die beim Unternehmer verbleiben. Er hat mit seinen Mitteln, also in der Regel Dienstanweisungen, ein umfassendes System von Anweisung, Kontrolle, Informationsfluss und Koordination zu schaffen. Es ist die Kehrseite jeder Delegation von ursprünglichen Aufgaben des Geschäftsherrn. So hat der Krankenhausträger bereits dafür Sorge zu tragen, dass Probleme, die bei der Abgrenzung der Verantwortungsbereiche der zusammenarbeitenden Disziplinen bei horizontaler Arbeitsteilung auftreten können, möglichst weitgehend vermieden werden. Regelmäßige Dienstbesprechungen dienen der Abstimmung einer gemeinsamen Vorgehensweise.
Zur Durchführung einer effektiven und gefahrlosen vertikalen Arbeitsteilung hat der Krankenhausträger für eine klare Verteilung von Kompetenzen und Weisungsrechten zu sorgen.[643] Für typischerweise gefahrträchtige Behandlungsmaßnahmen ist durch allgemeine Dienstanweisungen eine Vorgehensweise festzulegen, wie z.B. für die Lagerung bei Operationen.[644]
Das gleiche gilt für die Vorgehensweise bei der Aufklärung der Patienten hinsichtlich Zeitpunkt, Umfang und aufklärungspflichtigem Arzt.[645]
Die Organisation einer Klinik wäre unzureichend, würde die Einhaltung dieser Maßnahmen zur Erstorganisation nicht ausreichend überwacht und nicht für deren ständige Optimierung gesorgt.[646] Dabei sind alle beteiligten Ärzte, auch die Chefärzte, denen die Überwachung der Abläufe übertragen ist, zu kontrollieren.

---

[640] RGRK- *Nüßgens,* § 823 Anh. II Rz. 215; *Giesen,* Arzthaftungsrecht, Rz. 171; BGH Urt. v. 03.11.1981, NJW 1982, 699.
[641] Laufs/Uhlenbruck- *Laufs,* Handbuch, § 102 Rz. 16.
[642] vgl. § 5 B V 4.
[643] RGRK- *Nüßgens,* § 823 Anh. II Rz. 212; *Giesen,* Arzthaftungsrecht, S. 71 f.
[644] BGH Urt. v. 18.06.1985, BGHZ 95, 63.
[645] *Bergmann,* VersR 1996, 810, 813 f.
[646] *Bergmann,* VersR 1996, 812; *Brandes,* Organisationspflichtverletzung, S. 71.

3. Organisationspflichten des Krankenhausträgers bei medizinischer Forschung

a) Beteiligte an der medizinischen Forschung im Krankenhaus

Die medizinische Forschung am Menschen ist ein anerkanntermaßen risikoreiches und hochsensibles Tätigkeitsfeld. Sie ist daher ein typischer Bereich der Gefahrsteuerung durch Verkehrspflichten und parallele vertragliche Schutzpflichten. Es wird sogar vertreten, die Verkehrspflichten zur Vermeidung von Gefahren für Leib und Leben in der medizinischen Forschung seien sog. „Garantiepflichten", also auf eine Erfolgsvermeidung gerichtet und nicht mehr dem Verschuldensprinzip unterworfen,[647] da eine Abgrenzung zur Gefährdungshaftung nicht mehr möglich ist.

Wird ein medizinisches Forschungsvorhaben im Krankenhaus durchgeführt, überschneiden sich zumeist die Organisationssphären von drei verschiedenen Beteiligten. Der Sponsor einer klinischen Prüfung ist verpflichtet unter dem Gesichtspunkt der Produktsicherheit und -qualität das seinerseits Erforderliche für jetzige Probanden und spätere Patienten zu tun. Sein Forschungsplan wird von Ärzten ausgeführt, die ihrerseits aufgrund ihrer beruflichen Stellung für die ordnungsgemäße Durchführung verantwortlich sind. Schließlich ist der Krankenhausträger wie jeder Unternehmer verpflichtet, seinen Betrieb unter Vermeidung von Gefahren für Dritte und eigene Betriebsangehörige zu organisieren. Egal, ob der Krankenhausträger Vertragspartner des Sponsors ist oder Eigenforschung, sei es im Hauptberuf oder als erlaubte oder sogar unerlaubte Nebentätigkeit in seinem Haus, durchgeführt wird, hat er die notwendigen organisatorischen Vorkehrungen zu treffen, um davon ausgehende Gefahren zu steuern.

Liegen diesbezüglich Organisationsmängel vor, so haftet der Krankenhausträger neben dem verantwortlichen Arzt und gegebenenfalls neben dem Hersteller, wodurch sich ein Kanalisierungseffekt auf die Unternehmen ergeben kann, wenn der Geschädigte diese bevorzugt in Anspruch nimmt. Um die Haftungssituation des angestellten Arztes näher zu beschreiben, interessieren hier nunmehr die eigenen Pflichten des Krankenhausträgers. Das Verhältnis des angestellten Arztes zum Sponsor soll hier ausgeklammert bleiben, da der Arzt in der Regel nicht dessen Vertragspartner ist. Üblicherweise wird der Vertrag über die klinische Prüfung zwischen Sponsor und dem Krankenhausträger geschlossen und von den Ärzten als weisungsgebundene Angestellte durchgeführt. Allerdings bringt die eigene Haftung des Sponsors aus §§ 40, 41 AMG und §§ 17, 18 MPG, v. a. in Kombination mit der verpflichtenden Probandenversicherung, eine wesent-

---

[647] v. *Bar*, Verkehrspflichten, S. 128 ff.

liche Entlastung des Arbeitnehmers. Sie berührt aber nicht die Haftungsverteilung im Arbeitsverhältnis.

b) Spezifische Organisationspflichten

Ein Definitionselement der medizinischen Forschung ist das Überschreiten des Standards. Dieses beinhaltet naturgemäß ein Risiko für den daran beteiligten Patienten. Der Krankenhausträger als derjenige, der den Verkehr eröffnet und Patienten mit medizinischer Forschung konfrontiert, ist Adressat von Verkehrspflichten, die dazu dienen, die hieraus entstehenden Gefahren zu steuern.[648]

Die in den einschlägigen Gesetzen, europäischen Richtlinien, internationalen Empfehlungen und Deklarationen aufgestellten Handlungsanweisungen für die Durchführung medizinischer Forschung richten sich nach ihrem Wortlaut an die Prüfärzte bzw. an die zuständigen nationalen Behörden. Gegenüber den Ärzten beanspruchen sie nicht nur berufsrechtliche Geltung (vgl. § 15 Abs. 2 MuBO),[649] diese Regelungen werden als Standard für die Entstehung von Verkehrspflichten und die Konkretisierung der im Verkehr erforderlichen Sorgfalt, § 276 Abs. 2 BGB, im Rahmen des Verschuldens relevant. In der Regel wird man ein Verhalten, das deren Anforderungen nicht erfüllt als pflichtwidrig und meist auch als sorgfaltswidrig anzusehen haben,[650] da die objektive Betrachtung der berufstypischen Sorgfalt bei Ärzten kaum mehr Raum für die subjektive Komponente der Fahrlässigkeit lässt.

Der Umkehrschluss wird aber nicht immer gelingen. Im Einzelfall kann eine besondere, untypische Gefährdungslage oder ein lückenhafter Standard durchaus weitere Sicherheitsvorkehrungen verlangen. Zu denken ist hierbei etwa an § 17 Abs. 7 MPG, der nicht die Konsultation der örtlichen sondern irgendeiner Ethik- Kommission verlangt. Kam es aber für das betreffende Forschungsvorhaben entscheidend auf örtliche Gegebenheiten an, so kann selbst bei Befolgung der gesetzlichen Regelung eine weitergehende Verkehrspflicht im Raum stehen.

Allerdings stellen die Standards nicht zwingend die Leitlinie zur Statuierung von Verkehrspflichten dar. Diese ist Sache des Richters, dem es letztlich obliegt, anhand der Kriterien, die zur Entstehung einer Verkehrspflicht führen, zu prüfen, ob mit der betreffenden wissenschaftlichen Verhaltensanweisung eine gerechte Risikoverteilung erreicht werden kann.[651] In der

---

[648] *Deutsch*, MedR 1995, 483, 485; *Brandes*, Organisationspflichtverletzung, S. 86 f.
[649] dazu bereits oben § 5 C II.
[650] MünchKomm-*Wagner*, § 823 Rz. 679.
[651] MünchKomm- *Wagner*, § 823 Rz. 678.

Regel wird der Richter aber mangels Sachkunde ein von der Wissenschaft zur eigenen Qualitätssicherung aufgestelltes Regelwerk dankbar aufgreifen. Die nationalen und internationalen Standards bilden aber nicht nur die Grundlage für die Entstehung von Verkehrspflichten von Ärzten. Als Standard zur Vermeidung von Gefahren für die an der Durchführung medizinischer Forschung Beteiligten schlechthin, sind sie auch von den Krankenhausträgern bei der Organisation medizinischer Forschung in ihrem Haus durch allgemeine Anweisungen umzusetzen.[652]

Im Einzelnen heißt das, das der Krankenhausträger dafür die organisatorischen Voraussetzungen, meist mittels abstrakter Dienstanweisungen, zu schaffen hat, dass in seinem Haus medizinische Forschung nur unter Beachtung der hierfür aufgestellten Standards stattfindet. Zudem hat er deren Einhaltung zu überwachen.[653]
Eine wichtige Voraussetzung an der Grenze zu den gewöhnlichen Organisationspflichten ist, dass sich der Krankenhausträger stets Kenntnis über das Stattfinden von Forschungsmaßnahmen verschaffen muss. In Form von Dienstanweisungen hat er festzulegen, welche Art von Risiken für vertretbar gehalten werden können, wann Versuche abzubrechen sind und in welcher Form Patienten aufgeklärt werden müssen. Da medizinische Forschung besondere Anforderungen an den Kenntnisstand des Arztes stellt, obliegt es dem Krankenhausträger festzusetzen, welche Ärzte Forschungsmaßnahmen durchführen dürfen. Bei Universitätskliniken ist zu beachten, dass Doktoranden bzw. wissenschaftliche Mitarbeiter, die eine eigene Forschung betreiben dürfen, streng kontrolliert werden, da sie in der Regel noch nicht die erforderliche Befähigung besitzen werden. Im Übrigen sei auf die ausführliche Darstellung der medizinischen Forschung verwiesen.
Ein wichtiges Instrument, den Organisationspflichten nachzukommen, ist die Einrichtung einer Ethik-Kommission.[654] Diese kann das Forschungsprotokoll medizinisch, methodisch, ethisch und rechtlich überprüfen. Bereits ihre Einrichtung und die ordnungsgemäße Organisation des Verfahrens vor der Ethik-Kommission ist eine Verkehrspflicht des Krankenhausträgers.[655]

---

[652] *Brandes*, Organisationspflichtverletzung, S. 86.
[653] *Deutsch*, MedR 1995, 483, 485.
[654] dazu oben § 3 C.
[655] *Deutsch*, MedR 1995, 483, 485 ff.; *Brandes*, Organisationspflichtverletzung, S. 88.

C. Wirtschaftliche Streuung der Haftung

Die tatsächliche Streuung der Haftung hängt allein vom Verhalten des Geschädigten ab; sie beeinflusst die Außenhaftung selbst in keiner Weise. Zudem führt die tatsächliche Streuung noch nicht zu einer endgültigen Schadensverteilung, da diese erst durch den, später zu behandelnden, innerbetrieblichen Schadensausgleich vorgenommen wird.
Verhält sich der Geschädigte, sofern der Arbeitgeber solvent ist, rein wirtschaftlich denkend und nimmt den Arbeitgeber in Anspruch, ist der Arbeitnehmer aber noch nicht vor dem Risiko geschützt, doch mitverklagt zu werden. Zum einen kann er so als Zeuge im Prozess ausgeschaltet werden, zum anderen ist es bei unklarer Haftungslage sinnvoll, alle als Schädiger in Betracht Kommenden zunächst zu verklagen. Das finanzielle Prozessrisiko- verbleibt dann neben und zusätzlich zum Risiko der Außenhaftung beim Arbeitnehmer.

Eine Möglichkeit beide Risiken, und die Betonung liegt hier auf dem Begriff Risiken und nicht Haftung, zu streuen, sind Versicherungen. Sie wälzen das Haftungs-, Prozess- und Insolvenzrisiko des Arbeitgebers auf einen Dritten, die Versicherungsgesellschaft, über. Damit wird der Arbeitnehmer wirtschaftlich von den Folgen seiner Haftung befreit. Das Haftungs- und Insolvenzrisiko des Arbeitgebers wird ihm ganz abgenommen.

I. Einführung

Zu einer Entlastung des Arbeitnehmers von einer möglichen Haftung können unterschiedliche Versicherungen führen. Je nach Branche können Betriebshaftpflicht-, Vermögensschaden-, Berufshaftpflichtversicherungen oder Sachversicherungen ein entsprechendes Risiko decken. Für die klinische Arzneimittelprüfung tritt die speziell für diesen Bereich ins Leben gerufene Probandenversicherung gem. § 40 Abs. 1 Nr. 8 i. V. m. § 40 Abs. 3 AMG hinzu. Wortgleich ist die Versicherungsverpflichtung in § 17 Abs. 1 Nr. 9 i. V. m. § 17 Abs. 3 MPG für die klinische Prüfung von Medizinprodukten.
Regelmäßig ist das tatsächliche Bestehen einer oder mehrerer der angesprochenen Versicherungen von verschiedensten Faktoren abhängig, wie etwa der Größe und der wirtschaftlichen Situation des Unternehmens oder dem Bestehen eines Versicherungszwanges.
Einer zumeist berufsrechtlichen Versicherungspflicht unterliegen die Angehörigen der sog. „freien Berufe" sowie einige weitere Berufe, wie z.B.

Lehrer.[656] So verpflichtet § 21 MuBO den Arzt, sich hinreichend gegen Haftpflichtansprüche im Rahmen seiner beruflichen Tätigkeit zu versichern. Diese Haftpflichtversicherung muss nicht notwendig eine Berufshaftpflichtversicherung mit dem Arzt als Versicherungsnehmer sein, sondern kann bei angestellten und beamteten Ärzten ebenso als Berufshaftpflichtversicherung des Krankenhauses genommen werden oder als Betriebshaftpflichtversicherung des Krankenhauses. Eine Verpflichtung, eine Betriebshaftpflichtversicherung abzuschließen, besteht aufgrund gewerberechtlicher Vorschriften für bestimmte, als besonders schadensträchtig erachtete Betriebe, z.b. das Bewachungsgewerbe. Für Krankenhäuser besteht eine solche Verpflichtung bislang nicht.

Existieren mehrere Versicherungen parallel, ist für den konkreten Fall die Deckung des Schadensereignisses in einer der genannten Versicherungen zu prüfen. Nach dem im Haftpflichtversicherungsrecht geltenden Spezialitätsgrundsatz der versicherten Risiken, tritt eine Versicherung nur für die im Versicherungsvertrag speziell unter Versicherungsschutz genommenen Risiken ein.[657] Im Fall von Überschneidungen sehen die Versicherer zumeist Mechanismen zur Beseitigung von Doppelversicherungen vor.
Bei Deckungslücken der spezielleren Versicherungen ist der Arzt aufgrund seiner berufsrechtlichen Verpflichtung zur hinreichenden Versicherung aufgerufen, etwaige Sonderrisiken zusätzlich zu versichern.[658]
Demzufolge soll nunmehr untersucht werden, wie für Ärzte ein umfassender Versicherungsschutz für ihre berufliche Tätigkeit erreicht werden kann und in welchen Versicherungszweigen eine Deckung für andere Arbeitnehmer enthalten ist. Die Darstellung folgt zunächst dem Spezialitätsgrundsatz in der Haftpflichtversicherung und behandelt danach die für die Schäden an Betriebsmitteln zusätzlich relevante Sachversicherung.

II. Probandenversicherung

§ 40 Abs. 1 Nr. 8, Abs. 3 AMG verlangt den Abschluss einer Versicherung für Personenschäden als Zulässigkeitsvoraussetzung einer klinischen Arzneimittelprüfung an Menschen. Diese Versicherung musste zugunsten jedes Probanden bei einem speziell zugelassenen Versicherer abgeschlossen werden und bislang für den Fall des Todes oder dauernder Erwerbsunfähigkeit eine Deckungssumme von wenigstens 1 Million Mark vorsehen.). Nach der Neufassung des § 40 Abs. 3 AMG durch das Zwölfte Gesetz zur

---

[656] *Denck*, Der Schutz des Arbeitnehmers, S. 253.
[657] *Späte*, AHB, Vorb., Rz. 14 m. w. N.
[658] *Ratzel/Lippert*, MBO, § 21 Rz. 6.

Änderung des Arzneimittelgesetzes vom 30.07.2004[659] muss die Probandenversicherung künftig mindestens 500.000 Euro für jeden Fall des Todes oder der dauernden Erwerbsunfähigkeit abdecken. Der Versicherungsumfang muss in einem angemessenen Verhältnis zu den mit der klinischen Prüfung verbundenen Risiken stehen und auf der Grundlage einer Risikoabschätzung festgelegt werden, § 40 Abs. 3 AMG n.F. Sie kann also je nach dem Ergebnis der erfolgten Risikoeinschätzung einen höheren Betrag pro Proband erfordern als den gesetzlichen Mindestbetrag.
Obwohl sich eine ganze Reihe von Versicherungsunternehmen allgemeine Versicherungsbedingungen für eine Probandenversicherung beim Bundesaufsichtsamt für das Versicherungswesen (seit 01.05.2002: Bundesamt für Finanzdienstleistungsaufsicht) genehmigen ließen, soll sich das Geschäft tatsächlich auf einige wenige größere Versicherungsunternehmen verteilen.[660]

Die Probandenversicherung enthält sowohl Elemente der Personen- als auch der Haftpflichtversicherung, weshalb zunächst auch unklar war, ob sie als Unfallversicherung (Summenversicherung) zu betrachten ist.[661]
Zum einen spricht der Wortlaut von § 40 Abs. 1 Nr. 8 AMG: „sofern kein anderer für den Schaden haftet" für eine Summenversicherung. Zum anderen fehlt es aber an einer typischen Formulierung für den Unfallbegriff („plötzlich auf den Körper einwirkendes Ereignis") und es wird in § 40 Abs. 3 Satz 3 AMG die Anrechnung des erlittenen Schadens festgesetzt. Nach einer Anhörung im Bundesaufsichtsamt für Versicherungswesen und im Bundesfinanzministerium gilt jedoch als klargestellt, dass es sich um eine atypische Personenversicherung als Schadensversicherung handelt, die mit Elementen der Haftpflichtversicherung verbunden ist.[662] Demnach ist sie eine Versicherung eigener Art.

Dem Grunde nach deckt die Probandenversicherung Schäden, die durch den Tod bzw. die Körper- oder Gesundheitsverletzung infolge einer klinischen Prüfung von Arzneimitteln eintreten. Die gesetzliche Vorgabe der §§ 40 Abs. 1 Nr. 8 und 40 Abs. 3 AMG wird durch die allgemein genehmigten AVB-Probandenversicherung (nachstehend AVB - P)[663] näher ausgefüllt.

---

[659] BGBl. I, S.2031, 2037.
[660] *Cloidt- Stotz*, Der Schadensausgleich, S. 164 und Fn. 596, 597.
[661] *Kollhosser*, Haftungs- und versicherungsrechtliche Fragen bei Ethik- Kommissionen, in: Toellner, Die Ethik- Kommission, S. 80.
[662] näher dazu *Sander*, AMG, § 40 Anm. 15.
[663] abgedruckt bei *Sander*, AMG, Anh. II/ 40 k; bei der Fertigstellung der Arbeit lag noch keine Überarbeitung im Hinblick auf die gesetzlichen Neuerungen (insb. Euro-Einführung und Schuldrechtsmodernisierungsgesetz) vor.

Sie führt keinen zusätzlichen Gefährdungshaftungstatbestand ein, wenn sie auf das Vorliegen von Verschulden des Arztes bzw. des Sponsors verzichtet, vielmehr zeigt sich darin das Element der Personenversicherung. Hinsichtlich der geschützten Rechtsgüter findet sich in den AVB- P keine Erweiterung des Deckungsbereichs gegenüber § 40 Abs. 1 Nr. 8 AMG. So ist etwa eine Verletzung des allgemeinen Persönlichkeitsrechts, z.b. durch unbefugte Datenerhebung, nicht von der Probandenversicherung erfasst.
Anders verhält es sich mit dem Kausalitätsbegriff. § 40 Abs. 1 Nr. 8 AMG spricht von „bei der Durchführung einer klinischen Prüfung" aufgetretenen Todesfällen bzw. Gesundheitsverletzungen. Nr. 2 AVB- P erweitert in Ziffer 1 und 2 den Kreis der kausalitätsbegründenden Maßnahmen.
Absatz 1 zählt zu den möglichen Ursachen auch andere im Zusammenhang mit der Prüfung des Arzneimittels verabreichte Stoffe, wie etwa Placebos, während sich § 40 Abs. 1 Nr. 8 AMG auf das zu prüfende Arzneimittel beschränkt.
Absatz 2 ergänzt den Kreis der Maßnahmen auf z.B. begleitende Untersuchungen.

Bedeutsam sind jedoch auch die in den AVB vorgesehenen Leistungsausschlüsse:
So findet keine Leistung bei Gesundheitsschädigungen von Patienten statt, die mit Sicherheit zu erwarten waren und diesen bekannt gemacht wurden oder über das vertretbare Maß nicht hinausgehen. In der Abgrenzung zu den Risiken der Arzneimittelprüfung, die gerade gedeckt sein sollen, kann es sich hierbei nur um die bekannten Auswirkungen standardisierter Behandlungselemente handeln. Auch Gesundheitsschädigungen und Verschlimmerungen, die eingetreten wären, wenn der Patient/Proband nicht an der klinischen Prüfung teilgenommen hätte, sowie genetische Schäden und Gesundheitsschäden durch vorsätzliches Zuwiderhandeln des Probanden sind nicht erfasst. Problematisch ist in diesem Zusammenhang vor allem die dem Probanden obliegende volle Beweislast für die Kausalität. Für Mitglieder einer Kontrollgruppe, also diejenigen, die nicht die zu bewertende Behandlung, sondern nur die Standardbehandlung erhalten, ist der ohnehin schon schwierige Nachweis der Kausalität kaum zu erbringen. Sie haben die Standardbehandlung erhalten und einen „normalen" Krankheitsverlauf gehabt. Wenn nicht die Erfolgsquote der Testgruppe annähernd bei 100 % liegt, ist bei den ohnehin bestehenden Unsicherheiten über den individuellen Krankheitsverlauf ein Nachweis der Kausalität nicht denkbar. Ihren Zweck, Probanden umfassend abzusichern, kann die Probandenversicherung so nicht erfüllen.

Zudem besteht noch ein zeitlicher Ausschlussgrund: Die Gesundheitsschädigung muss fünf Jahre nach Abschluss der Prüfung beim Versicherten eingetreten und nicht später als 10 Jahre nach Abschluss gemeldet worden sein. Die Erhöhung des Zeitraumes von drei auf fünf Jahre dürfte zwar einige Spätschäden mehr erfassen, aber die Zeitspanne für Spätschäden ist immer noch zu kurz. Die 10- Jahres- Frist für die Meldung provoziert geradezu Streitigkeiten über den Eintritt des Schadens, um doch noch in den Genuss der Versicherung zu kommen. Die Wertungslage ist hier etwas schief, wenn man bedenkt, dass der Probandenversicherung der Aufopferungsgedanke zugrunde liegt und Schadensersatzansprüche, die auf der Verletzung des Lebens, des Körpers oder der Gesundheit beruhen, bei fehlender Kenntnis der den Anspruch begründenden Umstände gem. § 199 Abs. 2 BGB erst nach 30 Jahren verjähren.

Hinsichtlich des Haftungsumfanges sah das Gesetz eine Mindestversicherungssumme von einer Million Mark, jetzt 500.000 Euro, für die Tötung und dauernde Berufsunfähigkeit vor. Zu betonen ist, dass es sich um eine Mindestversicherungssumme handelt. Mit dieser klaren gesetzlichen Vorgabe ist Nr. 6 AVB - P II nicht zu vereinbaren, der als Höchstleistung für alle Versicherungsfälle einer klinischen Prüfung bei bis zu 1000 Personen (bis zu 3000 bzw. mehr als 3000) 10 Millionen (20 bzw. 30 Millionen) vorsieht. Damit würde - einen Großschadensfall vorausgesetzt - die auf den einzelnen Probanden entfallende Versicherungsleistung nur 10.000 DM betragen. Dagegen wird eingewendet, der Gesetzgeber habe bei zugelassenen Arzneimitteln, § 88 Nr. 2 AMG, die an einer ungleich höheren Anzahl von Personen angewendet werden, eine Höchstsumme von 200 Millionen Mark für risikoangemessen angesehen.[664] Dem ist aber entgegenzuhalten, dass diese Arzneimittel eben bereits zugelassen sind und alle gesetzlichen Sicherheitskontrollen durchlaufen haben, während im Rahmen einer klinischen Prüfung genau diese Feststellungen erst getroffen werden müssen. Wie bei *Sander* ebenfalls ausgeführt, dürfte vielmehr im Vordergrund stehen, dass es sich um einen wirtschaftlich- versicherungstechnischen Kompromiss zwischen den beteiligten Behörden und Verbänden handelt.[665] Für künftige Schadensfälle ist nun gesetzlich klargestellt worden, dass die volle Versicherungssumme für jeden Schadensfall zur Verfügung stehen muss.[666]

Im Ergebnis dürfte es sich dennoch bei der Probandenversicherung um eine Haftungsentlastung in der Mehrzahl der Fälle für die an der Arzneimittelprüfung beteiligten angestellten Ärzte handeln. Anderweitig sollten jedenfalls eine Verletzung des allgemeinen Persönlichkeitsrechts und Schmer-

---

[664] *Sander,* AMG, Anh. II 40 k, Nr. 6 zu Ziff. II.
[665] *Sander,* a. a. O.
[666] vgl. BT- Drcks. 15/2109.

zensgeldforderungen versichert werden. Die Deckungslücken bei Großschadensfällen sind allenfalls von einer Betriebshaftpflicht zu schultern; eine Berufshaftpflicht in entsprechender Höhe ist nicht denkbar, da sie nicht durch Beitragszahlungen finanziert werden könnte

III. Betriebshaftpflichtversicherung

Die Betriebshaftpflichtversicherung kann nicht im Einzelnen dargestellt werden, da sie stark von den individuellen Risikobeschreibungen, besonderen Versicherungsbedingungen und Zusatzbedingungen abhängig ist.

Zunächst werden die in der Betriebshaftpflichtversicherung allgemein üblichen Klauseln behandelt, die für die Haftungsstreuung eines jeden Arbeitnehmers von Bedeutung sind.

Danach sollen zwei Punkte herausgegriffen werden, die von entscheidender Bedeutung für den individuellen Versicherungsbedarf des einzelnen angestellten Arztes sind. Zum einen ist dies die Frage, ob überhaupt eine Betriebshaftpflichtversicherung besteht, zum anderen handelt es sich um die Frage, mit welchen Tätigkeiten der angestellte Arzt in die Versicherung miteinbezogen wird.

1. Allgemein übliche Klauseln

a) Versicherter Personenkreis

In der Betriebshaftpflichtversicherung werden die Gefahren eines Betriebes versichert. Anknüpfend an den Begriff der Gefahr ist gerade auch im Hinblick auf die problematische Arbeitnehmerhaftung bemerkenswert, dass als Gefahr nicht etwa nur eine besondere Gefährlichkeit des Betriebes anzusehen ist, versichert ist vielmehr die ganz alltägliche Nachlässigkeit bei der Durchführung von Arbeiten. Dies verstößt nicht gegen den Grundsatz, dass das versicherte Ereignis ungewiss sein muss.[667]

Zugunsten der hier interessierenden Arbeitnehmer sind die persönliche gesetzliche Haftpflicht derjenigen Arbeitnehmer, die gesetzliche Vertreter des Versicherungsnehmers sind, und diejenige der zur Leitung und Beaufsichtigung des versicherten Betriebes oder eines Teiles angestellten mitversichert, § 151 VVG. Sie sind aufgrund ihrer Position einem besonderen Haftungsrisiko im Betrieb ausgesetzt, da sie nicht nur für ihr eigenes Verhalten, sondern unter Umständen auch für das Fehlverhalten ihrer Untergebenen verantwortlich sind. Daher dient die Betriebshaftpflichtversicherung gerade auch dazu, sie von ihrem Risiko zu entlasten. Es wird also als eine

---

[667] BGH VersR 1966, 434.

Selbstverständlichkeit angesehen, dass das Risiko, das aus der Leitung und Beaufsichtigung eines Betriebes resultiert und anstelle des Unternehmers von Angestellten getragen wird, dem Unternehmer wirtschaftlich zuzuweisen ist.

Regelmäßig wird der Versicherungsschutz auch auf einfache Betriebsangehörige erweitert. Eine entsprechende Klausel sehen die Versicherungsbedingungen standardmäßig vor.[668] Als versichertes Risiko werden Schäden, die sie in Ausführung ihrer dienstlichen Verrichtungen verursachen definiert. Es genügt hierfür, dass der Betriebsangehörige subjektiv davon ausging, betrieblichen Belangen zu dienen, objektiv muss die Tätigkeit nicht im Interesse des Betriebes gelegen haben. Auch ein verbots- oder weisungswidriges Verhalten schließt den Versicherungsschutz nicht aus. Lediglich bei Vorsatz entfällt dieser aufgrund der üblichen Vorsatzklausel, § 4 II 1 AHB.

Hier ist eine wichtige Parallele zur gegenwärtigen Rechtsprechung zum innerbetrieblichen Schadensausgleich feststellbar: Seit dem Verzicht auf das Merkmal der Gefahrgeneigtheit erfolgt die Abgrenzung zum allgemeinen Lebensrisiko des Arbeitnehmers auf ähnliche Weise, indem nurmehr erforderlich ist, dass der Arbeitnehmer die schadensstiftende Handlung im Rahmen seiner betrieblichen Tätigkeit begangen hat. In beiden Fällen wird dem Arbeitgeber das gesamte Risiko - ungeachtet der Schadensteilung im innerbetrieblichen Schadensausgleich - seines arbeitsteilig organisierten Betriebs zugewiesen.

b) Arbeitsunfallklausel

Regelmäßig ist durch eine „Arbeitsunfallklausel" die Haftung für den Rückgriff des Sozialversicherungsträgers gem. § 110 SGB VII ausgeschlossen, um zu verhindern, dass der Sozialversicherungsträger generell die Leistungen der Betriebshaftpflichtversicherung bei der Beurteilung der „Billigkeit" eines Verzichts auf ihre Forderung gem. § 110 SGB VII mit berücksichtigt, da der Arbeitnehmer dann immer als leistungsfähig im Sinne der Vorschrift anzusehen wäre.

Dieser Klausel kommt keine besondere Bedeutung im Hinblick auf die Risikoverteilung im Unternehmen zu, da es sich im speziellen Fall um sozialversicherungsrechtliche Sonderfragen handelt. Anderes gilt für die Schaffung der Unfallversicherung an sich, die einen Hinweis auf eine mögliche Regelungslücke im Recht der Arbeitnehmerhaftung geben kann.[669]

---

[668] *Späte*, a. a. O., Anm. 12.
[669] dazu ausführlich *Kohte*, Arbeitnehmerhaftung, S.302 ff.; 295 ff.

c) Besitzklausel

Gem. § 4 Abs. 1 Nr. 6 a AHB ist üblicherweise der Versicherungsschutz für Haftpflichtansprüche wegen Schäden an fremden Sachen, die der Versicherungsnehmer gemietet, gepachtet, geliehen hat oder die Gegenstand eines besonderen Verwahrungsvertrages sind, ausgeschlossen. Dieser Haftungsausschluss findet gem. § 7 Nr. 1 S. 1 AHB auch Anwendung auf alle mitversicherten Arbeitnehmer. Sofern diese Klausel nicht abbedungen wird, was häufig der Fall ist,[670] reißt sie eine erhebliche Lücke in den Versicherungsschutz des Arbeitnehmers im Umgang mit fremden Betriebsmitteln. Grund für den Haftungsausschluss ist, dass der Arbeitnehmer häufig gar nicht weiß, dass es sich um fremde Sachen handelt und deshalb nicht die erforderliche Sorgfalt walten lassen wird.[671] Aus diesem Grund werden auch andere Verträge, in deren Rahmen der Arbeitgeber fremde Betriebsmittel wie eigene nutzt, unter die Bearbeitungsklausel gefasst.[672] Damit entfällt eine Einstandspflicht der Betriebshaftpflichtversicherung auch bei Leasingverträgen, unter Eigentumsvorbehalt gekauften Gegenständen und für sicherungsübereignete Betriebsmittel. Dieses Ergebnis ist besonders unbefriedigend, da der Arbeitnehmer eben auch nichts von seinem besonderen Außenhaftungsrisiko weiß und diesem ohnehin nicht ausweichen kann.

Nach anderer Ansicht fallen die genannten Verträge nicht unter die Bearbeitungsklausel, da es sich nicht um „besondere" Verwahrungsverträge handelt.[673] Ohne die Meinungsverschiedenheit entscheiden zu wollen, ist anzumerken, dass allein das Bestehen unterschiedlicher Ansichten die Wirksamkeit der Betriebshaftpflichtversicherung für den Außenhaftungsschutz des Arbeitnehmers erheblich schmälert. Als Beispiel für einen Problemfall aus der Tätigkeit angestellter Ärzte ist hier die Arbeit mit gemieteten oder geliehenen Großgeräten zu nennen. Ausgleichen lässt sich die Lücke nur durch eine Erstreckung von Haftungserleichterungen im Verhältnis zum Dritten auf die Arbeitnehmer. Ob das dem Arbeitgeber gelingt, ist allerdings in erheblichem Umfang von dessen wirtschaftlichem Gewicht abhängig.

d) Bearbeitungsklausel

Ein weiterer Haftungsausschluss, der allerdings ebenfalls dispositiv ist, gilt gem. § 4 Abs. 1 Nr. 6 b AHB für Haftpflichtansprüche wegen Schäden, die an fremden Sachen durch eine gewerbliche oder berufliche Tätigkeit des

---

[670] Prölss/Martin- *Voit*, AHB § 4, Anm. 1.
[671] Prölss/Martin- *Voit*, AHB § 4, Anm. 6.
[672] *Otto/Schwarze*, Die Haftung des Arbeitnehmers, Rz. 227.
[673] *Späte*, AHB, § 4 Rz. 112; Prölss/Martin- *Voit*, AHB, § 4 Rz. 39.

Versicherungsnehmers oder seiner Arbeitnehmer, § 7 Nr. 1 S. 1 AHB, entstanden sind. Der Grund dieses Haftungsausschlusses liegt darin, dass es nicht Sache der Versicherer sein kann, dem Unternehmer sein Unternehmerrisiko, das typischerweise in mangelhafter Arbeit an und mit den genannten Gegenständen liegt, abzunehmen. Zwar werden auch häufig derartige Risiken von den Versicherern mit übernommen, dies ist aber die Ausnahme zur Regel.[674] Im gleichen Kontext ist der Ausschluss für Sachmängel in § 4 II 5 AHB zu sehen. Damit ergibt sich für den Arbeitnehmer eine weitere Deckungslücke in seinem ihm zugewiesenen Arbeitsbereich, der allerdings dadurch abgemildert wird, dass dem Arbeitnehmer bewusst sein muss, dass es sich um fremde Sachen handelt.[675] Diese Lücke lässt sich ebenfalls nur durch eine vertragliche Vereinbarung von Haftungserleichterungen zugunsten des Arbeitnehmers schließen.

2. Besonderheiten bei angestellten Ärzten

a) Bestehen von Betriebshaftpflichtversicherungen

Die eigene Haftung des Krankenhausträgers wird meist unter Einbeziehung der persönlichen Haftpflicht aller oder eines Teiles der angestellten Ärzte, insbesondere derer mit Leitungsfunktion, durch Abschluss einer Krankenhaus- Haftpflichtversicherung (Betriebshaftpflichtversicherung) gedeckt. Kommunale Träger gehören einem Kommunalen Schadensausgleich an, der ihnen für ihre Einrichtungen, also auch die Krankenhäuser,[676] versicherungsähnlichen Deckungsschutz bietet.
Anders verhält es sich dagegen bis in jüngste Zeit mit den staatlichen Krankenhäusern, vor allem also mit den Universitätskliniken als Schwerpunkt medizinischer Forschung. Zunächst bestand hier nur für die Kliniken im Saarland und in Berlin eine Haftpflichtversicherung.[677] Auch das Land Nordrhein- Westfalen hatte sich entschlossen, alle Universitätskliniken zu versichern. Dies ist seit 1.1.1990 der Fall.[678] Allerdings hat hier der Finanzminister auf einer nicht unbeachtlichen Einschränkung der Deckung bestanden. In Parallele zu den beamtenrechtlichen Regressvorschriften - Möglichkeit des Regresses bei grober Fahrlässigkeit - wurde auf Wunsch des Versicherungsnehmers ein Leistungsausschluss bei grober Fahrlässigkeit vereinbart. *Hübner* hat bereits zu Recht darauf hingewiesen, dass Kon-

---

[674] Prölss/Martin- *Voit,* AHB, § 4 Rz. 6 a. A. *Späte,* AHB, § 4 Rz. 129.
[675] Prölss/Martin- *Voit,* a. a. O.
[676] *Rieger,* Lexikon, Rz. 1024.
[677] *Hübner,* ZGesVersWiss 1990, 55, 70.
[678] *Hübner,* a. a. O.

flikte um den Grad der Fahrlässigkeit vorprogrammiert sind.[679] Nunmehr habend die meisten Universitätskliniken eine Haftpflichtversicherung für das ärztliche wie nichtärztliche Personal abgeschlossen. Regelmäßig ist nur die Dienstaufgabe, nicht aber eine Nebentätigkeit mitversichert.[680] Für alle übrigen staatlichen Kliniken gilt der Grundsatz der „Selbstversicherung". Dieser an sich unzutreffende Ausdruck besagt, dass der Krankenhausträger seine Schadensersatzverpflichtungen aus eigenen Haushaltsmitteln deckt. Die dort beschäftigten Ärzte müssen ihr gesamtes Risiko selbst versichern, um ihre berufsrechtliche Verpflichtung zu erfüllen.

b) Umfang der Mitversicherung angestellter Ärzte

Sofern also für die Klinik des Arbeitgebers eine Betriebshaftpflichtversicherung besteht, ist fraglich, wen diese in persönlicher Hinsicht erfasst und welche Art ärztlicher Tätigkeit von ihr gedeckt ist.

Nach dem Wortlaut des § 151 Abs. 1 S. 1 VVG sind in der Betriebshaftpflichtversicherung neben den Gefahren des Betriebes, der persönlichen Haftpflicht des Betriebsinhabers und seiner Vertreter nur die persönliche Haftpflicht von Betriebsleitern und -aufsehern versichert. In die Organisation eines Klinikums übersetzt, bedeutete das, dass zwar Chefärzte, leitende Ärzte und Oberärzte erfasst wären, bei Stationsärzten aber bereits geprüft werden müsste, inwieweit ihnen eine besondere Mitverantwortung übertragen wurde[681] und bei Assistenzärzten in der Regel davon ausgegangen werden kann, dass ihre Tätigkeit nicht mitversichert wäre.

Allerdings sehen die AHB für Betriebshaftpflichtversicherungen bereits als Standard die Mitversicherung „sämtlicher übrigen Betriebsangehörigen für Schäden, die sie in Ausübung ihrer dienstlichen Verrichtungen verursachen" vor. Ob eine solche Mitversicherung vorgenommen wird, ist aber im Krankenhaussektor durchaus unterschiedlich, so dass der nachgeordnete ärztliche Dienst nach wie vor auf eine eigene Berufshaftpflichtversicherung angewiesen sein kann. Bei jeder Mitversicherung ist sorgfältig zu prüfen, ob der zugesagte Umfang der Mitversicherung auch tatsächlich der Police des Krankenhausträgers entspricht, oder ob der angestellte Arzt zu seiner vollen Absicherung noch einer eigenen Berufshaftpflichtversicherung bedarf.

Geht man von einer Mitversicherung aus, so ist für den Versicherungsbedarf des angestellten Arztes die Auslegung des Begriffs „in Ausführung

---

[679] *Hübner*, a. a. O.
[680] So *Ratzel/Lippert*, MBO, § 21 Rz. 6.
[681] *Späte*, AHB, BetrH Rz. 9.

ihrer dienstlichen Verrichtung", gerade im Hinblick auf etwaige Forschungsprojekte, besonders interessant. Ein Handeln in Ausübung einer dienstlichen Verrichtung liegt vor, wenn der Betreffende bei der schadensstiftenden Handlung im Rahmen seiner Beschäftigung im Betrieb für diesen tätig geworden ist. Es genügt, dass sein Handeln subjektiv dazu bestimmt war, den betrieblichen Belangen zu dienen; nicht erforderlich ist es hingegen, dass es auch objektiv im Interesse des Betriebes lag.[682]
Damit ist auch in diesem Zusammenhang die Frage nach der Eingrenzung der dienstlichen Tätigkeit aufgeworfen, und danach, ob sie genauso beurteilt werden kann, wie das aus arbeitsrechtlicher Sicht vorgenommen wurde.[683] Mit der Betriebshaftpflichtversicherung erwirbt der Unternehmer gegen eigene Zahlung von Prämien Deckung für seine betrieblichen Risiken - auf Angestellte bezogen - aus der Beschäftigung von Arbeitnehmern. Damit sollen also auch nur kausal aus der Beschäftigung resultierende Risiken - sei es auch ein Nebenrisiko - abgedeckt werden. Eine vom Arbeitnehmer in - wenn auch erlaubter Nebentätigkeit - ausgelöste Haftung ist davon nicht erfasst, da es sich um ein rein privates Interesse handelt.[684] Etwas anderes gilt selbstverständlich, wenn die Nebentätigkeit wiederum für den Arbeitgeber ausgeübt wird.
Diese Grundregel kann auch für angestellte Ärzte übernommen werden; allerdings ist noch ein gesonderter Blick auf den Wahlleistungsbereich notwendig. Beim Krankenhausaufnahmevertrag mit Arztzusatzvertrag[685] entstünde die Situation, dass der beamtete Chefarzt zwar liquidiert, aber der Krankenhausträger die Prämien bezahlt und haftet, da sich der Chefarzt als Beamter im haftungsrechtlichen Sinn auch bei Privatliquidation auf das Verweisungsprivileg aus § 839 Abs. 1 S. 2 BGB berufen kann.[686] Mit anderen Worten liegen Unternehmergewinn und Unternehmerrisiko in unterschiedlichen Händen. Bei angestellten leitenden Ärzten ist die Situation ähnlich. Der Krankenhausträger haftet als Vertragspartner des Patienten neben dem Arzt mit, trüge aber die Prämien der Versicherung allein.
Für die letztere Gruppe lässt sich dieser Widerspruch aufklären. Die Einnahmen aus der Privatliquidation stellen eine besondere Form der Vergütung dar, die arbeitsvertraglich eingeräumt wurde.[687] Somit erlangt der leitende Arzt keinen über das Vertragsverhältnis hinausgehenden Vorteil und der Krankenhausträger hat kein für ihn unkalkulierbares Risiko zu tragen.

---

[682] *Späte*, AHB, BetrH Rz. 13.
[683] dazu oben § 3 B I.
[684] Prölss/Martin- *Voit*, § 151 VVG Rz. 7.
[685] Der Typus des gespaltenen Krankenhauaufnahmevertrages ist nach der BPflV nicht mehr als Krankenhausvertrag gebräuchlich, vgl. oben § 4 B I.
[686] BGH Urt. v. 18.06.1985, BGHZ 95, 63, 67; BGH Urt. v. 10.01.1984, NJW 1984, 1400.
[687] Laufs/Uhlenbruck- *Genzel*, Handbuch, § 91 Rz. 48.

Beamtete leitende Ärzte erbringen hingegen Leistungen, für die sie privat liquidieren, fast ausschließlich im Nebentätigkeitsbereich. Dies wurde von den Landesgesetzgebern kraft ihrer Gestaltungsmacht für den Umfang von Hauptamt und Nebenamt so festgelegt.[688]
Auch hier ist im Hintergrund der besoldungsrechtliche Gedanke klar ersichtlich. Den leitenden Ärzten soll eine zusätzliche Einnahmequelle verschafft werden, um qualifizierte Ärzte an das Krankenhaus binden zu können. Allerdings verschafft das Nebentätigkeitsrecht die bessere Grundlage, um über ausreichendes Nutzungsentgelt die Wirtschaftlichkeit des Krankenhauses zu sichern. Da der Chefarzt bereits dienstlich zur Vornahme der Behandlung verpflichtet ist, führt das Privatliquidationsrecht also nicht zu einer freiberuflichen Tätigkeit in Reinform. Deshalb ist in beiden Fällen die Anknüpfung an betriebliche Belange gewahrt und eine Einbeziehung in die Betriebshaftpflichtversicherung auch für Tätigkeiten gerechtfertigt, für die diese Ärzte privat liquidieren. Unterscheidet man die Begriffe der Dienstaufgabe und der Nebentätigkeit rein formal und nicht wie hier haftungsrechtlich, so muss sich der leitende Arzt für die Behandlungen, für die er privat liquidiert, selbst versichern. Er wird dann in der Regel angehalten, das mitwirkende nachgeordnete ärztliche Personal in seine Versicherung miteinzubeziehen.[689]
Was den nachgeordneten ärztlichen Dienst betrifft, so kann auf die Ausführungen zur Abgrenzung von Hauptbeschäftigung und Nebentätigkeit verwiesen werden, da diesen Ärzten in der Regel kein Privatliquidationsrecht eingeräumt wird.
Die Frage, ob eine etwaige Forschungstätigkeit in der Betriebshaftpflichtversicherung mitversichert ist, ist also allgemein mit der Abgrenzung der Dienstaufgaben von einer Nebentätigkeit zu beantworten. Wie auch in der Berufshaftpflichtversicherung ist aber auch ein Haftungsausschluss für Maßnahmen denkbar, die nicht dem medizinischen Standard entsprechen. Allerdings kann der Krankenhausträger Forschungsmaßnahmen auch als Zusatzrisiko mitversichert haben. Eine Zusammenfassung zur Frage der Einbeziehung von Ärzten in die Betriebshaftpflichtversicherung muss unbefriedigend bleiben, da nicht generell eine solche besteht, und der Versicherungsschutz im Einzelfall geprüft werden muss.

Insgesamt lässt sich feststellen, dass eine Betriebshaftpflichtversicherung trotz etwaiger Leistungsausschlüsse eine gute Absicherung der Arbeitnehmer gewährleistet. Die Mitversicherung der Arbeitnehmer in der Betriebshaftpflichtversicherung wird von den meisten Arbeitgebern als ein erhebli-

---

[688] dazu bereits oben § 3 B I.
[689] so *Ratzel/Lippert*, § 21 Rz. 6.

ches praktisches Bedürfnis betrachtet[690] und auf eigene Kosten gewährt. Daraus lässt sich auch der Schluss ziehen, dass es die Arbeitgeber als ein von ihnen zu tragendes Risiko ansehen, dass gelegentlich Schäden von ihren Arbeitnehmern verursacht werden.
Allerdings besteht keine Verpflichtung der Arbeitgeber, etwa aus der Fürsorgepflicht, eine entsprechende Versicherung abzuschließen und so sind es gerade die kleineren, wirtschaftlich schwächeren und insolvenzanfälligen Betriebe, typischerweise im Dienstleistungsgewerbe, die keine Betriebshaftpflichtversicherung besitzen.

IV. Vermögensschadenhaftpflicht

Eine eigenständige Haftpflichtversicherung für Vermögensschäden besitzen nur verschiedene Berufe, die regelmäßig im Falle fehlerhafter Leistung nur Vermögensschäden verursachen, wie Rechtsanwälte, Steuerberater, Wirtschaftsprüfer etc. In dieser Versicherung ist es nicht üblich, Angestellte mitzuversichern, da die Angestellten ohne vertragliche Beziehung zum Geschädigten regelmäßig keiner eigenen Außenhaftung, außer aus cic bei Inanspruchnahme von besonderem eigenem Vertrauen, ausgesetzt sind. § 823 Abs. 1 BGB zählt das Vermögen nicht zu seinen Schutzgütern.
Das Bewachungsgewerbe, das die Rechtsprechung zu den Verkehrspflichten so häufig beschäftigt hat, ist inzwischen verpflichtet, eine derartige Versicherung mit Deckungsschutz für die Mitarbeiter abzuschließen.[691]

V. Berufshaftpflichtversicherung

Eine Berufshaftpflichtversicherung können nur einige wenige traditionell freie Berufe nehmen. Daher verbleibt es hier auch allein bei einer Betrachtung der Berufshaftpflichtversicherung von Ärzten.
Eine Berufshaftpflichtversicherung soll dem Arzt primär dann Deckung verschaffen, wenn keine der zuvor genannten Versicherungen zu seinen Gunsten besteht, und sekundär dann, wenn Probanden- und/oder Betriebshaftpflichtversicherung im Einzelfall nicht greifen.
Wann keine der beiden Versicherungen besteht bzw. eingreift, wurde oben erläutert. Nunmehr stellt sich die Frage, ob eine Berufshaftpflichtversicherung überhaupt geeignet ist, die Lücken im Haftpflichtschutz bei Forschungsvorhaben zu schließen.

---

[690] *Späte*, BetrH Anm. 12.
[691] VO über das Bewachungsgewerbe vom 22.11.1963, BGBl. I S. 846.

Medizinische Forschungsvorhaben prägen das Bild der ärztlichen Tätigkeit mit. So sind Heilversuche dem Recht der Heilbehandlung zuzurechnen; Experimente, vor allem im Rahmen klinischer Prüfungen, gehören nicht nur in den Universitätskliniken zum Tätigkeitsfeld einer auf ständigen Fortschritt angelegten Wissenschaftsdisziplin. Daraus könnte man schließen, dass eine Berufshaftpflichtversicherung für ärztliche Tätigkeit diese Felder mit zu umfassen habe, wenigstens aber den Heilversuch.[692] Allerdings sehen die Risikobeschreibungen und Besonderen Bedingungen der Berufshaftpflichtversicherungen in der Regel vor, dass „die gesetzliche Haftpflicht des Versicherungsnehmers aus der im Versicherungsschein und seinen Nachträgen angegebenen ärztlichen Tätigkeit, insbesondere aus Behandlungen und der Verwendung von Apparaten, soweit Behandlungen und Apparate in der Heilkunde anerkannt sind und deren Versicherung nicht besonders zu vereinbaren ist", versichert ist.[693] Da sich der Heilversuch von der Standardbehandlung gerade durch den Schritt auf medizinisches Neuland unterscheidet, für den irgendwann einmal eine Anerkennung erfolgen soll, ist die Durchführung eines Heilversuches und erst recht eines Experiments nicht von den Standardbedingungen einer Berufshaftpflichtversicherung erfasst.[694] Jeder Arzt ist also gehalten, das Risiko von Heilversuchen und klinischen Prüfungen durch eine exakte Beschreibung seines Tätigkeitsfeldes gesondert mitzuversichern.[695]

VI. Sachversicherung

Die durch die Besitz- und Bearbeitungsklausel in der Betriebshaftpflichtversicherung entstehende Lücke bzw. die mangels Betriebshaftpflichtversicherung vollständig fehlende Deckung könnte im Einzelfall durch eine Sachversicherung ergänzt bzw. geschaffen werden.
In Betrieben, die häufig an und mit fremden Sachen arbeiten, ist es üblich, eine solche Versicherung zu nehmen, z.B. Textilreinigungen. Geht es um kapitalintensive Großgeräte, die im (Sicherungs-)Eigentum eines Dritten stehen, so wird dieser, je nach seinem wirtschaftlichen Interesse, eine eigene Versicherung nehmen oder aber den Unternehmer vertraglich verpflichten, das Gerät auf eigene Kosten zu versichern. Der letzte Weg ist etwa bei

---

[692] *Cloidt-Stotz,* Der Schadensausgleich, S. 161, 103; *Rieger,* Lexikon, Rz. 962 für Heilversuche; *Fischer,* Medizinische Versuche, S. 104.
[693] vgl. A 1 der AHB.
[694] ebenso im Ergebnis *Rieger,* Lexikon, Rz. 384, ausdrücklich nur für Außenseitermethoden; widersprüchlich zu Rz. 851.
[695] ebenso *Deutsch/Spickhoff,* MedR, Rz. 121.

finanzierenden Banken und Leasinggebern üblich. Einen wirksamen Schutz vor den Haftungsrisiken aus seiner Tätigkeit bietet die Sachversicherung dem Arbeitnehmer allerdings nur dann, wenn sie eine Regressverzicht zu seinen Gunsten erklärt hat.

§ 7 Gesamtergebnis

Die vorliegende Arbeit hat gezeigt, dass die persönliche Haftung von angestellten Ärzten in der medizinischen Forschung - ebenso wie die Arbeitnehmerhaftung allgemein - von sehr vielfältigen Faktoren in rechtlicher, wirtschaftlicher und tatsächlicher Hinsicht beeinflusst wird. Insgesamt kann diese Situation aus Sicht eines angestellten Arztes trotz der im Außen- wie im Innenverhältnis bestehenden Haftungserleichterungen nicht als befriedigend angesehen werden, da eigene Haftungsrisiken bestehen, die von ihm nicht gesteuert werden können.

Eine medizinische Forschungsmaßnahme ist dann gegeben, wenn der jeweilige Standard überschritten wird, um eine neue bzw. bessere Behandlungsmethode zu entwickeln. Dabei ist zwischen dem Heilversuch und dem Experiment zu differenzieren, wobei die Abgrenzung danach erfolgt, ob bei einer objektiven Betrachtung eine therapeutische Indikation gegeben ist - dann liegt Heilversuch vor- oder nicht.

Die Frage, ob eine Forschungsmaßnahme überhaupt als angestellter Arzt durchgeführt wird, richtet sich nach den arbeitsvertraglichen Regelungen, aus denen sich die Trennlinie zwischen Dienstaufgabe und Nebentätigkeit, die außerhalb des Arbeitsverhältnisses liegt, ergibt.

Auch wenn bestimmte Forschungsmaßnahmen gesetzlich geregelt sind (z.B. für Arzneimittel oder Medizinprodukte), richtet sich die Haftung angestellter Ärzte nach den allgemeinen Regeln. Dabei bringt es der Umstand, dass bei Fehlern von Ärzten - anders als bei anderen Angestellten, bei denen kein persönlicher Kontakt besteht oder allenfalls Vermögensschäden auftreten können - regelmäßig absolut geschützte Rechte des § 823 Abs. 1 BGB verletzt werden, mit sich, dass auch angestellte Ärzte im Außenverhältnis persönlich haften.

Über die allgemeinen Anforderungen bei der medizinischen Behandlung hinaus müssen bei der medizinischen Forschung besondere Punkte beachtet werden. Zum einen muss das Tätigwerden den wissenschaftlich anerkannten Methoden entsprechen und vor Beginn der Maßnahme das Votum einer Ethik-Kommission eingeholt werden. Zum anderen müssen auch bei der Dokumentation und bei der Aufklärung des Patienten bzw. Probanden erhöhte Anforderungen eingehalten werden.

Aufgrund des arbeitsteiligen Vorgehens ist es bei einem Schadensfall notwendig, die Verantwortungsbereiche der beteiligten Ärzte voneinander abzugrenzen. Hier wurde aufgezeigt, dass der vielfach verwendete Vertrauensgrundsatz keinen eigenständigen Inhalt hat, sondern das Nichtbestehen einer Verkehrspflicht ausdrückt. Daher ist immer für alle beteiligten Ärzte - sowohl bei vertikaler als auch bei horizontaler Arbeitsteilung - zu prüfen, welchem Arzt der Schaden zugerechnet wird, weil er eine ihm obliegende Verkehrspflicht nicht beachtet hat. Dabei ist es auch möglich, dass mehrere Ärzte als Gesamtschuldner haften.

Im Bereich der vertikalen Arbeitsteilung besteht ein Gleichlauf zwischen dem Haftungsrecht und der arbeitsvertraglichen Weisungsbefugnis des übergeordneten Arztes. Der übergeordnete Arzt darf daher verpflichtende Weisungen an untergeordnete Ärzte erteilen, soweit er damit eine ihm obliegende Verkehrspflicht erfüllt. Die ärztliche Berufsfreiheit steht dem nicht entgegen, weil diese dem gleichen Zweck wie die Verkehrspflichten dient, nämlich dem Schutz des Patienten bzw. Probanden.

Es konnte gezeigt werden, dass eine einmal begründete Außenhaftung eines angestellten Arztes durch vielfältige Faktoren beschränkt oder gestreut wird. Dies geschieht durch gesetzliche bzw. vertragliche Haftungsauschlüsse oder -beschränkungen, durch eine Zurechnung des Schadens an den Arbeitgeber im Wege der Zurechnung des Verschuldens oder durch das Bestehen eigener Verkehrspflichten oder durch Versicherungen. Im Einzelfall hängt es aber jeweils von Zufälligkeiten ab, ob diese Mechanismen greifen. Es ist daher für den einzelnen angestellten Arzt wichtig, vor der Durchführung medizinischer Forschungsmaßnahmen zu prüfen, in welchem vertraglichen Umfeld dies geschieht und welcher Versicherungsschutz gegeben ist.

Literaturverzeichnis

Alexy, Robert: Theorie der Grundrechte, 4. Aufl., Frankfurt a. M. 2001

Altemann, Kai: Die betriebliche Praxis der Arbeitnehmerhaftung, Aachen 1995

Altvater, Lothar/ **Bacher**, Eberhard/ **Hörter**, Georg/ **Peiseler**, Manfred/ **Sabottig**, Giovanni/ **Vohr**, Gerhard: Bundespersonalvertretungsgesetz, 3. Auflage, Frankfurt am Main 2000

Annuß, Georg: Die Haftung des Arbeitnehmers - unter besonderer Berücksichtigung des angestellten Arztes, Heidelberg 1998

von Bar, Christian/**Fischer**, Gerfried: Haftung bei der Planung und Förderung medizinischer Forschungsvorhaben, NJW 1980, 2734

von Bar, Christian: Verkehrspflichten, Köln u.a. 1980

Bergmann, Karl Otto: Die Organisation des Krankenhauses unter haftungsrechtlichen Gesichtspunkten, VersR 1996, 810

Biermann, Elmar: Die Arzneimittelprüfung am Menschen, Gießen 1986

Birk, Rolf: Die arbeitsrechtliche Leitungsmacht, Köln u.a. 1973

Blaurock, Uwe: Haftungsfreizeichnung zugunsten Dritter, ZHR 146 (1982), 239

Bock, K. D. (Hrsg.): Arzneimittelprüfung am Menschen, Braunschweig 1980

Bork, Reinhard: Das Verfahren vor den Ethik- Kommissionen der medizinischen Fachbereiche, Berlin 1984

Böth, Friedhelm: Das wissenschaftliche- medizinische Humanexperiment, Köln 1963

Brandenburg, Stephan/**Erhard**, Hubert: Medizinprodukterecht, Heidelberg 1997

Brandes, Thomas: Die Haftung für Organisationspflichtverletzung, Frankfurt 1994

Büsken, Rainer: Haftungssystem, Freistellung und Regreß bei Krankenhausträger und angestelltem Arzt, Köln 1996

Canaris, Claus- Wilhelm, Grundrechte und Privatrecht, AcP 184 (1984), 201

Canaris, Claus- Wilhelm: Die Feststellung von Lücken im Gesetz, Berlin 1964, 2. Aufl., Berlin 1983

Carstensen, G.: Arbeitsteilung und Zusammenarbeit. Ärztliche Pflichten, in: Häring (Hrsg.), S. 216

Christensen, Guido: Verkehrspflichten in arbeitsteiligen Prozessen, Frankfurt 1995

Classen, Claus-Dieter: Wissenschaftsfreiheit außerhalb der Hochschule, Tübingen 1994

Cloidt- Stotz, Julia: Der Schadensausgleich für Probanden in der humanmedizinischen Forschung, Köln u.a. 1990

van den Daele, Wolfgang/ **Müller- Salomon**, Heribert: Die Kontrolle der Forschung am Menschen durch Ethik- Kommissionen, Stuttgart 1990

Denck, Johannes: Der Schutz des Arbeitnehmers vor der Außenhaftung, Heidelberg 1980

Denck, Johannes: Zum pauschalen Ausschluß der Arbeitnehmerhaftung unterhalb der Grenze der groben Fahrlässigkeit - Versuch einer Verteidigung des BAG, NZA 1986, 80 ff.

Deutsch, Erwin/**Lippert**, Hans-Dieter: Ethikkommission und klinische Prüfung, Berlin u.a. 1998

Deutsch, Erwin: Allgemeines Haftungsrecht, 2. Auflage, Köln u.a. 1996

Deutsch, Erwin: Arztrecht und Arzneimittelrecht, 2. Aufl., Berlin u.a. 1991

Deutsch, Erwin: Das Recht der klinischen Forschung am Menschen, Frankfurt 1979

Deutsch, Erwin: Der Doppelblindversuch, JZ 1980, 189

Deutsch, Erwin: Medizin und Forschung vor Gericht, Heidelberg 1978

Deutsch, Erwin/**Spickhoff**, Andreas: Medizinrecht, 5. Auflage, Berlin u.a. 2003

Deutsch, Erwin: Verkehrssicherungspflicht bei klinischer Forschung - Aufgabe der universitären Ethik- Kommissionen?, MedR 1995, 483

Dickert, Thomas: Naturwissenschaften und Forschungsfreiheit, Berlin 1991

Dieterich, Hertwig: Das Nebentätigkeitsrecht für das wissenschaftliche und künstlerische Hochschulpersonal in Baden- Württemberg, Schriftenreihe des Hochschulverbandes Heft 30, Bonn 1984

Dieterich, Thomas, **Müller-Glöge**, Rudi, **Preis**, Ulrich, **Schaub**, Günther (Hrsg.): Erfurter Kommentar zum Arbeitsrecht, 4. Auflage München 2004

Doerr, Wilhelm: Recht und Ethik in der Medizin, Berlin u.a. 1982

Döring, Helmut: Arbeitnehmerhaftung und Verschulden, Berlin 1977

Drumm, Julius: Die Grundsätze der Produzentenhaftung nach § 823 Abs. 1 BGB als Leitbild für die deliktische Haftung des Krankenhausträgers für medizinische Fehlleistungen, Frankfurt 1987

Dürig, Günter: Grundrechte und Zivilrechtsprechung, in: Maunz (Hrsg.): Vom Bonner Grundgesetz zur gesamtdeutschen Verfassung: Festschrift zum 75. Geburtstag von Hans Nawiasky, München 1956

Eberbach, Wolfram: Die zivilrechtliche Beurteilung der Humanforschung, Frankfurt 1982

Enneccerus, Ludwig, **Nipperdey**, Hans Carl: Allgemeiner Teil des Bürgerlichen Rechts, 1. Halbband, 15. Auflage, Tübingen 1959

Erman, Bürgerliches Gesetzbuch, Kommentar, Band 1, 11. Auflage, Köln 2004

Eser, Albin, Das Humanexperiment, in: Stree, W./Lenckner, Th., Cramer, P., Eser, A. (Hrsg.), Gedächtnisschrift für Horst Schröder, München 1978, S. 191

Estelmann, M./**Eicher**, W.: Die Leistungspgflicht der gesetzlichen Krankenkassen vor dem Hintergrund der Pluralität ärztlicher Therapien, SGb 1991, 247

Fincke, Martin: Strafbarkeit des „kontrollierten Versuchs" beim Wirksamkeitsnachweis neuer Arzneimittel, NJW 1977, 1094

Fischer, Gerfried: Medizinische Versuche am Menschen, Göttingen 1979

Flämig, Christian (Hrsg.): Handbuch des Wissenschaftsrechts, 2. Aufl. Band 1, Berlin u.a. 1996
Band 2, Berlin u.a. 1996

Flierl, Hans: Freie und öffentliche Wohlfahrtspflege, Aufbau - Finanzierung - Geschichte - Verbände, 2. Auflage, München 1992

Fröhlich, Uwe: Forschung wider Willen ?, Berlin 1999

Fuhrmann, Markus: Rechtsstellung des angestellten Rechtsanwalts, Baden- Baden 1989

Gamillscheg, Franz/ **Hanau**, Peter: Die Haftung des Arbeitnehmers, 2. Aufl., Karlsruhe 1974

Geiß, Karlmann/ **Greiner**, Hans-Peter: Arzthaftpflichtrecht, 4. Auflage, München 2001

Gernhuber, Joachim: Das Schuldverhältnis, Tübingen 1989

Giesen, Dieter: Die zivilrechtliche Verantwortlichkeit des Arztes bei neuen Behandlungsmethoden und Experimenten, Bielefeld 1976

Giesen, Dieter: Wandlungen des Arzthaftungsrechts, Tübingen 1983

Giesen; Dieter: Arzthaftungsrecht, 4. Auflage, Tübingen 1995

Haas, Matthias: Haftungsfreizeichnungsklauseln in Allgemeinen Geschäftsbedingungen, Frankfurt 1991

Hailbronner, Kay/**Arndt**, Hans-Wolfgang: Kommentar zum Hochschulrahmengesetz, Band 1/2, Heidelberg 1979

Häring, Rudolf (Hrsg.): Chirurgie und Recht, Berlin 1993

Hammen, Horst: Die Gattungshandlungsschulden, Frankfurt 1995

Hart, Dieter (Hrsg.): Das Recht des Arzneimittelmarktes, Baden-Baden 1988

Hart, Dieter/**Reich**, Norbert: Integration und Recht des Arzneimittelmarktes in der EG, Baden-Baden 1990

Hart, Dieter: Heilversuch, Entwicklung therapeutischer Strategien, klinische Prüfung und Humanexperiment, MedR 1994, 94

Hasford, Joerg (Hrsg.): Arzneimittelprüfung und Good Clinical Practice, München 1994

Heldrich, Andreas: Freiheit der Wissenschaft - Freiheit zum Irrtum?, Heidelberg 1987

Helle, Jürgen/ **Frölich**, Jürgen/ **Haindl**, Hans: Der Heilversuch in der klinischen Prüfung von Arzneimitteln und Medizinprodukten, NJW 2002, 857 ff.

Hellinger, J.: Die perkutane zervikale Lasernukleotomie als Neulandoperation, in: Häring (Hrsg.), S. 247

Helmchen, Hanfried/**Baader**, Gerhard (Hrsg.): Versuche mit Menschen in Medizin, Humanwissenschaft und Politik, Berlin 1986

Herfarth, Ch.: Probleme der experimentellen klinischen Chirurgie, in: Doerr (Hrsg.), S. 151, 154

Hippius, Hanns/ **Überla**, Karl/ **Laakmann**, Gregor/ **Hasford**, Jörg (Hrsg.): Das Placebo- Problem, Stuttgart 1986

Hirte, Heribert: Berufshaftung, München 1996

Hölzel, D./**Überla**, K. K., Grundsätze der Versuchsplanung, in: Kümmerle/Hitzenberg/Spitzy, Band 2, III - 1.2.1, S. 1

Huber, Anton: Die Haftung des Geschäftsherrn für schuldlos erlittene Schäden des Geschäftsführers beim Auftrag und bei der berechtigten GoA, München 1965

Hübner, Jürgen: Schadenszurechnung nach Risikosphären, Berlin 1974

Hübner, Ulrich: Die Versicherung der Haftpflicht im Heilwesen, ZGesVersWiss 1990, 55

Hueck, Alfred/**Nipperdey**, Hans- Carl: Grundriß des Arbeitsrechts, 2. Auflage, Berlin 1962

Immenga, Ulrich (Hrsg.): Rechtswissenschaft und Rechtsentwicklung, Göttingen 1980

Jarass, Hans D./**Pieroth**, Bodo: Grundgesetz für die Bundesrepublik Deutschland, Kommentar, 6. Aufl., München 2002

Jesdinsky, H.: Wahl der Versuchsanordnung, in: Bock, S. 102 ff.

Kasseler Kommentar, Sozialversicherungsrecht, München 42. Ergänzungslieferung, Stand Dezember 2003

Kienzle, H. F.: Dokumentationspflicht und Dokumentationsumfang aus ärztlicher Sicht, in: Madea u. a. (Hrsg.), S. 117

Kleinsorge, Hellmuth/ **Buchborn**, Eberhard: Forschung am Menschen, Berlin u.a. 1982

Köhler, Michael: Medizinische Forschung in der Behandlung des Notfallpatienten, NJW 2002, 853 ff.

Kohte, Hans- Wolfhard: Arbeitnehmerhaftung und Arbeitgeberrisiko, Königstein 1981

Koller, Ingo: Die Risikozurechnung bei Vertragsstörungen in Austauschverträgen, München 1979

Kollhosser, Helmut: Haftungs- und versicherungsrechtliche Fragen bei Ethik- Kommissionen, in: Toellner (Hrsg.), S. 79

Krasney, Otto Ernst: Haftungsbeschränkung bei Verursachung von Arbeitsunfällen (Teil 1), NZS 2004, 7

Kreß, Manfred: Die Ethik- Kommission im System der Haftung bei der Planung und Durchführung von medizinischen Forschungsvorhaben am Menschen, Karlsruhe 1990

Kümmerle, H.- P.: Einführung in die Grundlagen der klinisch- pharmakologischen und klinisch- therapeutischen Forschung, in: Kümmerle, Klinische Pharmakologie, Band 2, III - 1.1, S. 9

Kümmerle, Helmut P. (Hrsg.): Klinische Pharmakologie, 4. Auflage, 46. Erg.-Lfg.

Langenfeld, Gerrit (Hrsg.): Münchener Vertragshandbuch, Band 4 Bürgerliches Recht, 1. Halbband, 4. Auflage, München 1998

Larenz, Karl/ **Canaris**, Claus-Wilhelm: Lehrbuch des Schuldrechts, Allgemeiner Teil, 14. Auflage, München 1987

Larenz, Karl/**Canaris**, Claus-Wilhelm: Lehrbuch des Schuldrechts, Besonderer Teil, 2. Halbband, 13. Aufl., München 1994

Laufs, A./**Dierks**, Ch./**Wienke**, A./**Graf, Baumann**, T./**Hirsch**, G. (Hrsg.): Die Entwicklung der Arzthaftung, Berlin 1997

Laufs, Adolf/ **Uhlenbruck**, Wilhelm: Handbuch des Arztrechts, 3. Aufl., München 2002

Laufs, Adolf: Arztrecht, 5. Aufl., München 1993

Laufs, Adolf: Die neue europäische Richtlinie zur Arzneimittelprüfung und das deutsche Recht, MedR 2004, 583

Lichtenberg, Hagen: Berufliches Haftpflichtrisiko und Versicherungsschutz des Arbeitnehmers, München 1976

Lippert, Hans- Dieter/**Eisenmenger**, Wolfgang (Hrsg.): Forschung am Menschen, Berlin 1999

Lippert, Hans-Dieter: Klinische Prüfung von Arzneimitteln durch Professoren: Dienstaufgabe oder Nebentätigkeit ?, NJW 1992, 2338

Looschelders, Dirk: Die Mitverantwortlichkeit des Geschädigten im Privatrecht, Tübingen 1999

Losch, Bernhard: Wissenschaftsfreiheit, Wissenschaftsschranken, Wissenschaftsverantwortung, Berlin 1993

Löwe,Walter /**von Westphalen**, Friedrich/**Trinkner**, Reinhold: Großkommentar zum AGB-Gesetz, 2. Aufl.,
Band 2, §§ 10 -30, Heidelberg 1983
Band 3, Einzelklauseln und Klauselwerke, Heidelberg 1985

Lücke, Oliver: Die Hierarchie des Ärztlichen Dienstes im Spannungsfeld von Direktionsrecht und freiem Beruf, Frankfurt a. M. 1995

Madea, B./**Winter**, U. J./**Schwonzen**, M./**Radermacher**, D. (Hrsg.): Innere Medizin und Recht, Berlin u.a. 1996

Manssen, Gerrit, Staatsrecht I, München 1995

Maunz, Theodor/**Dürig**, Günter: Grundgesetz, Kommentar, München, Stand: 42. Ergänzungslieferung, Februar 2003, Band I, Art. 1 - 11

Medicus, Dieter: Bürgerliches Recht, 19. Aufl., Köln u.a. 2002

Meusel, Ernst- Joachim: Außeruniversitäre Forschung im Wissenschaftsrecht, 2. Aufl., Köln 1999

Michalski;Lutz: Das Gesellschafts- und Kartellrecht der berufsrechtlich gebundenen freien Berufe, Köln 1989

Mitglieder des BGH (Hrsg.), Das Bürgerliche Gesetzbuch, Kommentar, 12. Aufl.
Band 2 Teil 5 §§ 812 - 831, Berlin, New York 1989

Möhle, Jürgen: Die Haftpflichtversicherung im Heilwesen, Frankfurt a. M. u.a. 1992

Mugdan, Benno/**Stegmann**, Eduard: Die gesamten Materialien zum bürgerlichen Gesetzbuch für das deutsche Reich, Neudruck der Ausgabe Berlin 1899 - 1900, Band 2, Recht der Schuldverhältnisse, Berlin 1979

Müller, Hans- Werner (Hrsg.): Führungsaufgaben im modernen Krankenhaus, 2. Aufl., Stuttgart 1983

Müller- Erzbach, Rudolf: Gefährdungshaftung und Gefahrtragung, AcP 106, S. 309ff., 109, S. 1 ff.

Narr, Helmut: Ärztliches Berufsrecht, Band 1/Band 2, 2. Auflage, Stand April 2003

Nikisch, Artur: Arbeitsrecht 1. Allgemeine Lehren und Arbeitsvertragsrecht, 3. Auflage, Tübingen 1961

Ossenbühl, Fritz: Staatshaftungsrecht, 5. Auflage, München 1998

Otto, Hansjörg/**Schwarze**, Roland: Die Haftung des Arbeitnehmers, 3. Auflage, Karlsruhe 1998

Otto, Hansjörg/**Seewald**, Otfried: Ist es erforderlich, die Verteilung des Schadensrisikos bei unselbständiger Arbeit neu zu ordnen?, Gutachten zum 56. Deutschen Juristentag in Berlin 1986, München 1986

Over, Jens- Uwe: Zivilrechtliche Haftung für Fehlleistungen in der Forschung, Karlsruhe 1991

Palandt, Bürgerliches Gesetzbuch, 63. Auflage, München 2004

Peter, Christoph: Forschung am Menschen, Dissertation Regensburg 2000

Picker, Eduard: Positive Forderungsverletzung und culpa in contrahendo – Zur Problematik der Haftung „zwischen" Vertrag und Delikt, AcP 183 (1983), 367 ff.

Pieroth, Bodo/**Schlink**, Bernhard: Grundrechte, 19. Aufl., Heidelberg 2003

Prölss, Erich R./**Martin**, Anton: Versicherungsvertragsgesetz, 26. Aufl., München 1998

Pschyrembel, Klinisches Wörterbuch, 258. Auflage, Berlin u.a. 1998

Raabe, Jörg: Die Wisenschaftsfreiheit im Arbeitsverhältnis des Industriewissenschaftlers, Berlin 1994

Rahn, K. H.: Bedeutung und Grenzen des Doppelblindversuches, in: Bock (Hrsg.), S. 124 ff.

Ratzel, Rudolf/**Lippert**, Hans- Dieter: Kommentar zur Musterberufsordnung der deutschen Ärzte (MBO), 3. Aufl., Berlin u.a. 2002

Rebmann, Kurt/**Säcker**, Franz Jürgen/ **Hinrichs**, Helmut (Hrsg.):
Münchener Kommentar zum Bürgerlichen Gesetzbuch
Band 1, §§ 1-240, 4. Auflage, München 2001
Band 2a, §§ 241-432, 4. Auflage, München 2003
Band 4, §§ 607-704, 3. Auflage, München 1997
Band 5, §§ 705-853, 4. Auflage, München 2004

Reich, Andreas: Hochschulrahmengesetz, 8. Aufl., Bad Honnef 2002

Reinhardt, Uwe: Die dogmatische Begründung der Haftungsbeschränkung des Arbeitnehmers, Göttingen 1977

Richardi, Reinhard (Hrsg.): Münchener Handbuch zum Arbeitsrecht,
Band 1, Individualarbeitsrecht I, 1. Auflage, München 1992
Band 1, Individualarbeitsrecht I, 2. Auflage, München 2000
Band 2, Individualarbeitsrecht II, 2. Auflage, München 2000
Band 3, Kollektives Arbeitsrecht, 2. Auflage, München 2000

Richardi, Reinhard: Leistungsstörungen und Haftung im Arbeitsrecht nach dem Schuldrechtsmodernisierungsgesetz, NZA 2002, 1004

Richardi, Reinhard: Verabreichung eines Arzneimittels an Einwilligungsunfähige, in: Beuthien, Volker (Hrsg.), Festschrift zum 70. Geburtstag von Dieter Medicus, S.449, Köln 1999

Richardi, Reinhard: Ist es erforderlich, die Verteilung des Schadensrisikos bei unselbständiger Arbeit neu zu ordnen ?, JZ 1986, 796

Rieger, Hans- Jürgen: Lexikon des Arztrechts, Berlin u.a. 1984

Rohrmann, Christel: Die Abgrenzung von Hauptamt und Nebentätigkeit, Nürnberg 1988

Rother, Werner: Haftungsbeschränkung und Schadensrecht, München 1965

Rumler- Detzel, Pia: Arbeitsteilung und Zusammenarbeit in der Chirurgie. Rechtliche Verantwortlichkeit, in: Häring (Hrsg.), S. 207

Samson, Erich: Rechtliche Aspekte von Placebo- Studien, in: Hippius, S. 2

Samson, Erich: Zur Strafbarkeit der klinischen Arzneimittelprüfung, NJW 1978, 1182

Sander, Axel: Arzneimittelrecht, Stuttgart u.a., 40. Ergänzungslieferung, März 2002

Schaub, Günter, **Neef**, Klaus, **Schrader**, Peter: Arbeitsrechtliche Formularsammlung, 8.Aufl., München 2004

Schaub, Günter: Arbeitsrechts-Handbuch, 10. Aufl., München 2002

Scheffold, Stefan: Haftungsfragen im Zusammenhang mit der Tätigkeit von institutional review boards und von Ethik- Kommissionen, Frankfurt a. M. 1992

Scheuerle: Der arbeitsrechtliche Fahrlässigkeitsbegriff und das Problem des innerbetrieblichen Schadensausgleichs, RdA 1958, 247

Schmidt- Elsaeßer, Eberhard: Medizinische Forschung an Kindern und Geisteskranken, Frankfurt a. M. 1987

Schmidt- Salzer, Joachim: Produkthaftung,
Band II: Freizeichnungsklauseln, 2. Auflage, Heidelberg 1985
Band III/1 Deliktsrecht 1.Teil, 2. Auflage, Heidelberg 1990

Schmitz, Frank Walter: Die deliktische Haftung für Arbeitnehmer, Berlin 1994

Schnorr von Carolsfeld, Ludwig: Arbeitsrecht, 2. Auflage, Göttingen 1954

Schönke, Adolf/**Schröder**, Horst/**Lenckner**, Theodor: Strafgesetzbuch, 26. Aufl., München 2001

Schorn, Gert: Medizinproduktegesetz, 2. Aufl, Stand: Juli 1998, Stuttgart 1998

Schreiber, H.-L.: Rechtliche Grenzen für die Zulässigkeit der Placebo-Anwendung, in: Hippius, S. 12

Schwarz- Schilling, G.: Dokumentation als ärztliche Haftungsprophylaxe, in: Madea, S. 111

Soergel, Bürgerliches Gesetzbuch, Band 2 Schuldrecht I §§ 241-432, 12. Auflage, Stuttgart 1990

Söllner, Alfred: Grundriß des Arbeitsrechts, 12. Auflage, München 1998

Späte, Bernd: Haftpflichtversicherung: Kommentar zu den Allgemeinen Versicherungsbedingungen für die Haftpflichtversicherung (AHB), München 1993

Spickhoff, Andreas: Wahlärztliche Leistungen im Krankenhaus: Leistungspflicht und Haftung, NZS 2004, 57.

Statistisches Jahrbuch 1998, Statistisches Bundesamt, Wiesbaden 1998

Staudinger, J. von: Kommentar zum Bürgerlichen Gesetzbuch mit Einführungsgesetz und Nebengesetzen,
2. Buch Recht der Schuldverhältnisse §§249-254, 13. Bearbeitung 1998 von Gottfried Schiemann, Berlin 1998
2. Buch Recht der Schuldverhältnisse §§ 611-615, 13. Bearbeitung 1999 von Reinhard Richardi, Berlin 1999
2. Buch Recht der Schuldverhältnisse Einleitung zu §§ 241 ff; §§ 241-243, 13. Bearbeitung 1995 von Gottfried Schiemann, Jürgen Schmidt, Berlin 1995
2. Buch Recht der Schulderhältnisse §§ 328-361b, Neubearbeitung 2001 von Rainer Jagmann, Dagmar Kaiser, Volker Rieble, Berlin 2001
2. Buch Recht der Schuldverhältnisse §§ 652-704, 13. Bearbeitung 1995 von Michael Martinek, Dieter Reuter, Olaf Werner, Roland Wittmann, Berlin 1995

Steffen, Erich, Dressler, Wolf-Dieter: Neue Entwicklungslinien der BGH-Rechtsprechung zum Arzthaftungsrecht, 9. Auflage, Köln 2002

Steindorff, Ernst: Fahrlässigkeit der Arbeitnehmer, JZ 1959, 1

Stern, Klaus: Das Staatsrecht der Bundesrepublik Deutschland, Band III/1, München 1998

Stree, Walter/**Lenckner**, Theodor/**Cramer**, Peter/**Eser**, Albin: Gedächtnisschrift für Horst Schröder, München 1978

Taupitz, Jochen: Die Standesordnungen der freien Berufe, Berlin 1991

Teichler, Maximilian: Berufshaftpflichtversicherungen, Frankfurt a. M. 1985

Toellner, Richard/**Deutsch**, Erwin (Hrsg.): Die Ethik- Kommisssion in der Medizin, Stuttgart, New York 1990

Ulmer, Manfred/**Brandner**, Hans Erich/**Hensen**/Horst- Dieter: AGB- Gesetz, Kommentar zum Gesetz zur Regelung der Allgemeinen Geschäftsbedingungen, 9. Auflage, Köln 2001

Ulsenheimer, K.: Arztstrafrecht in der Praxis, 3. Aufl., Heidelberg 2003

Umbreit, Hans- Werner: Die Verantwortlichkeit des Arztes für fahrlässiges Verhalten anderer Medizinalpersonen, Frankfurt 1992

Uttlinger, Sigmund/**Breier**, Alfred/**Kiefer/Hoffmannn/Pühler**: Bundesangestelltentarifvertrag

Wegehaupt, Uwe: Wissenschaftsfreiheit im außeruniversitären Arbeitsverhältnis, Bremen 1994

Weihrauch, T. R./**Streicher- Saied**, U.: Bedeutung der GCP (Good Clinical Practice)- Richtlinien für den Patienten und dessen Aufklärung, in: Madea (Hrsg.), S. 210

Weissauer, Walter: Das Nutzungsentgelt der Hochschullehrer bei ärztlicher Nebentätigkeit, Schriftenreihe des Hochschulverbandes Heft 38, Bonn 1986

Weissauer, Walter: Nutzungsentgelt der Hochschulkliniker, Stuttgart 1980

Wendeling- Schröder, Ulrike: Autonomie im Arbeitsrecht, Frankfurt a. M. 1994

Weyers, Hans- Leo: Empfiehlt es sich, im Interesssse der Patienten und Ärzte ergänzende Regelungen für das ärztliche Vertrags- (Standes-) und Haftungsrecht einzuführen ?, Gutachten A zum 52. Deutschen Juristentag Wiesbaden 1978, München 1978

Wilhelm, Dorothee: Verantwortung und Vertrauen bei der Arbeitsteilung in der Medizin, Stuttgart 1984

Witte, P. U./**Schenk**, J../**Schwarz**, J. A./**Kori- Lindner**, C. (Hrsg.): Ordnungsgemäße klinische Prüfung, 4. Auflage, Berlin 1995

Wolf, Manfred/**Horn**, Norbert/**Lindacher**, Walter F.: AGB- Gesetz, Gesetz zur Regelung des Rechts der Allgmeinen Geschäftsbedingungen, 4. Auflage, München 1999

Zöller, Richard: Zivilprozeßordnung, 24. Auflage, Köln 2004

Zöllner, Wolfgang/ **Loritz**, Karl- Georg: Arbeitsrecht: Ein Studienbuch, 5. Auflage, München 1998